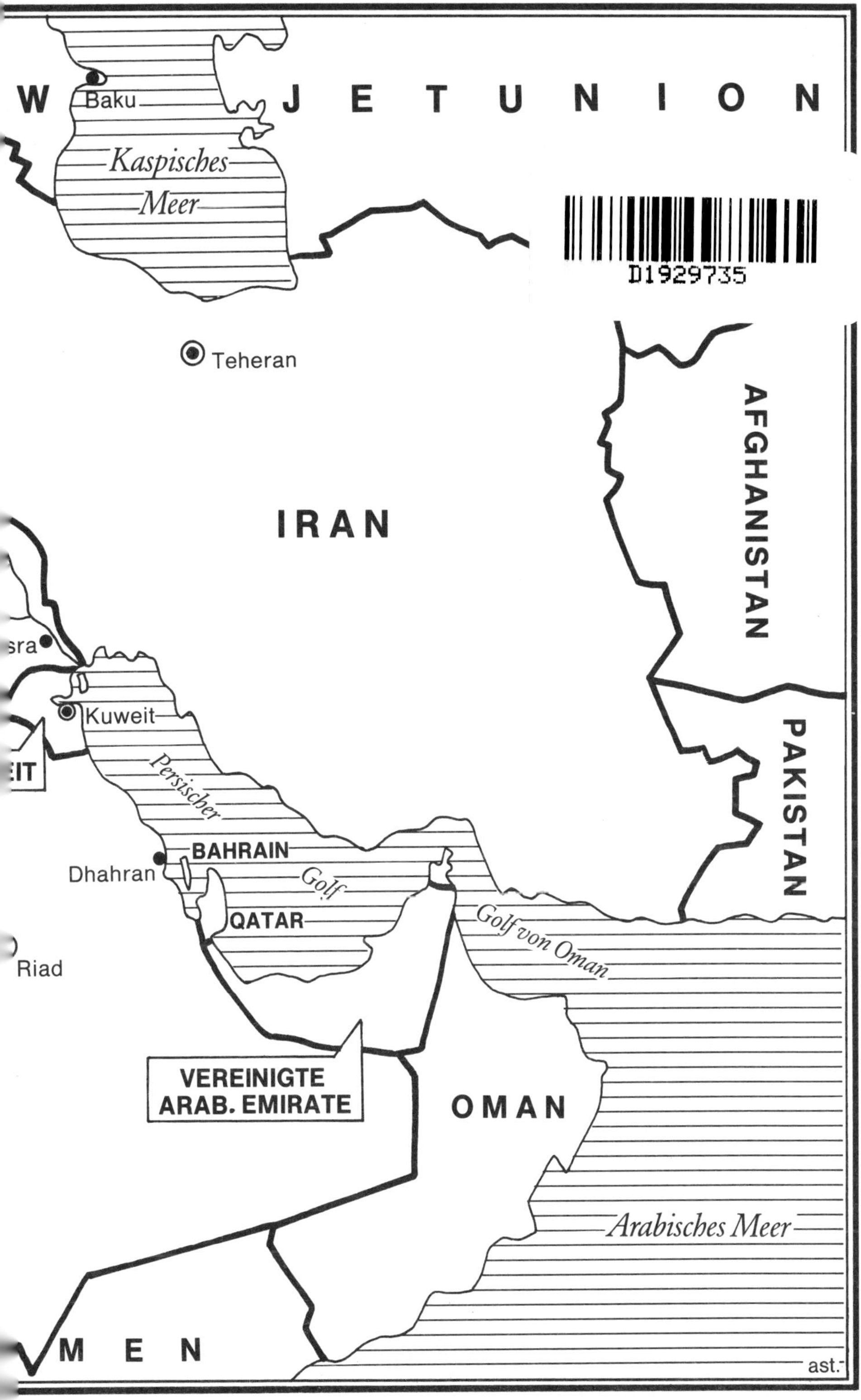

W J E T U N I O N
Baku
Kaspisches Meer
Teheran
IRAN
AFGHANISTAN
PAKISTAN
sra
Kuweit
EIT
Persischer Golf
BAHRAIN
Dhahran
QATAR
Golf von Oman
Riad
VEREINIGTE ARAB. EMIRATE
OMAN
Arabisches Meer
M E N
ast.

S.F.
V.

Wolfgang Günter Lerch

KEIN FRIEDEN FÜR ALLAHS VÖLKER

Die Kriege am Golf

Geschichte, Gestalten, Folgen

S. Fischer

Lektorat: Uwe Wittstock

Umschlaggestaltung: Buchholz/Hinsch/Walch
Satz: Fotosatz Otto Gutfreund, Darmstadt
Druck und Einband: Clausen & Bosse, Leck
Printed in Germany 1991
ISBN 3-10-043809-4

»Ich möchte keineswegs den Anschein erwecken, als wären alle Kraftanspannungen Großbritanniens und seiner Alliierten ... vergeblich gewesen und hätten lediglich zu einer noch gefährlicheren und betrüblicheren Sachlage geführt als am Anfang. Ich halte ganz im Gegenteil an dem Glauben fest, daß unsere Bemühungen nicht vergeblich waren ...«

Winston Churchill
Geschichte des Zweiten Weltkriegs

Inhalt

Großbritannien schmiedet Verträge

Eine Konferenz in der Wüste

Ende November des Jahres 1922 fand in einem abgelegenen Winkel der Welt ein Treffen statt, dem damals niemand Aufmerksamkeit schenkte. Ihre historische Bedeutung war nicht einmal den wenigen Männern bewußt, die an ihr teilnahmen: Sir Percy Cox, der autorisierte Vertreter der britischen Krone am Persischen Golf, ließ in dem kleinen Hafenstädtchen al Uqair, das gegenüber der verstreuten Inselgruppe von Bahrein liegt, ein großes Zelt auf dem sandigen Wüstenboden aufschlagen. Dort traf er sich mit Abdal Aziz Ibn Saud, dem wahhabitischen Emir des Nedschd, der zu diesem Zeitpunkt schon über fast zwei Drittel der Arabischen Halbinsel herrschte, um mit ihm über Fragen der Grenzziehung in der Golfregion zu beraten.

Schon im Frühjahr des gleichen Jahres hatte Cox mit dem Emir des Nedschd in der Stadt Muhammara am Schatt al Arab (heute heißt sie Chorramschahr und gehört zu Iran) über dieselben Probleme gesprochen. Der Engländer hatte bei diesem Treffen die Grenzen zwischen den beiden neu entstandenen britischen Protektoraten Kuweit (1914) und Irak (1921) sowie dem Macht- und Einflußbereich Abdal Aziz Ibn Sauds mit dessen Einverständnis festgelegt. Wenig später jedoch waren dem Führer der Wahhabiten, der in den Augen der Engländer längst zur führenden Kraft in Arabien geworden war, Bedenken gekommen. Er ärgerte sich über die Grenzlinie, die Sir Percy insbesondere zwischen dem Gebiet seiner Wahhabiten und den von ihnen dominierten Beduinenstämmen im Süden sowie dem britischen Mandatsgebiet Irak im Norden festgelegt hatte. In einem dringenden Appell an den britischen Vertreter am Golf forderte er eine Neuordnung der Territorien nach seinen Wünschen.

Darüber sollte nun in al Uqair gesprochen werden. Sir Percy

war dafür der richtige Mann. Eine historische Fotografie hat das Treffen festgehalten: Sie zeigt Sir Percy Cox vor dem Zelt als vollendeten Gentleman, im dunklen Anzug, mit Hut und Fliege, mitten in der Wüste. Neben ihm sitzt der hünenhafte Abdal Aziz, der damals 42 Jahre alt war und dem Höhepunkt seiner Laufbahn als arabischer Führer und Gründer Saudi-Arabiens entgegenging, bekleidet mit seiner wallenden arabischen Tracht, der langen tunikaartigen Dischdascha und der Keffijje, dem arabischen Kopftuch. Um die Lippen des Emirs spielt auf dem Bild ein zurückhaltendes Lächeln, im Gegensatz zu dem Briten, der voll und ganz vom Ernst seines geschichtsträchtigen Geschäftes erfüllt zu sein scheint.

Sir Percy Zacharia Cox war ein alter Hase der Orient-Politik. Seit Jahren diente er der britischen Krone als einer ihrer Agenten am Golf. Vor und während des Ersten Weltkrieges war er Konsul in Buschehr (Buschir) gewesen, am iranischen Ufer der Wasserstraße, die von den Iranern der Persische Golf, von den Arabern hingegen der Arabische Golf genannt wird. In dieser Eigenschaft vertrat er Londons Interessen gegenüber dem sterbenden Osmanischen Reich, gegenüber den Golf-Arabern und gegenüber dem unruhigen, zerrütteten Iran, wo die Briten immer größeren Einfluß gewannen. Als der Erste Weltkrieg dann immer weitere Kreise zog, war es die Hauptaufgabe Sir Percys, den gegen Großbritannien gerichteten Bestrebungen des kaiserlichen Deutschland am Golf und in Iran Einhalt zu gebieten. Er mußte in dieser Zeit unter anderem gegen Wilhelm Wassmuß kämpfen, einen deutschen Diplomaten und ehemaligen Freund aus besseren Tagen, der auf iranischem Boden versuchte, im Stile eines »Lawrence von Arabien« einen Guerrillakrieg der Iraner gegen die Briten und ihre halbkolonialen Bestrebungen zu entfesseln.

Auch Abdal Aziz war ein Freund Sir Percys. Der Engländer redete dem Emir lange zu, er möge doch um des lieben Friedens willen die Grenzziehung mit dem Irak akzeptieren; er, Sir Percy, werde ihm schon Ausgleich schaffen. Die Gespräche zogen sich hin. Abdal Aziz zeigte sich zunächst harthörig gegenüber allen Vorschlägen, die an ihn herangetragen wurden. Doch Sir Percy war lange genug mit den politischen Gepflogenheiten des Orients vertraut, um zu wissen, daß selbst Fragen von nationalem Interesse in diesen Breiten erst nach zähem Feilschen entschieden wurden: Wenn der Preis erst einmal hoch genug war, würde der Zuschlag schon erfolgen.

So geschah es dann auch: Nach Tagen beharrlicher und engagierter Diskussionen mit dem arabischen Fürsten gab Abdal Aziz nach. Sir Percy berief die Konferenz förmlich ein und zog mit einem Rotstift auf der Landkarte persönlich die künftig zu achtenden Grenzen. Zwischen dem Nedschd (das heißt dem späteren wahhabitischen Königreich Saudi-Arabien) und dem Irak änderte sich nichts. Nur zwei neutrale Zonen, die Cox einzeichnete, sollten dafür sorgen, daß die zu beiden Seiten der Grenzlinien nomadisierenden Stämme leichter die Weidegebiete wechseln konnten. Kuweit mußte zwei Drittel seines bisherigen Einflußgebietes im Landesinnern der Halbinsel an Abdal Aziz abtreten; dafür war Großbritannien jedoch bereit, die von ihm festgelegte Grenze zwischen dem Mandatsgebiet Irak, genauer: zwischen dessen Provinz Basra und Kuweit zu garantieren. Die Linie verlief westlich der Halbinsel al Fau über Umm Qasr nach Westen – an dieser Grenze hat sich bis in unsere Tage nichts geändert.

In der Sprache der klassischen Verträge liest sich die historische Grenzvereinbarung von al Uqair so:

Im Namen Gottes, des barmherzigen Erbarmers!

Die Grenze zwischen Nedschd und Kuweit beginnt westlich der Kreuzung des Wadi al Audscha mit al Batin, wenn man von Rikai nach Nedschd fährt. Von diesem Punkt verläuft sie in gerader Linie bis zum 29. Breitengrad und dem roten Halbkreis, der in Artikel fünf des britisch-türkischen Abkommens vom 29. Juli 1913 festgelegt wurde. Diese Linie folgt daraufhin dem roten Halbkreis, bis sie einen Punkt an der Küste südlich von Ras al Khaliya erreicht. Das ist die unabänderliche Südgrenze des kuweitischen Gebietes. In jenem Gebiet dieses Territoriums, das im Norden von dieser Linie begrenzt wird, im Westen von einer niedrigen Gebirgskette namens al Schakk, im Osten durch das Meer und im Süden durch eine Linie, die von West nach Ost von al Schakk nach Ain al Abd und weiter an die Küste nördlich von Ras Mishaab verläuft, teilen sich die Regierungen von Nedschd und Kuweit die gleichen Rechte, bis die Regierung Großbritanniens weitere Vereinbarungen betreffend Nedschd und Kuweit erläßt. Die Karte, auf der diese Grenze gezeichnet wurde, ist ›Asien eins zu einer Million‹, zur Verfügung gestellt von der Royal Geographical Society unter Leitung der Geographieabteilung, gedruckt im Kriegsbüro im Jahre 1918. Ausgeführt im Hafen von al Uqair und unterschrieben von den Vertretern beider Regierungen am 2. Dezember 1922, was dem 13. Tag des Rabi al Thani 1341 entspricht.

Unterzeichnet wurde der Vertrag von Abdullah Said Damludschi als »Vertreter Seiner Hoheit des Sultans von Nedschd« und von Major J. C. More als dem politischen Repräsentanten Kuweits. Einverstanden erklärten sich durch ihre Unterschrift Abdal Aziz Ibn Abdal Rahman Al Saud, Sultan des Nedschd, und der Emir Al Sabah von Kuweit.

In welchem Maße dieser Vertrag die Partner damals wirklich zufriedenstellte, ist heute schwer zu sagen. Das politische Klima zwischen den Saudis und den Emiren von Kuweit wurde in den vergangenen Jahrzehnten durch die Grenzregelung im Süden mehrfach getrübt, geriet aber niemals bis an den Rand kriegerischer Auseinandersetzungen. Die Nordgrenze zwischen Kuweit und dem Irak entwickelte sich dagegen zu einem politischen Unruheherd ersten Ranges; der Streit um sie war ein wesentlicher Punkt in den ständigen Konflikten zwischen beiden Staaten, die sich schließlich – was im Jahre 1922 natürlich niemand ahnte – rund siebzig Jahre später in einem Krieg entluden, der zum Weltkrieg hätte werden können: am 2. August 1990.

An dem historischen Treffen von al Uqair nahm freilich noch ein Mann teil, der hier nicht übergangen werden darf. Er ist auch auf dem Foto zu sehen, das die Konferenz vor dem Zelt für die Nachwelt festhielt. Er war als Akteur bei diesen Verhandlungen nicht so wichtig; seine Anwesenheit hat vielmehr repräsentative Bedeutung. Es ist Major Frank Holmes, ein Neuseeländer, der auf dem Bild hinter Sir Percy und dem Sultan des Nedschd steht: feist, gut gekleidet mit einem hellen Tropenhelm auf dem schon recht schütteren Haar. Ihm, der kein Politiker war, ging es kaum um die nationalen Grenzen; Major Holmes war ein Abenteurer und Geschäftsmann, der von neuen Reichtümern träumte, die erwachsen sollten aus der Förderung des schwarzen Goldes, des Erdöls. Er machte Jagd auf Förderlizenzen – eine Leidenschaft, die mit der Vergabe der ersten solchen Erlaubnis an Knox d'Arcy im Jahre 1907 in Iran erwacht war und seitdem zahlreiche Einzelgänger in der internationalen Kaufmannschaft faszinierte. Major Holmes gehörte zu ihnen. Daß seine Gestalt hoch hinter den beiden Politikern aufragt, die ihm zu Füßen sitzen, ist von kaum zu übertreffender symbolischer Aussagekraft. Wann immer im Nahen Osten eine Krise ausbricht, spielt seither das Erdöl eine direkte oder indirekte Rolle. Der jüngste Krieg hat das bestätigt.

Daß es im Grunde *nur* um das Öl und seine wirtschaftliche Bedeutung geht, ist eine Vermutung, die seit Jahren zu den stereotypen Anmerkungen derjenigen gehört, die sich mit den politischen Turbulenzen im Nahen Osten beschäftigen. Natürlich ist diese Unterstellung nie ganz von der Hand zu weisen. Sicher traf sie zu, als der irakische Staatspräsident Saddam Hussein im Sommer des Jahres 1990 Kuweit annektierte und damit – in einer auf Abrüstung und internationalen Ausgleich eingestimmten Welt – einen Krieg vom Zaun brach. Saddam hätte sich auf dieses politische Abenteuer gewiß nicht eingelassen, wären in Kuweit nur Sand und Südfrüchte zu holen gewesen.

Der erste Golfkrieg

Vorspiel ohne rechtes Ende

Die Ereignisse des August 1990 zeigen eine Vielzahl von Parallelen zu dem Beginn des Krieges zwischen dem Irak und Iran zehn Jahre zuvor. Der acht Jahre währende Waffengang zwischen den beiden Ländern ging als der erste Golfkrieg in die Geschichte ein. Die Historiker werden den ersten und zweiten Golfkrieg künftig als eng miteinander verknüpfte Krisen betrachten müssen – ähnlich wie etwa die Balkan-Kriege. Bereits ganz oberflächlich betrachtet, weisen der erste und der zweite Golfkrieg zahlreiche vergleichbare Faktoren auf: Sie fanden nahezu auf den gleichen Schlachtfeldern statt; die Hauptantagonisten – allen voran natürlich Saddam Hussein – waren dieselben; und die Zahl der betroffenen Anrainerstaaten war vergleichbar groß. Vor allem aber waren es fast die gleichen Ursachen, die zum Ausbruch der beiden militärischen Auseinandersetzungen führten.

Der erste Golfkrieg war für beide Seiten außerordentlich blutig und verlustreich. Bis heute kennt niemand die genaue Zahl der Getöteten und Gefallenen. Schätzungen sprechen von etwa einer Million Menschenleben, die der acht Jahre lang andauernde Kampf forderte. Auf beiden Seiten waren die Zerstörungen enorm – in Iran allerdings noch größer als im Irak. Einige iranische Städte, die an der vorderen Frontlinie lagen, wurden buchstäblich dem Erdboden gleichgemacht: So blieb von dem volkreichen und blühenden Chorramschahr nur die zentrale Moschee stehen, um die herum sich, so weit die Blicke der Beobachter reichen, ein Trümmerfeld erstreckt. Noch heute ist die Stadt nicht wieder aufgebaut.

Der erste Golfkrieg schien kein Ende zu finden. Er dauerte – um seine zeitliche Dimension zu veranschaulichen – zwei Jahre länger als der Zweite Weltkrieg. Schließlich einigten sich die beiden Kontrahenten auf einen Waffenstillstand, ohne daß sich einer von ihnen als Sieger hätte betrachten können. Der Krieg war gleichsam im Sande verlaufen. Die endlosen Abnutzungsschlachten hatten beide Seiten derart ermüdet, daß die Regierungen schließlich gezwungen waren, die Kampfhandlungen zu beenden. Saddam Hussein stellte den unentschiedenen Ausgang der Auseinandersetzung als irakischen Sieg dar, obwohl er erleichtert sein mußte, gegen die religiös motivierten, um nicht zu sagen: fanatisierten Iraner nicht der Unterlegene gewesen zu sein.

Der erste Waffengang am Schatt al Arab war so etwas wie die ausgedehnte Generalprobe für die Schlacht um Kuweit. Der zweite Golfkrieg, so will es im nachhinein scheinen, potenzierte die Konflikte und Ereignisse des ersten. Iran blieb diesmal neutral – wenn auch nicht ganz und gar unbeteiligt –, dafür wurde das vormals kaum in Mitleidenschaft gezogene Kuweit zum Opfer; und eine der beiden Großmächte, die Vereinigten Staaten von Amerika, griff direkt in den Krieg ein. Hatte sich der erste Golfkrieg als ein regionales Kräftemessen zweier orientalischer Gegner dargestellt, bei dem der Einsatz von »Menschenwellen« einen Teil der Taktik bestimmte, so entwickelte sich der zweite mehr und mehr zu einem »high-tech-war«. Dieser moderne, auf sogenannte »intelligente« Waffensysteme gestützte Krieg war ein vergleichsweise kurzer, aber heftiger Schock für die Araber – und auch für die westliche Welt.

Überfall auf Iran

Der erste Golfkrieg begann in der Nacht vom 22. zum 23. September 1980 mit dem Einmarsch von 60 000 irakischen Soldaten in Iran. Wie im Falle Kuweits griff Saddam Hussein auf historische Ansprüche zurück, um den Überfall zu rechtfertigen. Saddam wollte die Grenzregelung am Schatt al Arab rückgängig machen, auf die er sich 1975 während der Konferenz von Algier mit dem Schah von Persien geeinigt hatte. Damals hatten beide

Führer vereinbart, daß der Talweg – das heißt die Mitte des Flußlaufes des Schatt al Arab – als Grenze zwischen dem Irak und Iran gelten solle. Der Kaiser in Teheran hatte als Gegenleistung für dieses Entgegenkommen zugesagt, die iranische Unterstützung für die kurdischen Freiheitskämpfer im Nordirak einzustellen. So geschah es: Bagdad konnte den Aufstand der Kurden kurz nach Inkrafttreten der Vereinbarung niederschlagen. Doch der erzwungene Verzicht auf die gesamte Breite des Schatt al Arab ließ Saddam Hussein keine Ruhe; im Herbst 1980 erschien ihm die Gelegenheit günstig, das Abkommen gewaltsam zu revidieren. Am 17. September, eine Woche vor seinem Einmarsch in Iran, zerriß er mit einer spektakulären Geste die Dokumente des Abkommens von Algier – Iran war gewarnt.

Wenn Krieg der Einfall der Armee eines Landes in ein Nachbarland ist, dann hat Saddam Hussein den ersten Golfkrieg begonnen. Der Irak versuchte allerdings, nachdem die ersten Anfangserfolge militärischer Ernüchterung Platz gemacht hatten, die Islamische Republik Iran für den Krieg verantwortlich zu machen. Der Krieg habe, so verbreitete man in Bagdad, schon am 4. September begonnen, als die Iraner einen bewaffneten Grenzzwischenfall provozierten. Der Einmarsch in das Nachbarland sei ein präventiver Schlag gewesen, um einem Angriff zuvorzukommen. Es steht jedoch fest, daß Iran zu diesem Zeitpunkt nicht kriegsbereit war. Die Armee des Schahs, von ihm selbst und den Amerikanern einst hochgerüstet und von Militärberatern betreut, war zerfallen und ohne große Kampfkraft. Die Truppe der »Pasdaran«, der islamischen Revolutionsgardisten, war erst im Aufbau begriffen und noch zu unerfahren für einen Einsatz von der Dimension des ersten Golfkrieges. Zudem hätte Saddam sowohl die Grenzstreitigkeiten als auch die von Iran provozierten Scharmützel in den Vereinten Nationen oder anderen internationalen Gremien vorbringen und verhandeln können. Doch er entschloß sich zu einer militärischen »Lösung«.

Es war kein Zufall, daß seine Truppen gerade in das am Südteil der Grenze gelegene Chuzestan einfielen. Chuzestan ist die Erdölprovinz Irans. Mehr als neunzig Prozent des persischen

Erdöls werden dort gefördert. In dieser Region liegen die iranischen Raffinerien und Ölhäfen. Durch den Verlust dieses Gebietes wäre Iran wirtschaftlich und politisch in ernste Bedrängnis geraten. Saddam erhob historische Ansprüche gerade auf diese Region mit Argumenten, die an die »Rechtfertigungen« während der Kuweit-Krise erinnern: Früher sei »Arabistan« – so die irakische Bezeichnung für Chuzestan – von Basra aus verwaltet worden. Auch die nach Hunderttausenden zählende Arabisch sprechende Bevölkerung in diesem Gebiet, die Stämme der Bani Kaab und die Huwala-Araber, wollte, so behauptete Saddam, »heimkehren« zur arabischen Nation Irak. Schon kurz nach Beginn der Kampfhandlungen stellte sich allerdings heraus, daß die Araber Chuzestans keineswegs gewillt waren, Untertanen Saddam Husseins zu werden. Sie schlossen sich den irakischen Invasionstruppen nicht an und schürten auch keinen Aufstand gegen die Zentralregierung in Teheran.

Die wirklichen Ursachen für den Überfall waren vergleichsweise banal. Saddam wollte, neben der Revision der Grenze, den Irak zur Hegemonialmacht in der Golfregion machen, das unruhige Nachbarland Iran schwächen, Zugang zum Golf gewinnen und seine eigene Position als arabischer Führer und Held (»Battal«) stärken. Ein weiter gestecktes Ziel war wohl auch der Sturz des Ajatollah Chomeini. Die revolutionäre islamische Republik der Schiiten war gerade eineinhalb Jahre alt, innerlich noch schwach und bot einem Aggressor ungeschützte Flanken. Der Staat Chomeinis hatte sich wegen zahlreicher Verstöße gegen die Menschenrechte international ins Abseits gestellt. Die Revolutionstribunale unter Ajatollah Chalchali, dem islamischen Blutrichter Irans, hatten zu Beginn der schiitischen Machtübernahme wahre Massaker unter der Bevölkerung angerichtet, und sie hatten ihre schreckliche Arbeit noch lange nicht eingestellt. Seit Monaten hielten darüber hinaus militante Fanatiker, die »der Linie des Imam Chomeini« folgten, die Belegschaft der amerikanischen Botschaft in Teheran als Geiseln gefangen. Saddams Spekulation, eine günstige Gelegenheit für einen Angriff gegen Iran gefunden zu haben, das verhaßte Regime der Mullahs hinwegfegen zu können und damit noch Pluspunkte, vor allem bei den Amerikanern, sammeln zu können, war also keineswegs aus der Luft gegriffen. Unklar ist bis heute, ob und in welchem Ausmaß ehemalige Schah-Generäle den Iraker in seinem Entschluß bestärkten, der islamischen »Revolution« in Teheran ein Ende zu bereiten.

Der Irak hatte mit einem schnellen Zusammenbruch Irans gerechnet, mit einem Blitzkrieg und Blitzsieg. Doch die Erwartungen Saddams wurden enttäuscht. Die Iraner fühlten sich durch den Angriff des Irak zutiefst verletzt, Atavismen und seit Jahrhunderten gepflegte Ressentiments der Schiiten gegen die »sunnitische Clique« in Bagdad steigerten den Widerstandswillen der Bevölkerung. Selbst die innenpolitischen Gegner des Ajatollah Chomeini und des neuen Regimes eilten zu den Waffen, um Saddam Husseins Raubzug abzuwehren. Kurz: die äußere Bedrohung schweißte die Iraner zusammen und unterstützte so unfreiwillig die islamische Revolution. Saddam Hussein hatte das Gegenteil dessen erreicht, was er beabsichtigte: Teheran wurde stärker, nicht schwächer. Hinzu kam, daß Ajatollah Chomeini ohnehin eine alte persönliche Feindschaft mit Saddam Hussein verband. Der irakische Präsident hatte ihn nach vierzehn Jahren des Exils, die Chomeini in Nadschaf im Irak verbracht hatte, auf Bitten des Schahs ausgewiesen: Der greise Schiitenführer mußte zu seinem großen Schmerz außerhalb des »dar al Islam«, der islamischen Welt, in Neauphle le Château bei Paris, seinen Wohnsitz nehmen. Dies konnte der Ajatollah dem irakischen Despoten niemals vergessen. Er erklärte Saddam nach dem Angriff auf Iran zum »Feind Gottes« und »Korrupten der Erde«, was einem Todesurteil gleichkam und die schiitischen Soldaten zusätzlich anstachelte. Nach ersten Erfolgen kam die Offensive des Iraks zum Stehen.

In den folgenden Jahren des Krieges bestimmte Ajatollah Chomeini weitgehend das Gesetz des Handelns. Sein Denken und seine Entschlüsse waren westlichen Vorstellungen fremd und auch für erfahrene politische Beobachter nur schwer nachvollziehbar. Unbestritten war er jedoch für die schiitischen Massen *der* übermächtige charismatische Führer, der die Welt des Islam seit seiner Machtübernahme in Iran stark beeinflußt und tiefgreifend verändert hat. Seine Gestalt überschattete nicht nur die kriegerischen Ereignisse des ersten Waffengangs am Golf, sie liegt sogar noch jetzt, einige Jahre nach Chomeinis Tod, über der ganzen Region. Noch als historische Figur beeinflußt er das Denken und Handeln vieler – auch in Europa und Amerika. Der zweite Golfkrieg ist ohne das Wirken dieser alttestamentarischen Richtergestalt nicht zu verstehen. Wie kein zweiter repräsentiert Chomeini jenen islamischen Fundamentalismus – also die Rückbesinnung auf traditionelle Werte des Islam –, der auch in der Schlacht um Kuweit zeitweise wirksam wurde und den Saddam politisch zu instrumentalisieren versuchte.

Ajatollah Ruhollah Musawi Chomeini

Welche Welten zwischen einem Politiker westlicher Provenienz und diesem religiösen Führer liegen, veranschaulicht schon ein Blick auf seine Biographie: Ajatollah Ruhollah Musawi Chomeini wurde vermutlich im Jahre 1902 geboren – das genaue Geburtsdatum ist unbekannt. Sein Vater war ein ranghoher Mullah, dessen Familie aus Indien stammte, weshalb man ihn in der persischen Kleinstadt Chomein, in der seine Familie lebte, auch Sajjid Hendi nannte, den »Inder«. Chomeinis Vater wurde, offenbar auf Anweisung von Grundbesitzern, deren ausbeuterische Praktiken er angeprangert hatte, erschlagen. Der junge Ruhollah Chomeini studierte Theologie in Qom, einer der heiligen Städte der Schiiten, und beschäftigte sich mit dem Tasawwuf, der subtilen Mystik des Islam. Einer seiner wichtigsten Lehrer war der Ajatollah Haeri Yazdi, einer der führenden Schriftgelehrten der damaligen Zeit.

In den vierziger und fünfziger Jahren begann sich Chomeini politisch zu engagieren. Im Gegensatz zu vielen eher kontemplativ veranlagten und ganz ihren Studien hingegebenen Schriftgelehrten strebte Chomeini den Umsturz der bestehenden, von ihm als zutiefst unsittlich und unislamisch angesehenen Staatsordnung unter den Pahlewi-Kaisern an. Vor allem lehnte er die Vorstellung ab, daß Religion und Politik strikt voneinander getrennt werden müßten – ein reformistischer Gedanke, der aus der Türkei des Kemal Atatürk, also aus dem Westen, in Iran eingedrungen war. Folglich waren Konflikte zwischen dem letzten Schah, Mohammed Reza Pahlewi, und Chomeini von Anfang an unvermeidlich. Die politische Gegnerschaft schlug in Todfeindschaft um, als der Schah zu Beginn der sechziger Jahre zusammen mit seinem Premierminister Ali Amini per Dekret – im Stil des aufgeklärten Absolutismus – die »weiße Revolution« einleitete: eine umfassende Reform, die den Frauen das Wahlrecht, vielen Kleinpächtern eigenes Land und der Gesellschaft vielfältige soziale Verbesserungen nach westlichem Vorbild brachte. Die Reformen waren freilich hastig geplant und nicht immer gut durchdacht worden – sie brachten in dem noch sehr in seiner Geschichte ruhenden Land mehr durcheinander, als sie nutzten. Außerdem knüpfte der Schah in seiner Modernisierungspolitik bewußt an vorislamische, altpersische Traditionen an, was ein Teil der Mullahs, darunter natürlich Chomeini, als direkte und gewollte Provokation empfinden mußten. Reza Pahlewi ließ sich in Persepolis mit großem Pomp als Nachfahre der alten achaimenidischen Kaiser feiern, zu denen Kyros, Dareios und Xerxes zählten. 1963 schürten seine politischen Gegenspieler eine Erhebung gegen diese Reformpolitik, es war gleichsam die Generalprobe der späteren islamischen Revolution. Der Schah schlug Unruhen nieder, die in Teheran und Qom ausgebrochen waren und verwies Chomeini des Landes.

Der Ajatollah reiste zunächst in die Türkei, nach Bursa, siedelte jedoch nach einigen Monaten in den Irak über, nach Nadschaf zum Grab des Ali Ibn Abi Talib, des Begründers des Schiitentums und Vetters des Propheten Mohammed. Von dort aus setzte er mit ausdrücklicher Billigung Saddam Husseins und seiner Baath-Partei seine Agitation gegen den Schah fort. Schwierigkeiten bekam er erst, als Saddam sich in Algier mit dem Kaiser arrangiert hatte. 1978 wurde er dann aus dem Irak ausgewiesen. Doch nach dieser demütigenden zweiten Vertreibung dauerte es nicht einmal mehr ein Jahr, bis Chomeini und seine schiitischen Anhänger in Iran den Schah gestürzt, ins Exil getrieben und eine islamische Republik nach theokratischen Vorstellungen errichtet hatten.

Daß Chomeini kein liberaler politischer Führer nach westlichen Vorstellungen war, erwies sich schon in den ersten Wochen nach seiner Machtübernahme: Alle nicht-islamischen Parteien und Gruppen wurden rücksichtslos verfolgt und vernichtet, Massenhinrichtungen Oppositioneller jeglicher Couleur waren an der Tagesordnung – und drei bis vier Millionen Iraner verließen aus Furcht vor der Schreckensherrschaft des Ajatollah ihre Heimat. Gleichwohl griffen die Lehren Chomeinis unter den Muslimen weiter um sich: Es entwickelte sich eine subversive fundamentalistische Bewegung, die seither alle Länder des Nahen Ostens erfaßt hat und wegen ihrer Sprengkraft (auch im wörtlichen Sinne) sogar die Industriestaaten beunruhigt. Der Ajatollah machte keinen Hehl aus seinem Wunsch, in allen arabischen Ländern die Throne stürzen zu sehen, damit der Islam, seine Gesetze und seine Gelehrten, die unumschränkte Herrschaft antreten konnten.

Die Gegenoffensive Irans

Dieser missionarische Eifer bestimmte den ersten Golfkrieg nach seiner Anfangsphase. 1982, knapp eineinhalb Jahre nach dem Angriff der Iraker, hatten die Iraner die Eindringlinge an den meisten Stellen der 1200 Kilometer langen Front wieder über die alte Grenze zurückgetrieben. Teheran ging zur Gegenoffensive über. Die religiös eingefärbte Propaganda scheute vor großen Worten nicht zurück: »Über Bagdad und Kerbela nach Jerusalem!« Ajatollah Chomeini erklärte den Sturz Saddams und die Errichtung einer islamischen Republik im Irak zum Hauptziel des Krieges. Die iranischen Kämpfer, reguläre Armee, Revolutionsgardisten und später der »Volkssturm«, die sogenannten »Bassidschis«, unter denen sich auch Kindersoldaten befanden, errangen beträchtliche militärische Erfolge. Die Iraker mußten an einigen Stellen der Front starke Einbrüche hinnehmen. Am 13. Juli 1982 hatten die iranischen Truppen zum erstenmal irakisches Gebiet betreten. Saddam Hussein antwortete auf den iranischen Ansturm mit einer Verschärfung des »Städtekrieges«. Die überlegene irakische Luftwaffe flog Bombenangriffe auf Ziele weit im Hinterland Irans. Durch sie wurde vor allem die Zivilbevölkerung schwer getroffen, selbst in der weit von der Front entfernten Hauptstadt Teheran schlugen einige irakische Geschosse ein – Vorboten jener Raketen, die während des zweiten Golfkrieges in den westlichen Medien zu trauriger Berühmtheit gelangen sollten. Auch in Bagdad wurde in dieser Zeit häufig Fliegeralarm ausgelöst, doch ohne nennenswerte Folgen: Iran verfügte über keine weittragenden Waffen; es blieb auf seine Infanterie angewiesen. Der Druck der zum Martyrium bereiten Iraner war jedoch so groß, daß der Irak seiner Luftüberlegenheit zum Trotz in zunehmende Bedrängnis geriet und deshalb versuchte, die iranische Erdölindustrie entscheidend zu treffen: Die irakische Luftwaffe bombardierte die iranischen Ölterminals und griff auch beladene Tanker an, die auf dem Weg durch den Golf waren. Iran verlegte daraufhin unter großen Anstrengungen seine Öl-Verladeeinrichtungen weiter nach Osten, an Orte, die außerhalb der Reichweite der irakischen MiG-Kampfflugzeuge lagen.

In den Bodenkämpfen blieb Iran offensiv. Seine Truppen hatten vor allem im mittleren Abschnitt der Front Erfolge, im Norden beteiligten sich zudem die Kurden am Krieg. Der spektakulärste Sieg der Iraner war die Erstürmung der Halbinsel al Fau westlich des Schatt al Arab im Jahre 1986. Ein Großangriff auf Basra schien zu diesem Zeitpunkt unmittelbar bevorzustehen. Einige Male blieben die amphibischen Einheiten der Iraner in den in Richtung Basra gelegenen Madschnun-Sümpfen stecken, bevor sie dort Brückenköpfe errichten konnten. Gleichzeitig begann Iran einen »Minenkrieg«: Es setzte Seeminen im Persischen Golf aus, um so die Ölausfuhr des Irak zu unterbinden. Da durch diese Ausweitung der Kampfhandlungen auch die Interessen anderer arabischer Nachbarn direkt in Mitleidenschaft gezogen wurden und diese Staaten ohnehin die islamische Revolution in Iran mit großem Unbehagen beobachteten, fand Saddam Hussein nun immer mehr Verbündete. Allen voran Kuweit, aber auch die Vereinigten Arabischen Emirate und Saudi-Arabien verkauften ihr Öl auf irakische Rechnung, um Bagdad die Fortsetzung des Krieges zu ermöglichen.

Irak als Bollwerk der Zivilisation

Je weiter der Krieg voranschritt, desto stärker gelang es Saddam Hussein, sich in den westlichen Ländern als Vorkämpfer der zivilisierten Welt darzustellen. Längst schon hatte er diplomatische Beziehungen mit den einst so verhaßten Vereinigten Staaten aufgenommen, die in Saddam mehr und mehr ein Bollwerk gegen die islamische Revolution und die schiitischen Mullahs zu sehen bereit waren. Nahezu die ganze Welt teilte diese Überzeugung, vor allem die Sowjetunion, die mit dem Irak seit 1972 einen Freundschaftspakt unterhielt. Achtzig Prozent der militärischen Ausrüstung des Irak (Panzer, Flugzeuge, Raketen, Infanteriewaffen, Lastwagen) sind russischer Herkunft. Westliche Länder und auch arabische »Bruderstaaten«, zudem die Volksrepublik China lieferten zusätzlich Waffen in großer Zahl – manche Staaten verkauften gar an beide Kriegsgegner und machten so sicherlich das beste Geschäft mit dem Tod. Auch technisch sehr avancierte militärische Systeme wurden den Irakern nun nicht mehr vorenthalten: Die Franzosen beispielsweise boten ihnen mit Erfolg jene Exocet-Raketen an, die sich just zu dieser Zeit im Falkland-Krieg mit mörderischen Resultaten bewährten.

Tariq Aziz, der Außenminister Bagdads, der während der zweiten Golfkrise zu einer weltweiten, wenn auch nicht beneidenswerten Berühmtheit gelangen sollte, reiste in diesen Jahren wiederholt durch Europa und Amerika und wurde wie ein gerngesehener Gast empfangen. Der Irak, so argumentierte er, verteidige in diesem Krieg nicht seine imperialistischen Interessen, sondern die arabische Welt gegen die Springflut der islamischen Fundamentalisten. Dies war zwar offensichtlich eine Halbwahrheit, wenn nicht eine ganze Lüge, dennoch ließ diese Behauptung damals viele westliche Politiker, die Chomeinis fanatisierte Volksmassen fürchteten, über die brutalen Menschenrechtsverletzungen im Irak hinwegsehen. Daß Saddam zu diesem Zeitpunkt nur noch einen Teil der Waffenlieferungen bezahlen konnte, nahm man angesichts der Siegesentschlossenheit der radikalen Schiiten – die dem Westen zudem im Libanon und durch Terroranschläge in aller Welt zusetzten – in Kauf. Dies waren die Jahre, in denen die aberwitzige Hochrüstung des Irak ihren Anfang nahm, die Saddam später glauben machen sollte, er könne sogar den Streitkräften der Vereinigten Staaten und zahlreicher alliierter Nationen standhalten. Auch deutsche Firmen waren an der Aufrüstung des Irak beteiligt; sie unterstützten den Irak vor allem bei der Herstellung von Giftgas und beim Bau von Bunkern und anderen militärischen Einrichtungen.

Wie sehr der Westen geneigt war, um einer Eindämmung der schiitischen Revolution willen Saddam gewähren zu lassen, belegt die Affäre um die amerikanische Fregatte »Stark«. Sie wurde im Mai 1987 nicht etwa von Iran, sondern vom Irak im Golf attackiert. 37 amerikanische Marinesoldaten kamen bei dem Angriff ums Leben, etliche wurden verletzt. Saddam Hussein entschuldigte sich sofort bei Washington und sprach von einem »Versehen«, das niemand mehr bedauere als er. Washington akzeptierte die Entschuldigung, obwohl damals Zweifel an der von Bagdad verbreiteten Erklärung geäußert wurden. Sie sind bis heute nicht verstummt. Dem Irak kam, so wird vermutet, die Attacke auf das amerikanische Schiff zu diesem Zeitpunkt nicht gänzlich ungelegen, denn Bagdad wollte ein stärkeres Engagement der Großmächte in dem endlos sich hinschleppenden Krieg erreichen – natürlich zu seinen Gunsten. Die Angriffe auf die »Stark« und auf zwei sowjetische Schiffe veranlaßten die beiden Großmächte, über eine engere Zusammenarbeit nachzudenken und vorübergehend auch ein Waffenembargo zu erwägen – doch blieb es bei folgenlosen Gesprächen.

Im Sommer 1987 spitzte sich die Situation im Persischen Golf immer weiter zu. Die von den Iranern verlegten Seeminen, von denen einige sogar im Roten Meer gefunden wurden, brachten die Vereinigten Staaten dazu, faktisch in den Krieg einzutreten. Der Irak war auf den Erlös aus den Erdölexporten seiner arabischen Nachbarn angewiesen. Doch diese Exporte, vor allem die kuweitischen, wurden durch den »Minenkrieg« gefährdet. Deshalb beschloß Washington im Einvernehmen mit dem Emir von Kuweit, die Tanker dieses Landes vorübergehend unter amerikanischer Flagge fahren zu lassen. Amerikanische Kriegsschiffe gaben ihnen daraufhin im Persischen Golf das Geleit und schützten sie gegen jeden militärischen Angriff. Iran betrachtete daraufhin, wie es offiziell hieß, Kuweit als am Krieg beteiligte Nation, ohne allerdings die Kampfhandlungen auch auf dieses Land auszuweiten.

Eine Szene mag die ganze Feindseligkeit, die sich damals zwischen Iran und den arabischen Golfstaaten aufgestaut hatte, veranschaulichen: In einem kuweitischen Luxushotel, in dem ich mich in dieser Zeit während eines Informations-Besuches aufhielt, gab ein Minister einen Empfang für ausländische Diplomaten. Der politische »small talk« unter den Gästen hatte das übliche angeregte, lebhafte Maß erreicht, als plötzlich die Flügeltüren des Empfangssaales aufgestoßen wurden und die beiden Vertreter Irans hereintraten, vollbärtig, in ihrer revolutionären Tracht (weißer Stehkragen und dunkle Jacke), aufrecht und breit grinsend. In der gleichen Sekunde verstummten die Anwesenden, und für Minuten breitete eisige Stille sich aus, bevor die allgemeine Verlegenheit sich allmählich wieder legte. Man versteht diese vergleichsweise heftige Reaktion unter den sonst so beherrschten Diplomaten erst richtig, wenn man bedenkt, daß zu diesem Zeitpunkt auf der Uferstraße Kuweits, wenn der Verkehr ruhte, das Artilleriefeuer aus der Region um den Schatt al Arab deutlich zu hören war: Kuweit-City war fast schon zur Frontstadt geworden; das kleine Land hatte allen Grund, um seine Existenz zu fürchten.

Ein Kriegsende ohne Frieden

Als die Amerikaner Mitte September 1987 im Golf das Minenleg-Boot »Iran Ajr« aufbrachten, die Besatzung gefangennahmen und das leere Schiff sprengten, verschärften sich die Kämpfe nochmals. Im Norden gewannen bis zum Frühjahr 1988 die Kurden die Oberhand. Südlich von Sulaimanija, der heimlichen Hauptstadt Kurdistans, marschierten sie auf den Staudamm von Darband-e Khan zu und drohten, Bagdad von der Elektrizitäts-Versorgung abzuschneiden. Die Armee der Iraker geriet so sehr in Bedrängnis, daß Saddam Hussein Giftgas einsetzen ließ. Unter dem damaligen Gouverneur Hassan al Madschid kamen in Halabdscha und zwei anderen Städten insgesamt 8000 Kurden, Zivilisten vor allem, auf schreckliche Weise durch Gasangriffe aus der Luft um. Das verschaffte den Irakern militärisch Vorteile, setzte sie jedoch – wenn auch nur für kurze Zeit – internationaler Kritik wegen dieses bedenkenlosen Einsatzes von Massenvernichtungswaffen aus.

Wenig später brach der iranische Brückenkopf bei al Fau, den die Soldaten Chomeinis zwei Jahre lang unter großen Opfern gehalten hatten, zusammen, nachdem die Iraker auch hier Giftgas eingesetzt hatten. Dies und ihre Luftüberlegenheit überzeugten schließlich auch die iranische Führung, daß dieser Krieg nicht zu gewinnen war. Am 31. Juli 1988 akzeptierte Teheran die Waffenstillstands-Resolution 598 der Vereinten Nationen. Ajatollah Chomeini soll damals zu seinen Vertrauten gesagt haben, dieser Schritt falle ihm schwerer, als »Gift zu trinken«.

Der erste Golfkrieg endete mithin, ohne daß eindeutige Machtverhältnisse hergestellt wurden. Die Kampfhandlungen fanden zwar ihr Ende, doch was daraufhin begann, war ein Frieden, der seinen Namen nicht wert war. Die Islamische Republik Iran hatte sich behauptet, aber den Aggressor nicht zu »bestrafen« vermocht. Andererseits hatte Saddam die Iraner, die seine Macht eine Zeitlang zu gefährden schienen, in Schach halten, aber keines seiner Kriegsziele erreichen können. Dennoch feierte man in Bagdad das Ende des Krieges wie einen Sieg.

Der Personenkult um Saddam nahm aberwitzige Formen an. Doch jenseits solcher propagandistischen Zwecklügen nimmt sich die Bilanz dieses Krieges für die beteiligten Seiten und für die ganze Region vernichtend aus: Nicht nur daß beide Seiten eine Million Gefallene zu beklagen hatten, die Ölindustrie beider Länder war schwer beeinträchtigt und der Staatshaushalt der Iraker zerrüttet. Bagdad war nach dem Ende der Kampfhandlungen mit hundert Milliarden Dollar im Ausland verschuldet. Teheran erhob zudem Reparationsforderungen in Höhe von 150 Milliarden Dollar. Die Grenze am Schatt al Arab war umstritten wie zuvor. Die Verhandlungen beider Seiten in den folgenden Monaten zeigten, daß an eine Versöhnung nicht zu denken war. Lediglich einige Kriegsgefangene wurden ausgetauscht; dadurch wollte jede Seite gegenüber den Vereinten Nationen ihren »guten Willen« bekunden.

Die wenigen kundigen Beobachter dieses Regionalkonfliktes vertraten von Anfang an die Auffassung, daß dieser Frieden bald schon einen neuen Krieg nach sich ziehen werde. Die Frage der Hegemonie in der Golfregion mußte sich, da sich hier zwei erschöpfte, aber unversöhnte Gegner gegenüberstanden, bald aufs neue stellen. Eines der beiden antagonistischen Regime, das der Mullahs oder das der säkularen Baathisten, würde – soviel war abzusehen – weichen müssen, damit Ruhe einkehren könne. Iran, so hieß es, sei die klassische Großmacht in der Region und werde diesen Anspruch vermutlich auch durchsetzen können. Fürs erste schien es allerdings so, als habe Saddam Hussein den Vormarsch der islamischen Revolution gestoppt. Nicht nur der Westen, auch die arabischen Staaten und die Palästinensische Befreiungsorganisation (PLO) unter Yassir Arafat teilten diese Auffassung weitgehend.

Die beiden Weltmächte hatten im Verlauf dieses Konfliktes ihre Politik verändert. Als er ausbrach, war der Kalte Krieg noch bestimmendes Element der internationalen Beziehungen. Als er endete, war Gorbatschow Präsident der Sowjetunion, und die Perestroika begann, die ersten außenpolitischen Früchte zu tragen. Innenpolitisch dagegen litt sein Land an den Folgen des mißglückten militärischen Engagements in Afghanistan, und dazu wuchs die Unruhe unter den muslimischen Völkern in Mittelasien und im Kaukasus. Die Annäherung zwischen Washington und Moskau war unverkennbar, auch wenn sie zunächst auf Kosten Irans zu gehen schien: Beide Seiten hatten gute Gründe, den islamischen Fundamentalismus zu fürchten, in dem sie eine größere Bedrohung ihrer Interessen sahen als in der Geltungssucht des irakischen Diktators.

In Kuweit wurde im Februar 1989 zum erstenmal seit Ausbruch des Krieges wieder der Unabhängigkeitstag begangen. Die Feste fanden in einer Atmosphäre des Friedens, der Gelöstheit und Erleichterung statt. Keiner der Feiernden ahnte, daß schon im nächsten Jahr die Existenz des kleinen Landes aufs höchste gefährdet sein sollte. Saddam Hussein, so dachten viele, sei ihnen als ehemaliger Verbündeter zu Dank verpflichtet und habe von kriegerischen Abenteuern einstweilen genug; der Irak müsse sein Geld nun vor allem in den Wiederaufbau des zerstörten Landes investieren.

Tod in Teheran

Rätsel um die Hochrüstung des Irak

Der erste Golfkrieg endete in einem militärischen Patt, das beide Gegner ökonomisch erschöpfte. Der Irak hätte seit dem Sommer 1988 die Gelegenheit gehabt, eine schnelle Friedensregelung mit Iran auf der Grundlage eines Waffenstillstands zu erreichen, aber er verzögerte die entsprechenden Verhandlungen. Die Einzelheiten der UN-Resolution 598 wurden nur schleppend behandelt und verwirklicht; Bagdad hoffte, durch eine Hinhaltetaktik bessere Konditionen zu erreichen. Saddam Hussein hatte die Hoffnung noch nicht aufgegeben, doch die Kontrolle über einen Teil der iranischen Erdölhäfen am Schatt al Arab erhalten zu können; und er wollte vermeiden, daß die im Waffenstillstand vorgesehene Kommission zur Feststellung der Kriegsschuld ihre Arbeit aufnehmen konnte. Zu Recht fürchtete der Iraker, daß seinem Land die Hauptverantwortung für diesen blutigen Waffengang zugesprochen werden würde. Es ging in diesem Punkt nicht allein um das Prestige: Der Kriegsgegner Iran stellte Reparationsforderungen in Höhe von 150 Milliarden Dollar. Wenn der Irak amtlich schuldig gesprochen worden wäre, hätte er Kompensationen zahlen müssen. So wird verständlich, daß der Regierung in Bagdad jedes Zögern in dieser Sache willkommen war. Dieses Verhalten wurde durch eine geschickte Propaganda ergänzt, in der sich der Irak als Sieger feiern ließ, und zwar stellvertretend für die arabische Welt. Gerade die Golfstaaten, die Saddam Hussein – mehr aus Furcht denn aus Neigung – mit hohen Geldsummen unterstützt hatten, mußten sich von Bagdad vorhalten lassen, sie wären von den »Horden der persischen Rassisten überrollt und hinweggefegt worden«, wenn der Irak mit seiner siegreichen Armee dies nicht verhindert hätte. Damit sollten die kleinen Länder der Region mundtot gemacht und zum

Verzicht auf die finanziellen Forderungen bewegt werden, die sie dem großen »Bruder« im Norden gegenüber geltend machen konnten.

Mit den militärischen Tatsachen hatten die Siegesfeiern in Bagdad nichts zu tun. Die Truppen beider Seiten standen im großen und ganzen dort, wo sie auch zu Beginn des ersten Golfkrieges gestanden hatten. Saddam freilich ließ sich als Sieger feiern, als der Held des »zweiten Qadisijja« – in Anspielung auf jene Schlacht, in der die Araber in der Frühzeit des Islam unter dem Feldherrn Saad Ibn Abi Waqqas Persien erobert und dem Islam zugeführt hatten. Das Unentschieden im Kriege war den beiden Großmächten nicht unlieb, da keiner der beiden Kriegsgegner die Vormacht erreicht hatte; geschwächt jedoch waren beide, woraus die Hoffnung abgeleitet wurde, daß sie vorerst nicht mehr zu unvermuteten militärischen Abenteuern in der Lage wären. Im Fall des Irak entpuppte sich das als schwerer Fehler. Bagdad beharrte, trotz seiner vorübergehenden Schwäche, auf seinem Vormachtanspruch in der Region. Und dies, obwohl das Land finanziell am Ende war. Am Anfang des Krieges gegen Iran verfügte Bagdad über 30 Milliarden Dollar Währungsreserven, am Ende des Krieges hatte das Land wenigstens 100 Milliarden Dollar Schulden – bei arabischen Ländern ebenso wie im Westen und in der Sowjetunion. Militärisch hingegen sah die Lage anders aus. Der Irak hatte die viertgrößte Streitmacht der Welt unter Waffen. Aus den zehn Divisionen des Jahres 1980 waren am Ende des Krieges 55 Divisionen geworden. 500 moderne Kampfflugzeuge und fast 6000 Panzer vervollständigten diese Streitmacht. Saddam Hussein unternahm zudem beträchtliche Anstrengungen, um die Schlagkraft seines Millionenheeres zu erhöhen. Im nachhinein wird allerdings deutlich, daß nicht nur der Westen, sondern auch die arabischen Gegner Saddams die tatsächliche Schlagkraft des irakischen »Volksheeres« und der Republikanischen Garde überschätzten. Bis heute ist unklar, ob der israelische Geheimdienst gegenüber den Amerikanern mit Bedacht ein übertriebenes Bild der irakischen Militärmaschinerie zeichnete.

Saddams Führungsanspruch in der Region wurde gestärkt, als der iranische Revolutionsführer Ajatollah Chomeini in der Nacht vom 3. auf den 4. Juni 1989 starb. Nicht nur dem irakischen Führer war klar, was dieser Tod politisch bedeutete: Eine tiefgreifende Veränderung der ideologischen Landschaft in der Islamischen Republik Iran. Von einem Mann wie dem Parlamentspräsidenten Ali Akbar Rafsandschani, der als Nachfolger so gut wie feststand, war keine aggressive oder entschieden »islamische« Politik in Chomeinis Sinn zu erwarten. Während in Teheran die Massen um den Toten trauerten, fühlten sich die Iraker wie von einer schweren Last befreit. Niemand in Iran war ernsthaft imstande, in die Fußstapfen des charismatischen Revolutionsführers zu treten; gegenüber Iran brauchte man fortan weniger wachsam zu sein als früher. Der Irak pries sich als Ordnungsfaktor in der gesamten Region und fand Gehör.

Hinzu kam, daß der Westen mit der Situation nach dem achtjährigen Krieg nicht unglücklich war. Der Irak hatte zwar den Krieg begonnen, aber er war von den Iranern doch in die Schranken gewiesen worden. Umgekehrt hatten die Iraner es nicht vermocht, ihren Einfluß auf die Region auszudehnen. Auch für die Amerikaner blieb Saddam Hussein, trotz gewisser Vorbehalte nach dem Einsatz von Giftgas bei Halabdscha, eine Ordnungsmacht. Für die Franzosen war Bagdad ohnehin schon seit geraumer Zeit ein gern gesehener Kunde ihrer Rüstungsindustrie. Nur Großbritannien begann zu Bagdad auf Distanz zu gehen, allerdings nicht sehr entschlossen, denn das Land war zu diesem Zeitpunkt Großbritanniens drittgrößter Handelspartner. Die englischen Zeitungen publizierten ausführliche Berichte über Saddams Vorgehen gegen die Kurden und über den Einsatz von Giftgas. Im September 1988 wurde der englische Filmemacher und Journalist Gwynne Roberts in das Gebiet der irakischen Kurden eingeschmuggelt. Er brachte Bodenproben mit, durch die bewiesen werden konnte, daß die irakische Luftwaffe tatsächlich Senfgas und Nervengas gegen Kurden eingesetzt hatte. Die Presse im Westen betrachtete Saddam Hussein nun mit kritischeren Augen als während der Kämpfe mit Iran. Sie richtete –

wahrscheinlich zu spät und mit zu geringer Intensität – ihr Augenmerk auch auf die Anstrengungen des Irak, seine Raketenarsenale zu modernisieren, das Nuklearprogramm weiterzuführen und die Produktion von Giftgas voranzutreiben.

All diese weitgehend verborgen gebliebenen Anstrengungen Bagdads widerlegen jene Optimisten, die später die These vertraten, man hätte Saddam Hussein besänftigen und den Krieg vermeiden können, wenn man von Beginn der Krise an größeres politisches Verständnis für seine Lage aufgebracht hätte. Der Irak hatte aus dem ersten Golfkrieg nicht gelernt, den Frieden zu wahren, sondern nur, daß er militärisch noch stärker werden mußte, wenn er die Region dominieren wollte. Saddam selbst machte alle Spekulationen über eine friedliche Beilegung des Konfliktes zunichte, als er schon fünf Tage nach dem Einmarsch seiner Truppen in Kuweit erklärte:

»Der zweite August (das heißt der Tag des Einmarsches) ist der legitime Sohn der zweiten Schlacht von Qadisijja (das heißt des ersten Golfkrieges) und ihres Volkes, und mit Gottes Hilfe wird er ein getreuer Sohn sein... Er wird der Beginn einer neuen Phase des Stolzes und des Aufstiegs sein. In dieser Phase werden sich in den kommenden Tagen die Horizonte der Tugend in den verschiedenen Teilen des arabischen Vaterlands erweitern, und Schmutz, Verrat, Gemeinheit, Betrug und Unterwürfigkeit vor dem Ausländer werden den Rückzug antreten. Viele der arabischen Ziele werden in greifbare Nähe rücken, nachdem manche Leute meinten, sie hätten sich weit von ihrer Stellung am Horizont entfernt. Sonnen werden aufgehen, Monde werden scheinen, und die Sterne werden glänzen. Das Licht wird die Finsternis vertreiben, und es wird keine Sonnenfinsternis am Himmel des Irak und des arabischen Vaterlandes geben...« (zitiert nach John Bulloch und Harvey Morris: »Saddams Krieg«).

Diese Sätze zeugen nicht nur von Saddam Husseins Rhetorik, sondern auch von dem Bestreben, eine Kontinuität, einen politischen und logischen Zusammenhang zwischen dem ersten und dem zweiten Golfkrieg herzustellen.

Rüstung und Spionage

Saddam nutzte die Jahre 1988, 1989 und 1990 zur Aufrüstung. Während die westlichen Regierungen versuchten, in Saddam Hussein einen stabilisierenden Faktor in der Region zu sehen, entwickelten die Iraker ihre Raketenwaffen weiter. Die ursprünglich von der Sowjetunion gelieferten Scud-Raketen (achtzig Prozent der irakischen Waffen stammten von den Russen) hatten eine Reichweite von nur 300 Kilometern. Westliche Fachleute – offenbar auch deutsche Techniker – erhielten den Auftrag, die Reichweite dieser Kurzstreckenraketen zu vergrößern, so daß man sie als Mittelstreckenraketen verwenden konnte. So wurden aus den russischen Geschossen »Saddams Pfeile«, die eindrucksvolle Namen erhielten: »al Hussein« und »al Abbas«. Bagdad ließ bekannt werden, daß die Reichweite der neuen Raketen bis zu tausend Kilometer betrage – eine Behauptung, die sich als unrichtig herausstellte. Aber immerhin sechs- bis siebenhundert Kilometer weit flogen die irakischen Scud schon – allerdings hatte, wie sich später zeigte, die Treffsicherheit der Raketen nach den technischen Manipulationen gelitten. Für die Abwehrrakete »Patriot« freilich war diese unvorhergesehene Streubreite eher ein Nachteil als ein Vorteil.

Ein Jahr vor der Kuweit-Krise entbrannte ein regelrechter Propaganda-Krieg um die Raketen. Der Irak verkündete voller Stolz die technischen Fortschritte, löste damit allerdings in Israel und im Westen große Besorgnis aus. War Bagdad fähig, seine Mittelstreckenraketen mit chemischen Kampfstoffen zu bestükken? Und wie weit waren die Atompläne der Iraker gediehen? Konnten sie schon eine eigene, eine »islamische« Bombe bauen? Westliche Zeitungen berichteten über eine chemische Fabrik und Forschungsstätte in Salman-e Pak, zwanzig Kilometer südlich von Bagdad, in der man offiziell pharmazeutische Produkte entwickle, inoffiziell jedoch an chemischen Waffen arbeite. Auch biologisches Kriegsmaterial, so hieß es, werde dort hergestellt. Diese Berichte wurden durch Meldungen ergänzt, im Norden des Irak habe man in unterirdischen, gegen Angriffe geschützten

Labors auf dem Gebiet der Nuklearforschung neue Erfolge erzielt. Saddam Hussein, so schrieben John Bulloch und Harvey Morris in ihrem Buch »Saddams Krieg«, habe schon 1989, vor allem jedoch 1990 mit einem israelischen Angriff auf seine Nuklearanlagen gerechnet – nach dem Vorbild der Bombardierungen von 1981.

Seit dem Sommer 1989 rissen die Meldungen über die irakische Hochrüstung nicht ab. Viele Details dieser großen militärischen Vorbereitungen liegen bis heute im dunkeln. Auf dem Londoner Flughafen Heathrow durchsuchte der Zoll am 28. März 1990 eine irakische Verkehrsmaschine, die nach Bagdad fliegen sollte. Die Beamten wurden fündig: Sie entdeckten Hochspannungsschalter (Krytronen), die man zur Explosion von Atomwaffen verwendet. Das Material wurde beschlagnahmt. Bis jetzt ist nicht klar, ob die Zünder tatsächlich für die irakische Militärindustrie bestimmt waren, oder ob es sich um Attrappen handelte, die man den Irakern »untergeschoben« hatte.

Eine handfeste Tatsache dagegen war die Explosion in der Raketenfabrik von al Hillah im Südirak. Berichte über diesen Zwischenfall tauchten zum erstenmal im September 1989 auf. Die Katastrophe soll sich im August ereignet und viele hundert Menschenleben gekostet haben. Die in Bagdad ansässigen Diplomaten – mit Nachrichten über den Irak im allgemeinen höchst zurückhaltend – bestätigten die Meldung. Der Vorfall führte zu Belastungen der Beziehungen zwischen dem Irak und Großbritannien, die mit dem »Fall Bazoft« zusammenhingen. Farzad Bazoft war ein junger englischer Journalist, der für den »Observer« in London arbeitete. Er war in Iran geboren und ein ausgezeichneter Berichterstatter in dieser Region, da er Mentalität, Religion und Kultur besser kannte als seine europäischen Kollegen. Bazoft wollte den Gerüchten um das Raketenunglück auf den Grund gehen und fuhr nach al Hillah. Er war Teilnehmer einer offiziellen Journalistenreise, wie sie das irakische Regime von Zeit zu Zeit organisierte, um sich in der Weltöffentlichkeit in ein besseres Licht zu rücken. Der erste Versuch Bazofts, den Aufpassern zu entwischen und auf eigene Faust zu recherchieren, schlug fehl. Den zweiten unternahm er mit Hilfe der englischen Krankenschwester Daphne Parish. Sie fuhr ihn nach al Hillah, wo Bazoft in Laborkleidung auf das Gelände der Fabrik eindrang. Es gelang ihm auch, mit einem Augenzeugen zu sprechen und einen Schuh von einem der Opfer zu finden, den er in England untersuchen lassen wollte. Als Bazoft am 15. September ein Flugzeug nach London bestieg, nahm man ihn fest; Daphne Parish wurde erst vier Tage später verhaftet. Im Fernsehen legte Farzad Bazoft ein Geständnis ab, das offenbar erpreßt worden war: Er habe für den israelischen Geheimdienst Mossad spioniert. Es ist möglich, daß sich der Journalist von seinem öffentlichen Schuldbekenntnis ein mildes Urteil, wenn nicht sogar die Begnadigung versprach.

Spätere Nachforschungen haben ergeben, daß Bazoft kein unbescholtener Bürger war. Er hatte in Großbritannien Straftaten begangen. Auch Kontakte zu israelischen Repräsentanten – die freilich für einen Journalisten, der mit der Region zu tun hat, keineswegs ungewöhnlich waren – wurden ihm nachgewiesen. Kollegen Bazofts, die mit ihm auf Reisen waren, bezeichneten es dennoch als unwahrscheinlich, daß der Iraner je ein Spion gewesen sein könne. Farzad Bazoft liebte nach Darstellung von Kollegen die gefährliche Recherche und gehörte zu jenem Typ des Journalisten, dem die Risiken, die er eingeht, oft gar nicht bewußt sind. Andere Reporter hatten im alltäglichen und unvoreingenommenen Umgang mit Bazoft oft genug festgestellt, daß er von Militär und Rüstung, den sensibelsten Bereichen der Sicherheits- und Geheimdienste aller Länder, fast nichts verstand.

Es spricht also vieles dafür, daß der Vorwurf der Spionage erlogen war; an Bazoft wollte Saddam Hussein ein Exempel statuieren, um vor »Schnüfflern« sicher zu sein. Nach einem »Prozeß« von nur einem Tag Dauer, in dem man dem Angeklagten nichts beweisen konnte, wurde Farzad Bazoft am 15. März 1990 gehenkt. Arabische Politiker wie der jordanische Außenminister Marwan al Qassim hatten zuvor versucht, Saddam Hussein umzustimmen: Er solle den Briten freilassen, da andernfalls das

Ansehen des Irak im Westen schwer geschädigt würde. Doch der Iraker war, wie schon so oft, Mahnungen zur Mäßigung unzugänglich.

Einen Monat später kam es zu einem weiteren Vorfall, der bis heute Rätsel aufgibt. Eine neuerliche Lieferung für den Irak wurde beschlagnahmt. Diesmal handelte es sich um Präzisionsstahlrohre der englischen Firma Sheffield Forgemasters. Sie sollten, wie es hieß, im Irak zu einer »Superkanone« zusammengesetzt werden, die von einem mysteriösen Dr. Bull geplant worden sei. Ein Dr. Bull war aber schon am 22. März desselben Jahres in der belgischen Hauptstadt Brüssel von unbekannten Tätern erschossen worden. Er soll Spezialist für die Konstruktion und den Bau von Großgeschützen gewesen sein. Hatten ihn irakische Agenten liquidiert, damit er im Zweifelsfall nicht reden konnte? Oder steckten konkurrierende Waffenschieber, deren es in Brüssel nicht wenige gibt, hinter dem Mord? Stutzig macht freilich die Tatsache, daß der Bau eines solchen Supergeschützes wenig sinnvoll ist. Der militärische Effekt einer solchen Kanone ist, Artillerie-Fachleuten zufolge, gering. Dennoch trug der neue Fund dazu bei, Saddam und den Irak immer mehr ins Gerede zu bringen – auch wenn die Regierungen des Westens immer noch glaubten, Saddam als politischen Stabilitätsfaktor in der Region stützen zu müssen.

Die Kriegsgefahr wächst

Die Eskalation der Waffen-Skandale, von Saddam Hussein propagandistisch mit Angriffen gegen Israel begleitet, fiel in eine Zeit, in der die Unruhe im gesamten Nahen Osten wuchs. Indes glaubte niemand, daß sich ausgerechnet am Golf eine Tragödie zusammenbraute, sondern man rechnete viel eher mit neuen Spannungen in Palästina, sprich: mit einer Eskalation zwischen Israel und seinen arabischen Gegnern. Schon Anfang April 1990 warnten wichtige internationale Zeitungen vor einem »Anwachsen der Kriegsgefahr«. Anlaß für diese Warnungen war die

Auswanderungswelle sowjetischer Juden nach Israel. Unter Gorbatschow hatte die Sowjetunion ihre restriktive Politik gegenüber der jüdischen Minderheit aufgegeben: Die Folgen dieser Liberalisierung waren für die Araber ein Albtraum. Insgesamt leben in der Sowjetunion knapp zwei Millionen Juden. Kämen sie alle nach Israel, so rechneten die Araber, dann wüchse dessen Bevölkerung auf fast sechs Millionen Menschen an – um ein Drittel immerhin. Die Folgen dieses demographischen Zuwachses wurden als Bedrohung empfunden. Überdies fürchteten die Palästinenser, daß nicht wenige dieser Neuankömmlinge in den besetzten Gebieten angesiedelt würden.

Ein tragisches Ereignis in Tel Aviv heizte die Stimmung zusätzlich an. Am 21. Mai 1990 tötete ein offenbar geistig verwirrter israelischer Soldat sieben palästinensische Arbeiter. Ob er durch die am 2. April ausgesprochene Drohung Saddams, der Irak werde die Hälfte Israels mit seinem Feuer vernichten, wenn es einen militärischen Schlag gegen den Irak führe, zu seiner Tat angeregt wurde, konnte nicht geklärt werden. In Israel befürchtete man angesichts der heftigen arabischen Kritik an der Bluttat das Schlimmste, als Saddam am 28. Mai die Staatschefs der Arabischen Liga zu einer Sonder-Gipfelkonferenz nach Bagdad einlud. In einigen arabischen Ländern, vor allem in Jordanien, riefen die Todesschüsse des Israeli entsprechende Gegenaktionen hervor; in den besetzten Gebieten verschärfte sich wieder die Intifada, der Aufstand der Palästinenser, der am 8. Dezember 1987 begonnen und eine ständige Begleitmusik zur Eskalation zwischen Bagdad und Jerusalem abgegeben hatte. Ende Mai attackierte ein jordanischer Bürger im Zentrum Ammans in der Nähe des römischen Amphitheaters einen französischen Touristenbus. Die Stimmung war so explosiv, daß Journalisten geraten wurde, die Lager und Viertel der Palästinenser in der jordanischen Hauptstadt möglichst nicht zu betreten.

Der Streit bricht offen aus

Erdölquoten, Schulden und Rumaila

Die Gipfelkonferenz von Bagdad im Mai 1990 nahm einen gänzlich anderen Verlauf, als alle arabischen und westlichen Beobachter erwartet hatten. Zwar wurde auch über die Lage in den besetzten Gebieten und über die jüdischen Einwanderer nach Israel gesprochen. Doch Saddam Hussein machte das Treffen bald zu einem Forum für irakische Angelegenheiten. In seiner Rede griff er mit drohenden Worten die versammelten Staatschefs der Golfstaaten an und warf ihnen vor, daß sie zuviel Öl förderten, das heißt, daß sie die Absprachen der Quoten, wie sie bei den letzten Konferenzen der OPEC vereinbart worden waren, zum Schaden des Irak verletzten. Saddam Hussein hatte vor allem drei Fürsten im Blick: König Fahd von Saudi-Arabien, Scheich Zayed Bin Sultan Al Nahayan, den Staatschef der Vereinigten Arabischen Emirate, und Scheich Dschabir al Ahmad Al Sabah von Kuweit, der dem Iraker schon lange mit heftiger Abneigung begegnete. Saddam rechnete vor, daß Kuweit anstelle der vereinbarten 1,5 Millionen Barrel täglich (ein Barrel entspricht 158 Litern) 2,1 Millionen Barrel fördere. Diese Überproduktion verhindere, daß der Irak wirtschaftlich wieder auf die Beine komme. Aber damit noch nicht genug: Der irakische Staatschef brachte noch andere Anliegen vor. Sein Land benötige dringend zehn Milliarden Dollar, um kurzfristig aufgetretene Fehlbeträge in seinem Landeshaushalt auszugleichen. Zudem forderte Saddam, daß Saudi-Arabien, die Emirate und Kuweit dem Irak jene 30 Milliarden Dollar erließen, die sie dem Land während des Krieges mit Iran geliehen hatten. Saddam Hussein führte als wichtigste Rechtfertigung für diese Forderung an, sein Land habe in einem blutigen, opferreichen Krieg gegen Iran das Übergreifen der islamischen Revolution auf die Golfstaaten verhindert – da sei eine ersatzlose Streichung des horrenden Schuldenbetrages nur recht und billig.

Die arabischen Fürsten waren von dem Verlauf der Sitzung so verblüfft, daß sie kaum die richtigen Worte fanden. Auf der Gipfelkonferenz wurde in dieser Sache nichts entschieden, man ging nach dem Austausch der Argumente und den üblichen Floskeln über die »Brüderlichkeit« der arabischen Länder auseinander. Im nachhinein darf man Zweifel hegen, ob den von Saddam angegriffenen Staatschefs der Ernst ihrer Lage damals schon bewußt war. Immerhin hatte der Irak im Jahre 1973 den Norden Kuweits angegriffen und die beiden strategisch wichtigen Inseln Warba und Bubyan besetzt; so mußten die arabischen »Brüder« wissen, wozu die Baath-Führung in Bagdad imstande war. Aber niemand machte sich zu diesem Zeitpunkt ernsthaft Sorgen.

Sorglosigkeit herrschte auch im Westen, vor allem in Amerika, wo man Saddams Staat Anfang 1990 unter dem Eindruck des gewaltsamen Sturzes von Ceauşescu in Rumänien zwar in der Presse wegen Menschenrechtsverletzungen und Folter kritisierte, aber gleichwohl an einer Zusammenarbeit mit ihm interessiert war. Dies hatte der Washingtoner Sonderbeauftragte John Kelly dem irakischen Staatschef am 12. Februar 1990 in Bagdad noch einmal versichert. Auch in Washington hätte man die Anzeichen eines sich zusammenbrauenden Unheils ernster nehmen müssen. Im Mai hatten israelische Geheimdienststellen und auch die CIA die Amerikaner darüber informiert, daß eine »Invasion des Irak in Kuweit wahrscheinlich« sei. Diese Hinweise nahm man zur Kenntnis – mehr geschah nicht. Man beruhigte sich statt dessen mit der Tatsache, daß Saddam im Juni einen Emissär in die von ihm verbal attackierten Golfstaaten schickte: Saadun Hammadi. War das nicht ein deutliches Indiz dafür, daß die Iraker den Streit gütlich beilegen wollten? Hammadi war von seiner Ausbildung her ein Wirtschaftswissenschaftler, ein nüchterner Mann, der geeignet schien, den Streit zu schlichten.

Hammadi verlangte von König Fahd in Riad eine Sondersitzung der OPEC mit dem Ziel, die Förderquoten zu senken und alle Seiten zu verpflichten, diese Quoten auch einzuhalten. Der saudische Monarch, die führende Figur in der Organisation der erdölproduzierenden und exportierenden Staaten, war nicht abgeneigt, diesen Wunsch zu erfüllen, sagte jedoch, es habe damit keine Eile. Auf taube Ohren stieß der Iraker dagegen bei seiner Visite in Kuweit, vor allem, als er Saddams Forderung nach einem gänzlichen Schuldenerlaß und der Zahlung von zehn Milliarden Dollar vorbrachte. Diese Forderung wies der Emir entschieden zurück.

Die nächste Stufe der Eskalation wurde am 17. Juli erreicht, dem Jahrestag der irakischen Revolution. Schauplatz war Tunis, zu diesem Zeitpunkt noch Sitz der Arabischen Liga, die eine Sondersitzung unter der Leitung ihres Generalsekretärs, des klugen, aber nicht sehr durchsetzungsfähigen Tunesiers Schadli Klibi, anberaumt hatte. Delegationsführer der Iraker war Außenminister Tariq Aziz, der am Vorabend der Konferenz in Tunesien eintraf. Er trug ein schriftliches Memorandum im Gepäck, das massive Beschuldigungen gegen Kuweit enthielt, aber auch die Emirate und Saudi-Arabien angriff. Neben dem altbekannten Streit um die Erdölförderung brachte der Irak vor, Kuweit unterhalte Militärposten auf irakischem Gebiet. Außerdem habe es den Irak um insgesamt 2,4 Milliarden Dollar bestohlen, weil es das Ölfeld von Rumaila ausbeute. Mit diesem Vorwurf war der Irak wieder auf die leidige Grenzfrage zurückgekommen – dem Zankapfel zwischen den beiden Ländern seit den Jahren 1913 und 1922 (Konferenz von al Uqair). Dem Tunesier Klibi wurde klar, daß eine kriegsträchtige Situation entstanden war. Die Sondersitzung der Arabischen Liga konnte sie nicht bereinigen. Die arabischen Fürsten gaben lediglich zu bedenken, daß die Einnahmen aus der Förderung in Rumaila dem Irak zugute gekommen seien, als er seinen Krieg führte.

Das sichelförmige Erdölfeld Rumaila befindet sich zu 97 Prozent auf dem Gebiet des heutigen Irak. Drei Prozent hingegen gehören zu Kuweit. Falls die Grenze zugunsten des Irak nach Süden verschoben würde, könnte es gänzlich von Bagdad ausgebeutet werden. Das Feld liegt so günstig unter der Erdoberfläche, daß die Kuweiter es mit schräg nach unten führenden Bohrungen anzapfen konnten. In den Wochen bis zum Einmarsch der Iraker wurde deutlich, daß der Irak diese Art der Förderung als »Plünderung« und »Raub« betrachtete.

Unbedachte Worte einer Botschafterin

Eine Woche nach der Sitzung von Tunis kam es in Bagdad zu einer Begegnung, die man als einen der Schlüssel zum Verständnis der Krise ansehen kann. Die amerikanische Botschafterin April Glaspie dürfte seit ihrem folgenschweren Treffen mit Präsident Saddam Hussein am 25. Juli 1990 im Präsidentenpalast von Bagdad ihres Lebens nicht mehr so recht froh geworden sein – selbst wenn man in Rechnung stellt, daß ihr Verhalten nur ein Glied in einer Kette von Ursachen ist, die zum Ausbruch des Krieges geführt haben. Die Unterredung mit April Glaspie entlastet Saddam nicht von seiner Verantwortung, zumal die Hintergründe dieses Treffens noch nicht wirklich aufgeklärt sind; aber der Verlauf und Inhalt des Gesprächs sind doch symptomatisch für eine Unentschlossenheit, die in der amerikanischen Nahost-Politik nicht selten ist. April Glaspie war eine erfahrene Diplomatin, mit dem Nahen Osten, den Arabern, ihrer Sprache und Kultur seit langem vertraut. Unklar ist bis heute, ob der Text des Gespräches exakt wiedergibt, was sie sagte, und ob dies die offizielle Linie der amerikanischen Politik war oder eine private Stellungnahme, von der die Botschafterin glaubte, sie decke sich weitgehend mit der amtlichen Position Washingtons. Vor einem amerikanischen Untersuchungsausschuß sagte April Glaspie aus, der allgemein verbreitete Text ihrer Unterredung mit Saddam sei von den Irakern in deren Sinne zurechtgebogen worden.

Saddam monologisierte zuerst. Er sprach allgemein über die amerikanisch-irakischen Beziehungen. Dann äußerte er die Befürchtung, Israel könne einen neuen Angriff auf irakische Nuklearanlagen unternehmen. Schließlich ging Saddam auf eine »Medienkampagne« ein, die seiner Meinung nach in den Vereinigten Staaten gegen den Irak inszeniert worden sei, und erwähnte seinen Streit mit den arabischen Fürsten am Golf wegen der Erdölquoten. Amerika müsse sich darüber klarwerden, wer seine Freunde seien und wer nicht. Aus Saddams Worten war herauszuhören, daß er an ein Komplott zwischen Washington und den arabischen Fürsten gegen den Irak glaubte. Doch der Irak werde sich zu wehren wissen. Sein Land sei gegebenenfalls bereit, gegen Amerika Krieg zu führen, auch wenn es diesen Waffengang verliere. Und Saddam fügte hinzu: »Ich will ihr Land hier nicht herabsetzen, aber ich halte mich an die Geographie und die Natur der amerikanischen Gesellschaft. Die ist nicht bereit, 10 000 Tote in einer einzigen Schlacht zu opfern ...« Noch drohender wurde Saddams Rede, als er folgendes sagte: »Wenn sie (die Amerikaner) diesen Druck uns gegenüber ausüben, dann werden wir mit Gegendruck antworten und ihnen unsere Stärke zeigen. Sie wissen, daß sie uns weh tun können, während wir nicht die Macht haben, sie zu bedrohen. Aber wir können auch weh tun. Jeder kann nach seinen Möglichkeiten Schläge austeilen. Wir können nicht in Amerika landen, aber Araber können ihr Land individuell angreifen.« Dies war als eine unverhohlene Drohung mit Terroranschlägen zu verstehen.

Der Antwort der amerikanischen Botschafterin ist eine gewisse Verlegenheit anzumerken – zumindest vermittelt der Text diesen Eindruck. Sie entgegnete nicht etwa, daß der Irak Anlaß zu Klagen über seine Menschenrechtsverletzungen gebe, sondern kritisierte eine Fernsehsendung, die sie selbst gesehen und für unzulänglich gehalten habe; zudem stimmte sie Saddam Hussein zu, daß 25 Dollar pro Barrel ein angemessener Preis sei, den der Westen zahlen müsse und könne. Die entscheidende Passage über den drohenden Konflikt mit den Golfstaaten hat folgenden Wortlaut: »Ich bewundere Ihre außerordentlichen Anstrengungen, das Land (den Irak) aufzubauen. Ich weiß, daß Sie dafür Kapital brauchen. Wir verstehen das und sind der Meinung, daß Sie die Möglichkeit haben müssen, das Land wieder aufzubauen. Aber wir wollen zu den innerarabischen Konflikten keine Position beziehen, beispielsweise zu Ihrem Konflikt mit Kuweit. Ich war Ende der sechziger Jahre auf Posten in Kuweit. Unsere damaligen Instruktionen hießen, keine Meinung zu Problemen zu äußern, die Amerika nicht betrafen. James Baker hat jetzt unserem offiziellen Sprecher die Order gegeben, diese Instruktionen aufs neue zu bestätigen. Wir hoffen, daß Sie Ihr Problem durch alle notwendigen Maßnahmen lösen, über Klibi oder über Präsident Mubarak. Das einzige, was wir wünschen, ist, daß Sie zu einer schnellen Lösung kommen ...«

Daß diese Worte mißverständlich sind, liegt auf der Hand; einen Freibrief stellen sie allerdings nicht aus – zumal die Botschafterin im nächsten Absatz ohne Wenn und Aber die Betroffenheit und Sorge Amerikas vor einer gewaltsamen Lösung zum Ausdruck brachte und den Präsidenten fragte, was er vorhabe. Saddam Hussein beruhigte die Amerikanerin durch Hinweise auf die geplanten Treffen mit Mubarak von Ägypten und Scheich Saad Ibn Abdallah Al Sabah, den kuweitischen Kronprinzen. Zu diesem Zeitpunkt waren jedoch schon 30 000 Iraker in der Nähe der irakisch-kuweitischen Grenze zusammengezogen. Die amerikanischen Befürchtungen wurden freilich von arabischen Politikern zerstreut: Saddam wolle den Kuweitern nur drohen, um die Inseln Bubyan und Warba sowie das Rumaila-Ölfeld zu bekommen, an einen Krieg denke er nicht. Bis zum 30. Juli, soviel steht heute fest, hielt niemand in Washington eine Invasion in Kuweit-City für möglich; aber auch der ägyptische Präsident Mubarak glaubte nicht daran, sondern verfocht nach seiner Visite, bei der ihn Saddam zu einem gemeinsamen Vorgehen gegen die Golfstaaten überreden wollte, die Erpressungs-Theorie.

Die Tragödie von Dschidda

Am 31. Juli wurde dann der letzte Versuch unternommen, eine friedliche Einigung zwischen Kuweit und dem Irak zu finden. Schauplatz war die saudi-arabische Hafenstadt Dschidda. Das Treffen dort machte deutlich, daß alle späteren Rufe nach einer »arabischen Lösung« illusorisch waren, denn in Dschidda war man von einer Einigung in der Sache nicht so weit entfernt, wie es den Anschein haben konnte; aber persönliche Animositäten, Machtgelüste und Unnachgiebigkeit machten die Versöhnung dann doch unmöglich. Hinzu kam, daß der Irak in der Frage der Grenzziehung zwischen beiden Staaten nicht nachgeben und auch von der für Kuweit unannehmbaren Forderung nach einer Übergabe der Inseln Bubyan und Warba nicht ablassen wollte. Gastgeber der Konferenz waren der saudi-arabische König Fahd und Kronprinz Abdullah, der die Delegationen auch empfing. Zu dem Treffen stieß auch Hussein, der König von Jordanien. Die irakische Delegation wurde von Saddam Husseins Stellvertreter Izzat Ibrahim geführt, die kuweitische vom Kronprinzen und Ministerpräsidenten Saad al Abdallah.

In der ersten Gesprächsrunde trug der Iraker die alten Vorwürfe und Beschuldigungen vor. Der Kuweiter wies sie zurück. Die Stimmung, so heißt es, sei noch nicht feindselig gewesen. Dann wurde die Frage behandelt, ob Kuweit den Wunsch Saddam Husseins erfüllen und dem Irak zehn Milliarden Dollar vorstrecken werde. Nach langem Hin und Her willigten die Kuweiter ein, fügten jedoch hinzu, sie könnten nur neun Milliarden zur Verfügung stellen, und zwar als Anleihe, nicht als Geschenk, wie Bagdad zunächst gefordert hatte. Die Iraker waren mit dem Wunsch nach Rückzahlung einverstanden – aber daß sie nur neun Milliarden bekommen sollten, erboste sie. Izzat Ibrahim wollte von der ursprünglichen Summe nicht abgehen. Schließlich erbot sich König Fahd, die fehlende Milliarde zuzuschießen. Mit diesem Zugeständnis stand die Konferenz kurz vor einer Einigung, wenn die lästige Frage der Grenzziehung nicht gewesen wäre. Angesichts der an der Grenze bedrohlich zusammengezogenen irakischen Soldaten war es nur zu verständlich, daß die kuweitische Delegation Dschidda nicht verlassen wollte, ohne in dieser Frage Klarheit zu haben; die Iraker hingegen wollten offensichtlich nur über den Milliarden-Kredit sprechen. Dies wiederum war für Kuweit nicht akzeptabel. Der irakische Delegationsführer bekam einen Wutanfall, die Kuweiter wiesen darauf hin, daß sie wichtige Verbündete hätten: Amerikaner und

Briten. Izzat Ibrahim erinnerte an die Freundschaft des Irak zur Sowjetunion. Grußlos gingen daraufhin die beiden Delegationen auseinander. Der Versuch, ein gemeinsames Protokoll aufzusetzen, in dem von »Fortschritten« gesprochen werden sollte, scheiterte.

Trotz dieses Eklats hoffte man in Kuweit noch immer, daß Saddam nicht einmarschieren werde. Erst als Hunderte irakischer Panzer des sowjetischen Typs T–62 in Kuweit-Stadt einrollten und das Gebäude der Nationalbank umstellten, waren alle Zweifel beseitigt: Ein Raubzug großen Stils hatte begonnen. Noch ahnte niemand, daß dieses regionale Ereignis die gesamte politische Struktur des Nahen Ostens in den Blickpunkt der Öffentlichkeit rücken würde; dies vor allem, als Saddam Hussein sich wachsendem Widerspruch gegenübersah und auf dem Felde der Diplomatie Ablenkungsmanöver unternehmen mußte.

Divide et impera

Die westlichen Mächte teilen Arabien

Die Sünden der Väter rächen sich »bis in das siebente Glied« – nirgendwo bewahrheitet sich diese biblische Weisheit so konsequent wie im Nahen Osten. Gewiß hätte Saddam Hussein Kuweit auch überfallen, wenn es ihm nicht möglich gewesen wäre, immer wieder ein politisches »Linkage« mit anderen Konflikten der Region ins Spiel zu bringen. Aber es ist nicht zu leugnen, daß der regionale Konflikt am Golf in eine größere und umfassendere Konfliktstruktur eingebettet ist, die zu seiner Geschichte und Vorgeschichte gehört. Dabei handelt es sich nicht allein um den »Erbstreit im Hause Abraham«, sprich den Konflikt zwischen Juden und Arabern um Palästina, sondern auch um zahlreiche andere Streitpunkte und Brandherde, die oft nur notdürftig zugedeckt worden sind, aber jederzeit wieder aufbrechen können. Sie alle haben mit politischen Interventionen westlicher, europäischer Mächte zu tun, die sich in der Vergangenheit wiederholt veranlaßt sahen, in die politische Entwicklung der Region einzugreifen – aus welchen ehrenhaften oder unehrenhaften Gründen auch immer. Sie schufen das, was der in Göttingen lehrende Politikwissenschaftler Bassam Tibi einmal die »Konfliktstruktur des arabischen Staatensystems« genannt hat.

Die Idee des Nationalstaates ist dem Orient traditionell fremd. Eineinhalb Jahrtausende lang empfanden sich die Araber als Teil der Umma, der umfassenden Gemeinde des Islam, die nur zwischen dem »dar al Islam« und dem »dar al harb« unterschied, das heißt zwischen jenem Gebiet, in dem der Islam die Macht hatte, und jenem, das von ihm noch nicht berührt worden war. Fast sechs Jahrhunderte lang war diese universalistisch-religiöse Vision unter der Dynastie der türkischen Osmanen gelebte Realität: Sie herrschten von Oujda, an der Westgrenze »Algeriens«, bis zum Persischen Golf, von der Halbinsel Krim und der südlichen Ukraine bis zum Jemen. Die Geschichte des Verfalls dieser einst so mächtigen Dynastie ist auch die Geschichte des zunehmenden westlichen Einflusses auf den Nahen Osten. Die Ursachen für diesen Wechsel der politischen Vorherrschaft werden gern zusammengefaßt unter dem Begriff »Die orientalische Frage«: Dieses Schlagwort bestimmte einen wichtigen Teil der europäischen Außenpolitik im vergangenen Jahrhundert, und es füllte die Spalten der Tageszeitungen. Indirekt führte die orientalische Frage auf dem Balkan zu jenen ausweglosen Verhältnissen, die 1914 mit den Schüssen von Sarajewo Europa in den Ersten Weltkrieg hineinrissen.

Als Geburtsstunde der »orientalischen Frage« kann das Jahr 1699 angesehen werden. Die Türken hatten Wien 1683 erfolglos belagert und waren durch den großen österreichischen Gegenstoß unter Prinz Eugen geschlagen worden. In dem 1699 geschlossenen Frieden von Karlowitz mußten die Türken zum erstenmal Gebiete abtreten, die sie lange beherrscht hatten. Mit Karlowitz begann ein Abstieg, der erst mit dem Zusammenbruch des Osmanischen Reiches am Ende des Ersten Weltkrieges enden sollte. Es war eine lange Agonie, die durch intervenierende Mächte wie Großbritannien nicht therapiert, sondern nur künstlich verlängert wurde. London wollte im vergangenen Jahrhundert vor allem dem russischen Imperialismus entgegentreten und wurde deshalb vorübergehend zum Sachwalter türkischer Interessen. Während im 18. Jahrhundert vor allem Rußland als Angstgegner des türkischen Reiches auftrat, waren es im folgenden fast alle großen europäischen Mächte, die, gemeinsam oder getrennt, in ständig wachsendem Maße ihren Einfluß im Orient geltend machten: England, Frankreich, Österreich-Ungarn, später Preußen und das Deutsche Reich. Sie zerstückelten das Reich nicht nur durch Eroberungen und Annexionen, sondern ermunterten auch den erwachenden Separatismus christlicher und muslimischer Völker, die das »Joch der Osmanen« abschütteln wollten. Schwerpunkte dieses gar nicht friedlichen Prozesses waren Nordafrika, der Balkan, Palästina und die Golfregion.

Zu Beginn des Ersten Weltkrieges bot der sogenannte Fruchtbare Halbmond, das heißt die Region zwischen Ägypten und dem Golf, folgendes Bild: Nominell herrschte der Sultan, doch faktisch kontrollierten die Engländer große Teile der vorderasiatischen Landmasse, direkt oder indirekt. Dies galt sowohl für die Cyrenaika (die heute zu Libyen gehört) als auch für Ägypten, wo die Briten zwischen 1882 und 1922 mit Hilfe ihres Hohen Kommissars praktisch allein die Regierungsgewalt ausübten. Am Persischen Golf war ihr Einfluß eher indirekt und wurde durch Männer wie Sir Percy Cox wahrgenommen, Residenten und Agenten, die ein dichtes Netz von Abhängigkeiten und Beziehungen im Interesse Großbritanniens knüpften. Dieses Engagement »östlich von Suez« galt in erster Linie der Sicherung des britischen Besitzes in Indien. Seit 1907 hatten sich England und Rußland das schwache Iran der Qadscharen-Dynastie in Einflußzonen aufgeteilt: Die Russen schalteten im Norden Irans, die Engländer walteten im Süden. Das Nordende des Persischen Golfes und auch Kuweit wurden für die Briten in dem Maße wichtiger, in dem das deutsche Engagement in der osmanischen Türkei zunahm. So sollte die von Deutschen geplante und in Angriff genommene Bagdad-Bahn in Kuweit enden, was für London selbstverständlich eine Beeinträchtigung der Interessen des Empire darstellte.

Von großer Bedeutung für die westlichen Mächte waren außerdem Palästina, das heißt das »Heilige Land«, und auch der Libanon, wo vor allem die Franzosen in den einflußreichen maronitischen Christen Verbündete für ihre Ziele fanden, während die Engländer ihre Herrschaft auf die Drusen und, im späteren Irak, auf die Kurden stützten. Im »Heiligen Land« übten die Europäer über ihre jeweilige religiöse Klientel (der Zar zum Beispiel mit Hilfe der Orthodoxen) Einfluß aus. Dort, in Palästina, sollte sich dies später am heftigsten rächen.

Lawrence von Arabien

Die kolonialistische Strategie des Machterhaltes folgte dem alten Grundsatz »divide et impera«. Die westlichen Nationen konnten sich in dieser Region, in der man im Jahre 1908 im persischen Masdschid-e Sulaiman die ersten Erdölvorkommen entdeckt hatte, auf ein weitverzweigtes Netz von formellen und gelegentlichen Mitarbeitern stützen. Während des Ersten Weltkrieges erwies sich, daß selbst englische Stubengelehrte (Sprachforscher, Historiker und Orientalisten) oder Archäologen, die in der Region gegraben hatten, in den Geheimdiensten ihrer Majestät politisch und militärisch nützliche Arbeit tun konnten. Eine Schlüsselrolle dabei spielte Thomas Edward Lawrence, der berühmte »Lawrence von Arabien«, dessen schillernder Charakter bis heute die Phantasie der Menschen beschäftigt. Betrog er die Araber im Solde seines Landes, oder war er selbst ein Betrogener? Seine Taten und Unterlassungen beeinflussen noch heute das politische Leben in der Region.

Lawrence war, neben vielem anderen, Archäologe und Arabien-Kenner. Schon vor Ausbruch des Weltkrieges bereiste er an der Seite des berühmten Ausgräbers Sir Leonard Woolley die Sinai-Halbinsel, offiziell, um Archäologie zu treiben, in Wirklichkeit freilich, um für den britischen Geheimdienst Informationen zu sammeln und Karten zu zeichnen. Mit Beginn des Krieges wurde er zum Arabischen Büro der Engländer in Kairo versetzt. Er nahm Kontakt mit dem Scherifen von Mekka, dem Haschemiten Hussein Ibn Ali, auf, der von Mekka aus den Aufstand gegen die Türken propagierte und ihn von seinen Söhnen Feisal und Abdullah anführen ließ. Der britische Kommissar in Ägypten, McMahon, hatte dem Scherifen in einem Briefwechsel schon im Herbst des Jahres 1915 die Schaffung eines unabhängigen arabischen Reiches in den von den Türken befreiten arabischen Gebieten zugesagt für den Fall, daß er sich am Kampf Englands gegen die Türkei beteiligte. Ausgenommen sollte nur die syrische Küstenregion sein, wo nach englischer Auffassung keine rein arabische Bevölkerung lebte. Dieser Linie folgte auch der Agent

Lawrence. Er bestärkte die Haschemiten in ihrer Feindschaft gegen die Türken und setzte sich bald selbst an die Spitze des »Aufstandes in der Wüste«. Lawrence eroberte, während General Allenby von Ägypten aus den Sinai, den Negev und schließlich Palästina aufrollte, mit seinen Beduinenkriegern den Hafen Aqaba. Durch die Anschläge auf die Hedschas-Bahn wurde der Nachschub der Türken empfindlich erschwert. Schließlich marschierten die Kamelreiter des englischen Obersten 1918 einen Tag vor den Soldaten Allenbys im befreiten Damaskus ein. Die Araber, vor allem natürlich die Haschemiten, hofften nun auf die Errichtung ihres Großreiches.

Doch die Situation war inzwischen komplizierter geworden. Als die revolutionären Bolschewiki im Herbst 1917 unter Lenin den Zaren stürzten, veröffentlichten sie aus den Petersburger Archiven die Abschriften einer geheimen Vereinbarung, die schon am 16. Mai 1916 zwischen England und Frankreich abgeschlossen worden war: das »Sykes-Picot-Abkommen«. In ihm teilten die beiden westlichen Mächte die asiatischen Besitzungen des Türkischen Reiches nach dessen Niederlage unter sich auf. Die Verabredung widersprach zumindest in Teilen dem Briefwechsel, den England mit dem Scherifen Hussein von Mekka geführt hatte. Noch unentwirrbarer wurde der Knoten europäisch-arabischer Verstrickungen, als der britische Außenminister Arthur J. Balfour am 2. November 1917 dem Zionistenführer Lord Rothschild Englands Unterstützung bei der »Schaffung einer nationalen Heimstätte für das jüdische Volk in Palästina« zusicherte. England hatte nunmehr dasselbe Gebiet – vereinfacht gesprochen – dreimal »vergeben«, an die Araber, an die zionistische Bewegung und an sich selbst, respektive an Frankreich. Was half es da, daß in der Balfour Declaration auch von den Rechten der in Palästina ansässigen arabischen Bevölkerung die Rede war, die durch die jüdische Besiedlung nicht beeinträchtigt werden dürften? Das Paket unseliger Abmachungen aus dieser Zeit, das freilich auch nicht ohne die Mitwirkung einheimischer Politiker und Führer geschnürt werden konnte, ist bis heute eine der wichtigsten Ursachen für die Konflikte der Region. Das wurde auch in der Krise um Kuweit deutlich, in der Saddam Hussein und andere nahöstliche Führer immer wieder auf die künstlichen Eingriffe des Westens in den Nahen Osten zu sprechen kamen. Ohne das Sykes-Picot-Abkommen und die Balfour Declaration hätte Saddam Hussein niemals sein Linkage konstruieren können.

Ob Oberst Lawrence diese Entwicklungen und Verwicklungen auf der Bühne der internationalen Politik während seines Wüstenkrieges beobachtet hat, und ob er sich die Folgen für seine arabischen Verbündeten vor Augen stellte, ist heute umstritten. Auf der Konferenz von San Remo, die zwischen dem 19. und 26. April 1920 den Nahen Osten »neu ordnen« sollte, setzte er sich für die Belange der Haschemiten ein, konnte sich jedoch nicht durchsetzen. Manche Araber werfen ihm heute vor, ein Doppelspiel getrieben zu haben: Lawrence habe gewußt, daß die Araber vom Westen betrogen werden sollten und habe sie nur als Hilfstruppen im Kampf gegen die Türken gebraucht. Lawrences Widerstand zum Trotz wurde England das Mandat über Palästina zugesprochen, ebenso wie über jene drei vormals osmanischen Provinzen in Mesopotamien, die später der Irak werden sollten. Frankreich wurde Syrien und der Libanon übertragen. Der Völkerbund bestätigte diese Neuordnung zwei Jahre später. Sie ist bis heute die Grundlage für die gegenwärtige konfliktbeladene Staatenwelt im arabischen Osten. Nicht nur der Streit zwischen dem Irak und Kuweit, auch die Konflikte zwischen Syrern und Libanesen, Syrern und Jordaniern entstanden aus diesem Abkommen; vor allem jedoch das Palästina-Problem, das die Araber und Muslime nach wie vor als einen »Pfahl im Fleische« empfinden.

Die arabische Welt neigt zu Verschwörungstheorien: Die eigene Zerrissenheit, ebenso wie Armut und Verfall werden gern den »dunklen Machenschaften« (mu'amarat) des Auslandes, dem »Imperialismus«, zugeschrieben. Eine Vermutung, die zumindest bei der beschriebenen Neuordnung nach dem Ersten Weltkrieg nicht von der Hand zu weisen ist, auch wenn sie ohne Mitwirkung einheimischer Kräfte niemals hätte zustande kommen können. Andererseits bemühen heute viele Araber den »Imperialismus«, um jede Unzulänglichkeit und Katastrophe im Orient zu »erklären«, zu entschuldigen oder zu rechtfertigen. Dabei ist längst jedes Maß verlorengegangen; und die arabische Welt übersieht nur allzu oft, wie sehr die eigenen Maximalforderungen in der jüngsten Vergangenheit und wie oft unüberlegtes militärisches Handeln zum Beispiel die politische Unbeweglichkeit Israels gefördert haben.

Konfliktpotential Fundamentalismus

In den vergangenen fünfzehn Jahren ist die beschriebene Konfliktstruktur noch um ein belastendes Element vermehrt worden: um den religiösen Fundamentalismus, der auch in Israel wieder Anhänger findet. Die gesamte islamische Welt ist von dieser Strömung erfaßt worden – wodurch ihre Probleme nicht leichter lösbar wurden. Während manche Beobachter darin ein deutliches Zeichen für das Erstarken des kulturell-politischen Selbstbewußtseins der Araber erkennen wollen (eine »Herausforderung« des säkularen Westens), sehen andere darin im wesentlichen ein Ergebnis des Mangels an schöpferischen Eigenimpulsen im arabischen Raum. Aber wie immer man die Ursachen des Fundamentalismus auch einschätzt, die internationale Politik muß – das zeigte der Krieg um Kuweit – in Zukunft weiter mit dieser Erscheinung rechnen, die auch der irakische Diktator für sich zu nutzen versuchte.

Das Denken der Islamisten oder Integristen (so die Bezeichnung des militanten Islam in den Maghreb-Ländern) kreist um das historische Kernereignis der Kreuzzüge. Für die Islamisten liegt die Analogie auf der Hand: So wie im Mittelalter die christlichen Kreuzritter (ahl al salib) Teile des »dar al Islam« eroberten und im Heiligen Lande zeitweise christliche Staaten errichteten, so handelt auch der europäische und amerikanische Imperialismus. Wieder sind es »Ungläubige«, dic den Islam von außen schwächen, wenn nicht zerstören wollen. Ihre fünfte Kolonne ist diesmal der Staat Israel, der wie ein Pestbazillus den Leib des Islam befallen hat. Doch so wie die mittelalterlichen Helden des Islam schließlich die christlichen Kreuzfahrerstaaten zerstörten, das Königreich Jerusalem, die Grafschaften von Tripolis und Edessa, so werden die Muslime – davon sind sie überzeugt –, solange sie nur einig und stark sind, eines Tages auch Israel vernichten und die Juden ins Meer jagen.

Auch unter den Palästinensern hat dieser religiös gespeiste Radikalismus in den letzten Jahren wieder an Einfluß gewonnen. Die 1964 in Kairo gegründete Palästinensische Befreiungsorganisation (PLO), die zuerst von Ahmed Schukeiri, dann von Yassir Arafat geführt wurde, war ursprünglich säkularistisch ausgerichtet. Sie wollte das befreite Palästina zu einem weltlichen sozialistischen Staat machen, in dem – wie es hieß – Muslime, Juden und Christen gleichberechtigt und friedlich zusammenleben sollten. Doch die ausbleibenden Erfolge der PLO trieben viele Palästinenser in die Arme der islamischen Bewegungen, die Aktion statt Verhandlungen versprechen und kompromißlosen Kampf anstelle von langwierigen Gesprächen. Vor allem im Gaza-Streifen, aber auch im Westjordanland haben die Agitatoren und Kämpfer der radikal-islamischen Organisation »Hamas« (was übersetzt soviel wie »Eifer« heißt, aber auch als Abkürzung von »Bewegung des islamischen Widerstandes«, al haraka al mukhalafa al islamijja, gelesen werden kann) großen Zulauf. Sie hoffen, daß das krisenträchtige Gebäude der künstlichen Nahost-Staaten einschließlich des »Fremdkörpers« Israel durch eine militante islamische Revolution beseitigt werden kann.

Auf diese religiös aufgeladene Stimmung setzte auch Saddam Hussein, als er immer wieder Aufrufe zum Dschihad, zum »heiligen Krieg«, in seine Reden einflocht und damit den Islam instrumentalisieren wollte. Aber das Verhältnis war wechselseitig: Umgekehrt wurde Saddam zum großen Helden der Palästinenser gemacht. Jede Scud-Rakete, die der Irāk auf Israel abfeuerte, bedachten die arabischen Bewohner der Westbank mit frenetischem Beifall. In Israel wie im Westen disqualifizierte sich die PLO damit weitgehend als Gesprächspartner für eine Friedenslösung in der Region, doch die emotionalen Bedürfnisse der Palästinenser wurden durch Saddam zunächst einmal befriedigt. Mit den konservativen Monarchien Arabiens freilich, die in der Vergangenheit gegenüber der PLO finanziell großzügig gewesen sind, haben es sich die Männer um Arafat einstweilen gründlich verdorben. Natürlich gilt dies vor allem für Kuweit, das mehr als 300000 Palästinensern eine Zuflucht bot und von ihnen verraten wurde: Palästinensische Kollaborateure waren logistisch an der Vorbereitung der irakischen Invasion beteiligt. Und dies, obwohl die Palästinenser dort in wichtige Ämter aufsteigen konnten – auch Yassir Arafat war einige Jahre in Kuweit tätig. Der Wohlfahrtsstaat der Emire aus dem Hause Al Sabah zog sie an.

Wie eine böse Ironie der Geschichte mutet es an, daß ausgerechnet der Staat Kuweit durch den Irak von der Landkarte des Nahen Ostens getilgt werden sollte, obwohl er, verglichen mit den anderen Ländern der Region, vielleicht der am wenigsten künstliche ist.

Von »Grane« zum Wohlfahrtsstaat

Eine kleine Geschichte Kuweits

Daß sie einmal das reichste Land der Welt sein würden, ein arabischer Wohlfahrtsstaat ohne Vorbild, hätten sich die Kuweiter noch vor wenigen Jahrzehnten nicht träumen lassen. Als der britische Soldat und Abenteurer Captain Shakespear – fast der englischste aller denkbaren Namen – sich vor dem Ersten Weltkrieg als Resident Londons bei Scheich Mubarak »dem Großen« (Mubarak Al Sabah) aufhielt, war Kuweit zwar kein Armenhaus; aber der Handel, die britischen Subsidien und die Perlenfischerei, von denen das Scheichtum – wie die gesamte Ostküste Arabiens – damals lebte, bescherten der städtischen und nomadischen Bevölkerung keinen nennenswerten Wohlstand. Captain Shakespear hat eine Reihe bemerkenswerter Fotografien von Kuweit Stadt und dem Hinterland aus dem Jahre 1909 hinterlassen, die erhellende Einblicke in das bescheidene Leben der Menschen dieser Zeit geben. Die Bilder haben etwas von der schläfrigen Ruhe eingefangen, die damals in Kuweit herrschte und lassen ahnen, welchen geregelten »orientalischen« Gang die Dinge in dieser Zeit nahmen. Die Stadt Kuweit, mit wenigen tausend Einwohnern, bestand vor allem aus Gebäuden, die man aus luftgetrockneten Lehmziegeln (Adobe) oder gehärtetem Lehm errichtet hatte. Der Palast und die Moscheen waren, neben der Stadtmauer und den Toren, die dauerhaftesten Gebäude. Der Lebensstil der Bevölkerung – insbesondere sein Tempo – orientierte sich an den Mustern, die vergangene Jahrhunderte, wenn nicht Jahrtausende vorgegeben hatten.

Erste Spuren einer frühen Zivilisation lassen sich im Gebiet von Kuweit anhand archäologischer Befunde schon für die Zeit um das Jahr 5000 v. Chr. nachweisen. In jener Epoche gab es auf der Insel Failaka, die etwa 25 Kilometer vor der Bucht von

Kuweit liegt, einen großen Hafen, von dem aus Handel bis in das ferne Indien getrieben wurde. Um 1200 v. Chr. war die Region ein Teil des Handelsweges, der zwischen Mesopotamien und der Kultur von Dilmun Beziehungen knüpfte. Die Dilmun-Kultur, von der schon sumerische Inschriften berichten, hatte ihr Zentrum auf der Inselgruppe von Bahrein, strahlte jedoch weit nach Süden und Norden aus. Die Küstenlinie verlief in antiker Zeit am oberen Ende des Golfes viel weiter nördlich; den Schatt al Arab, den Zusammenfluß von Euphrat und Tigris, gab es noch nicht, so daß Ur in Chaldäa, die überlieferte Heimat Abrahams, fast eine Hafenstadt war. Nach dem Untergang Dilmuns verliert sich vieles im Dunkel der Geschichte. Archäologische Funde auf Failaka lassen später auf griechischen Einfluß schließen. 325 v. Chr. bauten die Hellenen der Göttin Artemis einen Tempel. Griechischer Einfluß herrschte auch zur Seleukidenzeit, bis die Perser im Jahre 140 die Insel Failaka eroberten und die Golfregion bis zum Siegeszug des Islam beherrschten.

In der Glanzzeit des Islam war die Region am Nordende des Golfes Teil des Omajjaden- und Abbasidenkalifats und wurde von arabischen Nomaden der Nordstämme, den »Adnani«, bewohnt. Unter Sultan Süleyman dem Prächtigen (1520 bis 1566) eroberten die türkischen Osmanen den »Irak« von Bagdad bis nach Basra – wobei sie von dem in der Umgebung von Basra siedelnden Stamm der Bani Muntafiq unterstützt wurden. Wenig später drangen die Türken weiter nach Süden vor, bis nach al Hasa und Oman, wo sie sich jedoch mit den Portugiesen auseinandersetzen mußten, deren Seefahrer vom Süden her in die Golfregion vorgestoßen waren. Die Portugiesen waren es auch, die bereits zu Beginn des 16. Jahrhunderts im Gebiet des heutigen Kuweit-City einen Handelsstützpunkt gegründet und ein kleines Fort errichtet hatten. Diese Siedlung trägt auf alten, vornehmlich niederländischen Seekarten den Namen »Grane«. Der Name bedeutet wohl soviel wie »Horn« und leitet sich von dem arabischen Wort »al Qarn« oder von dessen Verkleinerungsform »al Qurain« ab. Gemeint war damit offenbar die charakteristische Form der Bucht von Kuweit. Als im Jahre 1680 die

Beduinen der Bani Khalid nach Grane eindrangen, bauten sie den zerstörten Wachturm und das Fort neu auf und gaben der Siedlung den Namen »al Kuweit«. Dies ist die Verkleinerungsform von »al Kut« und steht für einen kleinen Wachturm. Auf einer Karte des berühmten Arabien-Reisenden Carsten Niebuhr ist gegen Ende des 18. Jahrhunderts schon der Name »Koweit« vermerkt.

Die Bani Khalid waren in jener Zeit der mächtigste Beduinenstamm in Ostarabien. Sie beherrschten ein Gebiet, das von der sandigen Halbinsel Qatar bis zum Schatt al Arab reichte. Scheich Barrak war ihr bedeutendster Herrscher, unter ihm entwickelte sich Kuweit zu einem wichtigen Handelsplatz, zu einer Drehscheibe für viele Waren, die zwischen Syrien und Indien ausgetauscht wurden. Den Seehandel betrieben die Bani Khalid mit Hilfe der Dhaus, der wendigen arabischen Segelschiffe, die zumeist im Persischen Golf kreuzten, die aber auch ohne Schwierigkeiten den Indischen Ozean überqueren konnten.

Gegen die Herrschaft der Bani Khalid opponierten zu Beginn des 18. Jahrhunderts immer selbstbewußter die Araber vom Stamme der Bani Utub oder Utba. Sie gehörten zu dem großen Volke der Anaiza-Beduinen, die im Innern der Arabischen Halbinsel siedelten. Die Utub sollen, so wird vermutet, wegen der immer bedrohlicher werdenden Dürrekatastrophen aus dem Inneren des Hochlandes in die Region der arabischen Ostküste gewandert sein. Manche Historiker vertreten allerdings die Auffassung, die Einwanderer seien aus dem Großraum von Basra in das Gebiet von Kuweit vorgedrungen, wo in dieser Zeit die Bani Muntafiq und die Zubair-Beduinen siedelten. Einig sind sich die Gelehrten über den Zeitpunkt: Die Wanderungen fanden um 1710 statt, und im Verlaufe des Jahrhunderts verfiel die Macht der Bani Khalid immer mehr, zumal im Innern Arabiens der Clan der Al Saud immer mächtiger wurde. Es gelang den Bani Utub und vor allem der Familie der Al Sabah, zur führenden Kraft der kuweitischen Beduinen zu werden, so daß sie zwischen 1752 und 1756 die Oberherrschaft gewannen; dies ist der Beginn der offiziellen Geschichte des Hauses der Al Sabah, das mit dem ersten Herrscher, Scheich Sabah al Dschabir Ibn Adhbi, eine starke Persönlichkeit hervorbrachte.

Die Regentschaft der Al Sabah wurde im 19. Jahrhundert von drei politischen Kräften geprägt: dem Einfluß der Osmanen, deren Mütesellim (Gouverneur) von Basra aus teilweise bis nach al Hasa regierte; den Machtkämpfen im Innern Arabiens, in denen sich die puritanische Sekte der Wahhabiten durchsetzte; und schließlich von dem Interesse der ausländischen Handelsgesellschaften, die sich am Golf festsetzten und mit Hilfe ihrer Agenten nicht allein Geschäfte, sondern auch politische Interessen betrieben. Die »Niederländische Ostindische Compagnie« und die britische »East India Company« wetteiferten miteinander. Die Franzosen hatten sich auf der gegenüberliegenden Seite des Golfes niedergelassen, in Bandar Abbas in Iran. Die Engländer trugen schließlich den Sieg davon, und der britische Einfluß in der Region und in Kuweit selbst nahm stetig zu, auch wenn sich die Kuweiter, anders als die Herrscher von Bahrein und Oman, noch nicht vertraglich an Großbritannien banden. Die Kuweiter suchten vielmehr Anlehnung an die Osmanen, zumal diese sich bereit zeigten, die Al Sabah gegen die Wahhabiten zu schützen. Doch auch Großbritannien sah seine Absichten am Golf durch diese islamischen Puritaner gestört, die Zentralarabien unsicher machten. Immer wieder besuchten britische »Reisende« Kuweit, sahen sich dort gründlich um und erstatteten in London Bericht über die politische Situation – so Captain Bukkingham, Captain George Barnes Brucks, Captain Hennell, Leutnant Kemball und Colonel Pelly. Kuweit wurde gleichsam ein Treffpunkt für britische, osmanische und auch ägyptische Agenten, die herausfinden sollten, welchen Schachzug der jeweilige Gegner auf der Arabischen Halbinsel oder in Mesopotamien beabsichtigte. Kuweit profitierte außerdem davon, daß sein Hafen günstig lag; sowohl der Handel über Land nach Osten, von Syrien und Mesopotamien, als auch der Seehandel durch den Golf, der sich dann mit Karawanen in das Landesinnere fortsetzte, ließ sich am besten über Kuweit abwickeln. Die Osmanen ließen die Al Sabah weitgehend selbständig gewähren.

Im Jahre 1871, unter der Herrschaft des sechsten Emirs der Al Sabah, Abdallah II. (1866 bis 1892), wollte Konstantinopel das östliche Arabien wieder fester in seinen Griff bekommen. Der Antrieb zu diesem Vorhaben ging von Midhat Pascha aus, der seit 1869 Gouverneur von Bagdad war und als besonders tüchtig galt. Midhat Pascha sollte später Großwesir des Reiches werden, war aber wegen seiner reformistischen Neigungen bei Sultan Abdülhamit II. in Ungnade gefallen. Einstweilen zog er von Basra aus über Kuweit in die arabischen Ostregionen, um die Wahhabiten anzugreifen. An dieser Strafexpedition beteiligten sich vergleichsweise wenige Soldaten. Der arabische Historiker Ahmad Mustafa Abu Hakima zählt auf: 3000 türkische Infanteristen, 1500 Reiter, vornehmlich vom Stamm der Bani Muntafiq, dazu einige Berittene aus Kuweit und neun Kanonen. Unterstützt wurde das Unternehmen von Schiffen der kuweitischen Flotte. Die Karawane bewegte sich im östlichen Küstenbereich nach Süden, belagerte erfolgreich die Stadt al Qatif und zwang Dammam und die Oase von al Hasa (heute Hofuf) zur Aufgabe. Die Macht der Osmanen war für einige Zeit wieder gefestigt, die Wahhabiten kurzfristig zurückgedrängt.

Kuweit ein Teil des Irak?

Die Teilnahme an dieser Strafexpedition wurde für die Staatenbildung Kuweits sehr wichtig. Gewissermaßen als Belohnung ernannte der Sultan in Konstantinopel durch Midhat Pascha den Herrscher der Al Sabah zum »Qaim al Maqam«, zum regionalen Verwalter seines Gebietes (heute bedeutet das türkische Wort »kaymakam« soviel wie Landrat). Damit erkannte der Sultan offiziell an, daß der Emir die territoriale Oberhoheit über Kuweit innerhalb des osmanischen Herrschaftsgebietes hatte. Spätestens zu diesem Zeitpunkt »gehörte« Kuweit schon nicht mehr zum Verwaltungsbezirk des Mütesellim von Basra, eine Art von Eigenstaatlichkeit war präformiert, und dies zu einer Zeit, da es einen »Staat Irak« als völkerrechtliches Subjekt noch lange nicht gab. Mithin konnte damals dem Irak auch nichts »weggenommen« werden – Saddam Husseins Behauptung, Kuweit sei vom Irak unrechtmäßig abgetrennt worden, entbehrt folglich jeder historischen Grundlage.

Einen weiteren Schritt auf dem Weg in die Unabhängigkeit unternahm dann der siebte Emir, Scheich Mubarak Al Sabah, der von 1896 bis 1915 regierte. In seiner Person verehren die Kuweiter den eigentlichen Gründer ihres modernen Staates. Ein Porträtfoto aus der Zeit um die Jahrhundertwende zeigt Mubarak »al kabir« als einen Mann mit energischen, entschlossenen Gesichtszügen. Scheich Mubarak herrschte kraftvoll und gestattete – was noch ausführlicher geschildert werden wird –, daß die von Ibn Raschid vertriebenen Wahhabiten von ihrem kuweitischen Exil aus zur Rückeroberung Riads aufbrechen durften. Innerhalb der Familie gab es Ende der neunziger Jahre Streit darüber, ob man dem Werben der Engländer nachgeben oder die freundschaftlichen Beziehungen zu dem ersterbenden Osmanischen Reich, dem »kranken Mann am Bosporus«, weiterpflegen solle. Diese Frage war vor allem für London wichtig, weil die Türkei, mit Deutschland im Bunde, ihre Erlaubnis zum Bau der Bagdad-Bahn gegeben hatte; sie sollte über Anatolien und Mesopotamien führen und in Kuweit enden. Dadurch waren Großbritanniens Interessen ernstlich gefährdet, der Einfluß der Deutschen in der Region hätte erheblich zugenommen. Mubarak entschied den Streit zugunsten Englands – eine blutige Entscheidung, denn zwei seiner Halbbrüder, die dem anderen Lager zuneigten, fanden während der Auseinandersetzungen den Tod. Am 23. Januar 1899 schloß der Emir mit England den Schutzvertrag, der als erste Anerkennung der Unabhängigkeit Kuweits durch eine ausländische Macht gewertet werden kann. Abu Hakima hat den englischen Text publiziert, er lautet in Übersetzung:

Gepriesen sei der allmächtige Gott!

Gegenstand dieser rechtlich einwandfreien und ehrenwerten Übereinkunft ist, daß zwischen Leutnant-Colonel John Meade,

I. S. C., Ihrer Britischen Majestät politischer Vertreter, im Namen der Britischen Regierung einerseits, und zwischen Scheich Mubarak Bin Scheich Sabah, Scheich von Kuweit andererseits, unterzeichnet wird: Besagter Scheich Mubarak bindet sich, seine Erben und Nachfolger durch seinen eigenen freien Wunsch und Entschluß an die Übereinkunft, keinen Vertreter irgendeiner Macht oder Regierung in Kuweit oder irgendeines anderen Ortes innerhalb seiner Territorialgrenzen zu empfangen, ohne vorher die notwendigen Schritte mit der Britischen Regierung besprochen zu haben. Weiter bindet er sich, seine Erben und Nachfolger, keinen Teil seines Territoriums an irgendeine Macht oder Regierung abzutreten, zu verkaufen, zu vermieten oder zu verpachten oder zur Besitzergreifung irgendeiner anderen Art freizugeben, ohne vorher die Regierung Ihrer Majestät in dieser Angelegenheit kontaktiert zu haben. Diese Übereinkunft gilt auch für all jene Gebiete von Scheich Mubarak, die jetzt in Besitz irgendeiner anderen Macht oder Regierung sind. Um diese rechtlich einwandfreie und ehrenvolle Übereinkunft abzuschließen, unterschreiben Leutnant-Colonel Malcolm John Meade, I. S. C., Ihrer Majestät politischer Vertreter am Persischen Golf, und Scheich Mubarak Bin Scheich Sabah, ersterer im Namen der Britischen Regierung, letzterer im eigenen Namen sowie im Namen seiner Erben und Nachfolger in der Anwesenheit von Zeugen an diesem 10. Tag des Ramadan 1316, was dem 23. Januar 1899 entspricht, diese Übereinkunft. Ratifiziert von Seiner Exzellenz, dem Vizekönig und Generalgouverneur von Indien, Curzon of Kedleston, zu Fort William am 16. Februar 1899.

Dieser Schutzvertrag zwischen Kuweit und England wurde in der am 29. Juli 1913 zwischen dem Osmanischen Reich und London abgeschlossenen »Anglo-Ottoman Draft Convention on The Persian Gulf Area« von osmanischer Seite anerkannt. Die Konvention konnte wegen des Ausbruchs des Ersten Weltkrieges nicht mehr ratifiziert werden, gilt jedoch gleichwohl als völkerrechtlich verbindliches Dokument. 1914 machten die Briten Kuweit zum Protektorat. Nach dem Zerfall des Türkischen Reiches und der

Gründung der Republik unter Mustafa Kemal Pascha, die unmittelbarer Rechtsnachfolger des Reiches war, wurde der Friedensvertrag von Lausanne geschlossen, der auch für Kuweit entscheidende Bedeutung erlangte: Am 24. Juli 1923 verzichtete die Türkei endgültig auf alle außertürkischen Territorien einschließlich Kuweits. Dies war eine völkerrechtliche Bekräftigung und Bestätigung der »Draft Convention«.

Saddam Husseins These, Kuweit sei traditionell ein Teil des Irak gewesen, läßt sich mithin historisch nicht rechtfertigen. Dies um so weniger, als die Baath-Partei schon am 4. Oktober 1963, als sie vorübergehend die Macht in Bagdad innehatte, gegen eine Zahlung von 85 Millionen Dollar alle völkerrechtlichen Ansprüche auf Kuweit fallenließ und das südliche Nachbarland diplomatisch anerkannte. Von diesem Schritt wollte Saddam freilich später ebensowenig wissen wie von dem Notenwechsel im Jahre 1932, in dem der Irak sich mit der Grenzziehung von al Uqair im Jahre 1922 einverstanden erklärt hatte. Damals wurde der von den Briten im August 1921 künstlich geschaffene Irak endgültig zum unabhängigen Königreich. Gegenüber der Grenze, die seit der »Draft Convention« 1913 bestand und die Sir Percy Cox während der Wüstenkonferenz in al Uqair bekräftigte, um einerseits den Forderungen von Abdal Aziz Ibn Saud gerecht zu werden und um gleichzeitig die Vertreter Kuweits nicht zu verprellen, hatte der Irak zwar immer Vorbehalte anzumelden, er erkannte sie aber nach entsprechenden Verhandlungen an – so ausdrücklich in einem Memorandum der irakischen Mandatsregierung vom 19. April 1923.

Bassam Tibi, einer der besten Kenner der Situation am Golf, zitiert in einer seiner Abhandlungen zur jüngsten Krise die beiden Völkerrechtler Pillai und Kumar – die 1961 schon einmal den Ansprüchen des Irak auf Kuweit nachgingen – mit den Worten, die Forderungen des Irak seien »völkerrechtlich nicht haltbar«; diese »obsoleten Ansprüche« gründeten »auf dynastischen Prinzipien, die von einer Republik erhoben werden«. Würde man diese Prinzipien anerkennen, fahren die Völkerrechtler fort, könnte Syrien auf gleicher Grundlage »Ansprüche auf Jordanien anmelden; der Irak selbst müßte dann in drei Staaten unterteilt werden«.

Schon zu Scheich Mubaraks Zeiten kamen englische Fachleute nach Kuweit und suchten dort nach Spuren von Erdölvorkommen. Sie fanden sogenannte Bitumen-Sande an der Oberfläche des wüstenhaften Landes und waren sicher, daß unter Kuweits Boden umfangreiche Erdölvorkommen schlummerten. Da Großbritannien jedoch schon die ertragreichen Vorkommen von Abadan in Iran ausbeutete, eilte es den Forschern mit ihrem Fund nicht allzusehr; London hatte einstweilen genug Energie zur Verfügung. Niemand ahnte zu diesem Zeitpunkt, daß die bald darauf festgelegte Grenze zwischen der ehemaligen Provinz Basra und dem britischen Protektorat Kuweit ein riesiges Ölfeld durchschnitt, um das einmal heftiger Streit entbrennen würde: Rumaila. Es liegt in einer Gegend, deren Schwemmsandlandschaft tatsächlich mit dem Norden Kuweits bis heute Ähnlichkeit hat und deren Bevölkerung auch traditionell enge Beziehungen zu den Stämmen im Südirak unterhält. Völkerrechtlich relevante Argumente lassen sich aus diesen Gemeinsamkeiten jedoch nicht ableiten.

Schon im Ersten Weltkrieg erwies sich Kuweit als idealer Stützpunkt für das Empire. Das Emirat wurde eine Zentrale der britischen Präsenz »östlich von Suez«. Von Kuweit aus lenkte Britannien seinen Mesopotamien-Feldzug, der – nach anfänglichen Rückschlägen – mit der Besetzung Bagdads durch britische Truppen endete. Zwei schwache Herrscher in Kuweit, Scheich Dschabir II. (1915 bis 1917) und Scheich Salim (1917 bis 1921), konnten und wollten den Engländern keinen nennenswerten Widerstand entgegensetzen, zumal diese allmählich begannen, sich um die Erschließung der Erdölvorräte zu bemühen, was Kuweit zu dieser Zeit alleine nie hätte bewerkstelligen können.

Als 1946 das erste mit kuweitischem Erdöl beladene Tankschiff den Ölhafen Mina al Ahmadi im Süden Kuweits verließ, begann für das Land die Zeit eines schier unerschöpflichen Wohlstandes, dessen Segnungen, aber auch dessen Schattenseiten oft beschrieben worden sind. Als Saddams Truppen in Kuweit einmarschierten, war Kuweit, wie Pierre Salinger in seinem Buch (»Krieg am Golf. Das Geheimdossier«, 1991) schreibt, »ein gewaltiger Geldschrank«. In den Jahren nach der Unabhängigkeit, das heißt nach 1961, hatten die Al Sabah nicht nur einen Wohlfahrtsstaat geschaffen, sondern auch eines der größten Vermögen angehäuft. Kuweit wußte zeitweilig nicht, was es mit seinem Geld anfangen sollte. Schon seit Jahren kauften sich die Kuweiter mit Hilfe des »Kuwait Investment Office« (KIO), das seinen Sitz in London hat, systematisch in amerikanische, britische und deutsche Firmen ein (zu diesen zählen beispielsweise Daimler-Benz und Hoechst). Das Investitionsvolumen des KIO wurde vor dem Krieg auf 100 bis 120 Milliarden Dollar geschätzt. In Spanien war das KIO der größte ausländische Investor überhaupt. Darüber hinaus hatte die Herrscherfamilie einen Sonderfonds eingerichtet, in den jährlich zehn Prozent der Einnahmen aus dem Erdöl eingezahlt werden. Zwei Prozent waren für Anleihen an den Irak während des ersten Golfkrieges reserviert; acht Prozent gingen auf ein besonderes Konto als Rücklage – von diesen Rücklagen sollten spätere Generationen noch eine Weile leben können, falls die Ölfelder Kuweits eines Tages erschöpft sein sollten.

Die unter den Al Sabah »neureich« gewordenen Kuweiter genossen ihren Wohlstand vor allem zu Hause, machten jedoch auch Urlaubsreisen in die arabischen Länder mit weniger puritanischer Moral: in den Libanon, nach Ägypten oder auch in den Irak, wo schon in Basra die begehrten alkoholischen Getränke ausgeschenkt wurden. Der Wohlstand und vor allem eine gewisse Überheblichkeit der Reichen aus dem Morgenland schufen Abneigung, ja sogar Haß bei denen in der arabischen Welt, die nicht in gleichem Maße mit materiellen Gütern gesegnet waren. Auch das wußte Saddam wohl einzukalkulieren, als er sein militärisches Abenteuer begann. Daß die Kuweiter auf dem Felde der Diplomatie angesehene Leute waren, kümmerte die irakische Führung ebensowenig wie die Tatsache, daß in Kuweit schon lange niemand mehr vom irakischen Zwangsstaat »heim ins Reich« geholt werden wollte.

Dreißig Jahre Unabhängigkeit

Kuweits Stellung in der arabischen Staatenwelt

Als im Januar 1987 in Kuweit die Gipfelkonferenz der islamischen Staaten stattfand, merkte man dem kleinen Land förmlich an, wie stolz es auf seine Rolle als Gastgeber war. Zwar war die Nervosität groß, da man Anschläge schiitischer oder palästinensischer Terroristen fürchtete; doch der Emir bekräftigte nicht zu Unrecht in seiner Eröffnungsrede, daß sein Land, obwohl klein an Ausdehnung, einen großen internationalen Wirkungskreis für sich beanspruchen könne. In den fast dreißig Jahren der Unabhängigkeit von Großbritannien habe es sich in der Welt einen Namen gemacht. Mit Kuweit verbinde man Wohlstand, Friedfertigkeit und Vermittlung.

Tatsächlich ist das Emirat in den achtziger Jahren mehr und mehr zu einer diplomatischen Drehscheibe für die arabische Welt geworden. Die streng islamischen Regime der Arabischen Halbinsel, allen voran das puritanisch-fundamentalistische Saudi-Arabien, lehnten es ab, Beziehungen mit der Sowjetunion, der Vormacht des atheistischen Marxismus, aufzunehmen. Dasselbe galt für die Vereinigten Arabischen Emirate, für Bahrein und Qatar, lange Zeit aber auch für den Oman unter Sultan Qabus Bin Said Bin Taimur. Das aufstrebende Kuweit übernahm die Rolle des Vermittlers, dem noch mehr Bedeutung zuwuchs, als Moskau 1979 das islamische Afghanistan besetzte und sich damit bei den Hütern des Islam in Riad in ein noch schlechteres Licht rückte. Kuweit nahm stellvertretend für die anderen die diplomatischen Kontakte mit dem Ostblock wahr.

Die Außenpolitik lag in diesen Jahren in den bewährten Händen von Scheich Sabah al Ahmad Al Sabah. Er war zusammen mit dem deutschen Außenminister Genscher der am längsten amtierende Außenminister überhaupt, als der Irak sein Land überfiel. Scheich Sabah übernahm einen großen Teil der Reisediplomatie, wogegen der Emir und der Kronprinz Saad al Abdallah das Land nur ungern verließen. Auch in vielen innerarabischen Konflikten tat sich das kleine Kuweit – manchmal an der Seite des großen Algerien – als Moderator und Vermittler hervor. Seine internationale Reputation stieg kontinuierlich.

Begonnen hatte diese Entwicklung 1961. Unter Scheich Abdullah III., dem elften Emir aus der Familie der Al Sabah, war das Land am 19. Juni 1961 unabhängig geworden. Abdullah regierte bis zu seinem Tode am 25. November 1965. In den drei Jahren seiner Herrschaft wurde Kuweit in den Kreis der Staaten der Arabischen Liga aufgenommen (gegen die Stimme des Irak) und schließlich, am 14. Mai 1963, als 111. Mitglied in die Vereinten Nationen. Zuvor hatte der Irak Kuweit förmlich anerkannt. 1962 wurde die Verfassung des Emirates proklamiert, die bis heute gilt. Sie erklärt das Land zu einer erblichen Monarchie, deren Herrscher aus der Familie des großen Mubarak Al Sabah stammen muß. Der Fürst ist Oberhaupt des Staates, seine Person ist unantastbar. Er führt auch den Oberbefehl über die Streitkräfte. Der Emir ernennt den Regierungschef und kann mit Zustimmung eines Drittels der Abgeordneten auch das Parlament auflösen. Der Islam ist Staatsreligion.

Schon 1963 wurde ein Parlament etabliert. Seine Geschichte ist von Spannungen mit dem Herrscherhaus gekennzeichnet. Doch muß man Kuweit zugute halten, daß es sich auf das Modell der parlamentarischen Machtkontrolle überhaupt einließ, das in dieser Region vollkommen ohne Tradition ist. Spannungen ergaben sich vor allem aus dem Gegensatz zwischen den relativ ohnmächtigen Abgeordneten und der Machtfülle des Emirs, aber auch aus der Frage, welche Einwohner Kuweits wahlberechtigt seien und welche nicht: Niemals haben in Kuweit mehr als einige Zehntausend männliche Vollbürger aus dem ehemaligen Beduinenadel ihre Stimme abgeben dürfen. Für weitere Konflikte sorgten Panarabisten und Sozialisten, die in der Nationalversammlung dem monarchischen System gefährlich zu werden drohten. 1976 löste der zwölfte Emir, Scheich Salim, das Parlament auf, um, wie es hieß, »das demokratische Experiment zu überprüfen«. Daß der Emir anschließend keine neuen Wahlen ausschrieb, war ein Bruch der Verfassung. Die Situation verschärfte sich zudem durch Strömungen, die seit 1973 den Anschluß an den Irak befürworteten. Wie die Zukunft zeigen sollte, hatte der Emir mit seinem Schritt, der gewiß undemokratisch war, dennoch im Sinne seiner Untertanen gehandelt: Denn nach Saddams Invasion eineinhalb Jahrzehnte später wollte kein Kuweiter mehr vom Irak »heimgeholt« werden.

Die Geschichte des Parlamentarismus in Kuweit erlebte noch weitere Höhen und Tiefen. Der Nachfolger Scheich Salims, der jetzige dreizehnte Emir Scheich Dschabir, öffnete 1981 unter dem Druck der islamischen Revolution in Teheran wieder das Parlament und schrieb Wahlen aus. Islamische Extremisten, meist aus dem Irak oder dem Libanon, hatten Anschläge auf die Öleinrichtungen Kuweits und auf die Botschaften Amerikas und Frankreichs verübt. Man befürchtete eine Zeitlang, aus dem kleinen Staat könne ein zweiter Libanon werden. Aber die Lage beruhigte sich vorübergehend wieder, bis im Mai 1985 ein Attentat auf den Herrscher verübt wurde – der aber mit leichten Verletzungen davonkam. Von diesem Zeitpunkt an wurden die Aktivitäten der Parlamentarier, besonders der Opposition, strengstens überwacht. 1986 schloß der Emir auch das neue Parlament, weil es sich – wie die amtliche Begründung hieß – durch endlose Streitereien selbst seiner Wirksamkeit beraube und die demokratischen Freiheiten mißbrauche. Der wahre Grund für die Suspendierung war die angespannte innenpolitische Lage des Landes. Im Jahre 1987 erreichte der Terror seinen Höhepunkt, als einheimische Schiiten Anschläge auf Banken, Ölanlagen und Hotels verübten. Sie wollten 16 Terroristen freipressen, die in kuweitischen Gefängnissen saßen. Erst nach dem Waffenstillstand zwischen dem Irak und Iran beruhigte sich die Situation wieder, so daß der Emir Ende 1989 und Anfang 1990 in Erwägung zog, das Parlament wiedereinzusetzen. Doch waren – dies ist ein offenes Geheimnis – die demokratischen Neigungen des Emirs nie sonderlich ausgeprägt.

Welche Zukunft für Kuweit?

Scheich Dschabir wurde wegen seines Herrschaftsstils im Westen nach dem vorübergehenden Verlust »seines« Landes oft genug kritisiert. Nach der Invasion durfte er kaum damit rechnen, daß man ihm Kuweit nach einem halben Jahr wieder zurückgeben werde. Im Gegenteil: Viele Nahost-Kenner betrachteten die Herrschaft der Al Sabah als endgültig beendet. Als der Scheich Dschabir al Ahmad al Dschabir Al Sabah dann doch Mitte März 1991 in die Hauptstadt Kuweit-City zurückkehrte, kam er in ein gründlich verändertes Land: Es war nicht nur durch die riesigen Kriegsschäden entstellt, sondern es wird sich zukünftig wohl auch nicht mehr in der gewohnten absolutistischen Weise regieren lassen.

Der Emir folgte bei seiner Rückkehr dem Kronprinzen und Ministerpräsidenten Saad al Abdallah, der schon eine Woche vor ihm wieder in Kuweit angelangt war. Diese Reihenfolge war kein Zufall. Zwar ist Scheich Dschabir der »Ruler« (so nannten ihn die in Kuweit lebenden Ausländer), aber der Kronprinz galt immer als der eigentliche »Macher«, der auch viel häufiger in der Öffentlichkeit zu sehen war. An dieser politischen Rollenverteilung wird sich in Zukunft nicht viel ändern. Daß der Emir trotz seiner wiederhergestellten Herrschaft viele Sympathien im Land eingebüßt hat, ist nicht zu leugnen: Einige Parteigänger der kuweitischen Opposition kritisierten unmittelbar nach der Rückkehr des Emirs, daß er so spät sein bequemes saudisches Exil in Taif verlassen habe. Während um die Existenz seines Landes gekämpft wurde, hatte er immer auf ein standesgemäßes Leben geachtet. Auch bei seiner Rückkehr spielte die Frage nach einem angemessenen Aufenthaltsort eine wesentliche Rolle und hielt ihn einige Zeit auf: Seine Residenzen, den Dasman-Palast und den »Qasr al Sief«, konnte er zunächst nicht wieder beziehen, da sie von den irakischen Besatzungstruppen teilweise zerstört worden waren.

Scheich Dschabir ist der dreizehnte Herrscher Kuweits. Er ist der Sohn des zehnten Emirs Scheich Ahmad al Dschabir Al

Sabah, der das kleine Land von 1921 bis 1950 regierte. Dschabir wurde am 31. Dezember 1977 inthronisiert. Der 1926 geborene Prinz besuchte die erste öffentliche Schule, die in Kuweit errichtet wurde, die »Maktab al Mubarakijje«. Zusätzlich erhielt er privat Unterricht in Koranlehre und in weltlichen Fächern. Seine politische Arbeit begann 1949, als ihn sein Vater, der nur noch ein Jahr zu leben hatte, zum Gouverneur des Ölhafens Mina al Ahmadi im Süden des Landes machte. Wegen der immer wichtiger werdenden Rolle des Erdöls (und wegen der rapide steigenden Einnahmen aus dem Ölgeschäft) war dies ein Posten, der große Verantwortung mit sich brachte; der Prinz war unter anderem für die Sicherheitsfragen zuständig. Zehn Jahre danach wurde er Sonderbeauftragter des Emirs bei der »Kuwait Oil Company«, die damals noch in privatem, zum größten Teil britischem Besitz war (erst 1975 wurde sie unter starkem Druck der Kuweiter nationalisiert). Im Jahre 1962 wurde Dschabir Finanz-, Industrie- und Handelsminister. Nach dem Tod des Emirs Abdullah (er starb an einem Herzinfarkt) am 24. November 1965 wurde sein Onkel Salim Al Sabah neuer Herrscher. Dschabir stieg zum Ministerpräsidenten auf und wurde ein Jahr später offiziell zum Thronfolger erklärt. Durch diese Entscheidung wurden die fünf Söhne des Emirs Salim Al Sabah in der Thronfolge übergangen. Auf welche Weise ihnen dieser Verzicht abgerungen wurde, ist unbekannt. Wie bei allen nahöstlichen Dynastien ist es auch bei den Al Sabah unmöglich, Zugang zu den Interna der herrschenden Familien zu bekommen – was nicht nur ein Vorzug für die Politik der Region ist, denn der Mangel an zuverlässigen Informationen eröffnet dem Klatsch Tür und Tor.

Im Verlauf des Golfkriegs haben die westlichen Medien über den Herrscher, der lange Zeit als Exot galt und kaum beachtet wurde, Wahrheiten, Halbwahrheiten und Gerüchte verbreitet. Die Begriffe »Harem« oder »Frauenheld« erregen in der arabischen Welt niemanden. Nur im Westen vermag dies eine Mischung aus offen geäußerter moralischer Empörung und heimlicher Lüsternheit zu erzeugen. Daß der Emir kein Demokrat im westlichen Sinne ist, liegt auf der Hand. Doch gilt dies für fast alle arabischen Politiker. Auf lange Sicht werden die Al Sabah ihre Macht allerdings nur behaupten können, wenn sie der in der jüngsten Katastrophe erstarkten Opposition entgegenkommen und eine Beteiligung an der Macht in Aussicht stellen. Dies würde auch den kuweitischen Patriotismus festigen, der nicht besonders tief verwurzelt ist.

Zwischen Tradition und Moderne

Die traditionellen Monarchien auf der Arabischen Halbinsel und am Golf haben mit liberalen Verfassungsstaaten westlicher Prägung nichts gemein. Man sollte es deshalb vermeiden, Begriffe aus dem politischen Denken des Westens unreflektiert auf die ganz anders gearteten Verhältnisse im Orient anzuwenden. Der arabische »Maschriq« oder Osten war jahrhundertelang nach Stämmen und Clans aufgeteilt. An ihrer Spitze standen die Scheichs (arabisch: šujuch), die Ältesten oder Führer, die keineswegs gottähnliche und allmächtige Wesen waren, sondern als »primus inter pares« galten. Sie waren den Gesetzen der islamischen Scharia, aber auch den Gewohnheiten und Traditionen der Stämme unterworfen. Ihre Herrschaft war eher paternalistisch als despotisch. Deshalb beschreiben auch Begriffe wie »feudal« oder »feudalistisch« die Verhältnisse auf der Arabischen Halbinsel nicht zutreffend. Bis heute gibt es in allen arabischen Monarchien die Einrichtung des Madschlis (wörtlich: Sitzung), in der die Untertanen dem Herrscher – eigentlich ihrem Scheich – Klagen und Bitten vortragen können. Dies ist die beduinische Form der »Demokratie«. Sie mag modernen Ansprüchen nicht mehr genügen, ist jedoch auf jeden Fall transparenter und menschlicher als die brutalen Despotien »revolutionärer« Obristen und Generäle im Nahen Osten.

Wirtschaftlich lassen sich die fast dreißig Jahre der Unabhängigkeit für Kuweit als Erfolgsgeschichte beschreiben, die durch den Krieg abrupt unterbrochen wurde. Das Land hat eine Welle der Modernisierung erlebt, die Außenstehende kaum angemessen einschätzen können. Dieser rasche Fortschritt hatte jedoch auch Nachteile. So war von dem Kuweit der fünfziger Jahre schon in den beginnenden achtziger Jahren so gut wie nichts mehr übrig. Das soziale Zusammenleben der Bürger wurde durch die sich überstürzenden Entwicklungen oft bis zum Äußersten belastet. Immer neue Konflikte rühren aus der täglichen Notwendigkeit, die traditionellen Verhaltensweisen der Kuweiter mit den Erfordernissen der Moderne in Einklang zu bringen. Zudem brachte der schnelle Erfolg gelegentlich auch wirtschaftliche Probleme: Vorübergehend, im Jahre 1982, kam es zu ökonomischen Turbulenzen, als die freie Börse des Suq al Manah wegen »Überspekulation« zusammenbrach. Doch die Aktienhändler Kuweits lernten aus ihrem Mißgeschick und schufen ein Börsenwesen, das übergroße Risiken ausschließt. Diesen Neuanfang eines lebendigen, aber durch Gesetze eingeschränkten »stock market« dokumentierten die Kuweiter durch den Neubau einer Börse, der in der Nähe der Staatsmoschee errichtet wurde. Der stellvertretende Direktor der Börse war eine junge Frau, die selbstverständlich keinen Schleier trug.

Kuweit hat überdies andere Völker stets an seinem Wohlstand teilhaben lassen. Den Palästinensern, die immerhin ein Viertel der Bevölkerung stellten, gab man reiche Subsidien (die nach der irakischen Invasion selbstverständlich eingefroren wurden), ebenso ihrer Dachorganisation, der PLO. Auch die übrigen arabischen Staaten wurden unterstützt, wenn sie es wollten. Der »Kuwait Development Fund« gab prozentual zum Staatshaushalt siebenmal soviel Geld für Projekte in Arabien und Afrika aus wie die deutsche Bundesregierung für Entwicklungshilfe.

Kuweit war darüber hinaus eines der Gründungsmitglieder des Golf-Kooperationsrates (GCC), der im Mai 1981 in Abu Dhabi gegründet wurde. Er sollte ein Schutz- und Trutzbündnis der arabischen Monarchien am Golf werden. Neben Kuweit traten bei: Saudi-Arabien, das den Rat bald dominierte, Bahrein, Qatar, die Vereinigten Arabischen Emirate und Oman. Dem Irak, obwohl auch er ein Golf-Anrainer ist, wurde der Beitritt verwehrt. Die Monarchien wollten sich durch den Zusammenschluß in erster Linie gegen den Einfluß der revolutionären Schiiten schützen, doch wurde der Golfrat mehr und mehr zu einer ökonomischen Macht. Man verstand sich als eine Art Europäische Gemeinschaft in Arabien. Kuweit spielte eine wichtige Rolle in diesem regionalen Zusammenschluß und stellte mit Yaqub al Bischara, einem intelligenten und wendigen Mann, den Generalsekretär des Rates. Auf militärischem Gebiet stieß die Zusammenarbeit jedoch auf massive Hindernisse; es zeigte sich, daß die wechselseitigen Animositäten größer waren, als es die Väter des GCC angenommen hatten: Unter großen diplomatischen Mühen brachte man einige gemeinsame Manöver auf die Beine. Als dann Saddam Husseins Elitetruppen Kuweit angriffen, war der Golfrat nicht in der Lage, seine Mitgliedsstaaten wirksam zu schützen – erst recht nicht, da der Angreifer übermächtig war und von einer lang zurückreichenden kriegerischen Tradition geprägt ist.

Der Irak

Stammesgesellschaft und orientalische Despotie

Der Irak, dessen jüngstes Abenteuer die Welt fast an den Rand einer Katastrophe gebracht hätte, gibt vielen Beobachtern bis heute Rätsel auf. Während das Land einerseits mit dem alten Ägypten, mit Syrien und den Flußkulturen am Indus zu den »Wiegen der Zivilisation« zählt, gilt es andererseits als ein Gebiet, in dem mit großen Opfern verbundene politische Katastrophen nicht die Ausnahme, sondern die Regel sind: Zahlreiche Kapitel der irakischen Geschichte sind mit Blut geschrieben.

Was wir heute mit dem Staatsnamen Irak bezeichnen, umreißt das alte »Aram Naharain«, jenes Land zwischen den beiden Flüssen Euphrat und Tigris, das die alten Griechen »Mesopotamien« nannten. Buchstäblich aus dem fruchtbaren Schlamm von Euphrat und Tigris entstanden hier die Vorformen der Stadtkultur, die im 3. Jahrtausend v. Chr., zu Zeiten des Volkes der Sumerer, ihre erste Blüte erlebte. Der Irak war im vorigen Jahrhundert (und gelegentlich auch noch in diesem) ein Dorado für Archäologen, Altertumsforscher und Sprachkundler. Man entdeckte das alte Ur in Chaldäa, das heißt im Südirak – nach der Bibel die Heimat des Patriarchen und Stammvaters Abraham. Französische, britische und deutsche Archäologen wie Paul Emile Botta, Austen Henry Layard, George Smith, Henry Creswicke Rawlinson, Sir Leonard Woolley, Robert Koldewey, Walter Andrae und andere brachten die Städte der Sumerer, Babylonier und Assyrer ans Tageslicht, ihre Gräber, aber auch die himmelragenden Zikkurats, die Stufentürme der mesopotamischen Priesterschaft, die die Weltkultur um wesentliche astronomische Kenntnisse und um die Schrift bereicherten – aber auch um die Bürokratie. Je mehr in Europa das Interesse an den historischen Hintergründen der Bibel wuchs, desto größer wurde auch das Interesse am Zweistromland, wo Forscher zudem nach mühseliger Kleinarbeit die Öffentlichkeit mit Charakter und Gestalt großer Könige bekannt machen konnten, die vordem nur als Namen bekannt waren: Sargon, Hammurabi, Sanherib, Assurbanipal, Nebukadnezar.

Im 6. Jahrhundert v. Chr. haben die Völker Israels an den Wassern Babylons (der »Hure« Babylon) ihre Gefangenschaft durchlitten, aus der sie – Verdi gestaltete das in seinem »Nabucco« – erst der persische Großkönig Kyros befreite. Schon an diesem, vom Alten Testament überlieferten Kapitel der irakischen Geschichte fällt auf, wie grausam die Könige Mesopotamiens waren. Sie mußten sich allerdings auch ständig der bewaffneten Einfälle wilder Bergvölker erwehren, die aus dem Osten, vom iranischen Hochland oder aus dem Westen, von der Wüste her, in das fruchtbare Land Babyloniens zu gelangen versuchten. Auch das Wort »Araber« erscheint zum erstenmal auf mesopotamischen Inschriften, und zwar in akkadischer Sprache. Gemeint waren damit die westlich von Euphrat und Tigris lebenden Wüstennomaden.

Nach dem Ende der semitischen Reiche eroberten die persischen Achaimeniden das Gebiet, bevor Alexander der Große es seinem Imperium einverleibte. Doch auch er wurde mit seiner Eroberung nicht glücklich: Er starb, noch nicht dreiunddreißig Jahre alt, an einer plötzlichen Krankheit in Babylon. Er hatte davon geträumt, Osten und Westen zu versöhnen, die orientalische Kultur Irans mit der westlichen, die griechisch war, zu verschmelzen. Sein Reich zerfiel rasch in den folgenden Diadochenkämpfen. Als Rom nach Osten vordrang, wurde der Euphrat die Militärgrenze zwischen den Römern und den persischen Arsakiden oder Parthern, später den gleichfalls persischen Sassaniden. Der Irak entwickelte sich zum Sitz der persischen Herrscher. Noch heute kann man unweit der Hauptstadt Bagdad die Reste der sassanidischen Hauptstadt betrachten, vor allem »Taq-i Kisra«, die Halle des Chosrau, ein beeindruckendes Glanzlicht persisch-sassanidischer Architektur. Die Perser brachten auch ihre dualistische Religion in den Irak, die fast ein

Jahrtausend zuvor von Zarathustra gestiftet worden war. Es war ein Glaube, der das Universum als einen ewigen Kampf zwischen den Mächten des Guten und Bösen beschrieb, zwischen Licht und Finsternis. Der Perser Mani, geboren in Babylon, griff diese Traditionen auf und formte zur Zeit des Königs Schahpur I. zu Beginn des 3. Jahrhunderts n. Chr. einen neuen, noch strenger dualistischen Glauben, den die Wissenschaft als »Manichäismus« bezeichnet. Mani wurde in Babylon getötet (oder er starb im Kerker), seine Lehre jedoch verbreitete sich bis nach Nordafrika und nach Mittelasien. Eine Zeitlang sah es so aus, als werde diese der antiken Gnosis verwandte Religion sogar dem Christentum seinen Rang streitig machen. Auch der heilige Augustinus hing ihr an, bis er sich zum Christentum bekehrte. Erst allmählich verschwanden die manichäischen Gemeinden, doch die Lehre blieb erhalten und beeinflußte sogar die Geschichte des frühen Islam. Noch heute beherrscht das dualistische Denken große Teile Vorderasiens.

Der Islam im Irak

Die Geschichte des Islam im Irak beginnt mit der Niederlage der Sassaniden gegen den arabischen Feldherrn Saad Ibn Abi Waqqas bei Qadisija und Nihawend. Diese Schlachten wurden wenige Jahre nach dem Tod des Propheten Mohammed geschlagen, 637 und 641 n. Chr. Der Sassanide Yezdegerd III. mußte gedemütigt fliehen und fand bald darauf den Tod, eine historische Parallele zur Niederlage des Achaimeniden Dareios gegen Alexander den Großen. Saad »öffnete« Mesopotamien für den Islam. Die neue Religion traf dort nicht nur auf den Dualismus der Perser, sondern auch auf christliche Gemeinden, vor allem Nestorianer, die sich aus Furcht vor der Verfolgung durch die byzantinische Reichskirche zu den Sassaniden geflüchtet hatten. Ihre Sprachen waren Syrisch und Aramäisch, die Sprache Christi, die als »Reichsaramäisch« auch schon das alte Persien geprägt hatte.

Unter dem Islam erlebte der Irak den glänzendsten Höhepunkt seiner Geschichte. Er ist untrennbar mit der Dynastie der Abbasiden verbunden, die die Omajjaden von Damaskus im Jahre 750 als Kalifen, das heißt als weltliche wie geistliche Nachfolger des Propheten Mohammed, an der Spitze des Staates ablösten. Zur Zeit der Omajjaden war der Irak ein besonders unruhiges, unsicheres Land, das von Machtkämpfen geschüttelt wurde. Vor allem der lang anhaltende Streit zwischen der sunnitischen Orthodoxie, die durch die Omajjaden repräsentiert wurde, und der Partei Alis, des Vetters des Propheten, die die Herrschaft an sich reißen wollte, schwächte und zerriß das Land. Ali wurde 661 als Kalif in der Moschee von al Kufa im Irak erdolcht. Seine Anhänger, die Partei Alis oder »Schiiten« (arab. schiat Ali), vertraten die Auffassung, daß nur die leiblichen Nachkommen Mohammeds über seinen Vetter Ali rechtmäßige Führer der Gemeinde der Muslime sein könnten. Doch auch diese scheiterten. Alis erster Sohn, Hassan, ließ sich seinen Anspruch von den Omajjaden abkaufen, während der zweite Sohn Hussein sich in Kerbela im Südirak dem Gegner stellte. An der Spitze einer Schar von nur siebzig Anhängern focht er im Jahre 680 einen aussichtslosen Kampf und starb als Märtyrer. Bis heute verfluchen die Schiiten seinen Gegenspieler, den Kalifen Yazid Ibn Muawija, der die Truppen entsandt hatte. Hussein aber ist in Kerbela begraben, wo sein Schrein unter einer Kuppel steht, die außen vergoldet ist und innen ganz mit silbrigem Spiegelwerk ausgelegt wurde. Kerbela ist eines der größten Pilgerzentren der Schiiten aus aller Welt, ebenso wie das in der Nähe gelegene al Nadschaf, wo Ali ruht, der eigentliche Begründer der Schia. Die großen Städte des Südirak, Kerbela, al Nadschaf, Hilla, Basra, al Nasirija, sind noch heute Bastionen des Schiismus, dessen Anhänger auch im modernen Irak die Mehrheit unter den Muslimen stellen. Sie verehren insgesamt zwölf Imame oder direkte Nachkommen Alis, die nach ihrer Meinung alle eines gewaltsamen Todes starben; der letzte Imam, Mohammed al Mahdi, verschwand auf geheimnisvolle Weise am Anfang des 9. Jahrhunderts; als gerechter Richter wird er am Ende der Zeiten auf die Welt zurückkehren, um eine Friedensherrschaft zu verwirklichen. Bis dahin jedoch lebt er in der »Verborgenheit« (ghaiba), während die schiitischen Schriftgelehrten stellvertretend für ihn die Lehre bewahren. Der Irak ist das wichtigste Gebiet der Schiiten überhaupt, nicht zuletzt weil dort noch andere Imame begraben sind: der siebte Imam Musa al Kazim im nördlichen Bagdader Vorort al Kadhimija sowie der zehnte und elfte Imam in Samarra am Oberlauf des Tigris.

Zur Zeit der Kämpfe mit den Schiiten erwarb der omajjadische Gouverneur des Irak, Haddschadsch Ibn Yusuf, den zweifelhaften Ruhm, von besonderer Grausamkeit zu sein. Sein Name fiel in den zurückliegenden Krisentagen oft, wenn es darum ging, die zentralistische Herrschaft der früheren irakischen Herrscher mit derjenigen Saddam Husseins und seiner Parteikader zu vergleichen. Tatsächlich setzte die islamische Zeit, was Unmenschlichkeiten angeht, gewisse Traditionen fort, die dort schon zur Zeit der assyrischen Großkönige gang und gäbe waren. Dies gilt auch für die Abbasiden, die nach ihrer Machtergreifung das arabisch geprägte Kalifat der Omajjaden durch eine Herrschaft ersetzten, die auch persische Elemente enthielt – die Abbasiden hatten gegen Ende der Omajjaden-Herrschaft für die »mawali« Propaganda gemacht, das heißt die »Neubekehrten« des Islam, die in der Hauptsache Perser waren, aber ein wenig als Muslime zweiter Klasse angesehen wurden. Der wichtigste Vorkämpfer der Abbasiden-Familie, Abu Muslim, glaubte, in diesem Clan eine treue Anhängerschaft und viele Förderer der mawali gefunden zu haben; doch kaum waren die Abbasiden mit der Hilfe Abu Muslims und seiner Krieger an der Macht, da ließen sie ihn und seine Leute fallen. Abu Muslim wurde hingerichtet.

Der erste Kalif der neuen Dynastie erhielt den Beinamen »al Saffah«, der Blutsäufer – was den Charakter seiner Herrschaft hinreichend beschreiben mag. Der zweite Herrscher war der bedeutendste, wenn auch sein Name weniger bekannt ist als der anderer Kalifen: al Mansur, der Siegreiche. Er war es, der Bagdad gründete. An den Ufern des Tigris ließ er seine neue Hauptstadt entstehen, die neben dem Namen »Bagdad« (»Gottesgeschenk«) auch unter der Bezeichnung »madinat al salam«

bekannt wurde; das heißt: Stadt des Friedens. Er förderte die Künste und die Wissenschaften. Ihm ist es zu danken, daß das griechische Denken in die islamische Philosophie Einzug hielt. Er legte damit die wesentlichen Grundlagen dafür, daß sich die arabisch-islamische Kultur zu der führenden dieser Zeit entwikkeln konnte. In den Künsten, der Literatur und den Wissenschaften leisteten die Araber und Muslime (unter ihnen viele Perser) in dieser Epoche Großartiges. Die Araber waren keineswegs nur, wie ein hartnäckig fortlebendes Vorurteil wissen will, Überlieferer des antiken Wissens, sondern sie schufen Eigenes auf vielen Feldern der Gelehrsamkeit. Begriffe der Mathematik, der Optik und der Astronomie zeugen davon ebenso wie literarische Vorlagen, die später in Europa aufgegriffen wurden. Das goldene Zeitalter der Abbasiden ist in den Märchen von »Tausendundeine Nacht« festgehalten, zu deren zentralen Figuren der Kalif Harun al Raschid und sein Wesir Dschaafar zählen. Harun war historisch betrachtet nicht so bedeutend wie Mansur oder sein Nachfolger Mamun; trotzdem ist seine Epoche zur Legende geworden – als die Zeit der größten Machtentfaltung und der kulturellen Hegemonie des arabischen Raumes. Wann immer Saddam Hussein in seinen Propagandareden die vergangene Größe Arabiens beschwor, dachte er an diese Zeit, da Bagdad bereits eine Million Einwohner hatte und die erste Weltstadt im modernen Sinne war.

Zerfall einer Weltkultur

Bald nach dem Tode Harun al Raschids begann das Reich, das sich vom Atlantik bis an die Tore Indiens erstreckte, zu zerfallen. Lokale Gouverneure begründeten eigene Dynastien und bemühten sich um immer größere Selbständigkeit. Die Stellung des Kalifen wurde schwächer, bald lag die Macht im Reiche mehr in der Hand der türkischen Prätorianergarden als in der des Nachfolgers des Propheten. Spätestens vom 10. Jahrhundert an war der Abbasidenkalif nur noch nominell das Haupt aller Muslime.

In Bagdad übernahmen die iranischen Buyiden die Herrschaft. In den nächsten zwei Jahrhunderten nahm der Einfluß des schiitischen Glaubens immer weiter zu, teilweise sogar in einer extremen Variante, dem Ismailitentum. Hinzu kam, daß die christliche Reconquista in Spanien und die Kreuzzüge im Heiligen Lande die islamische Welt zutiefst aufwühlten. Es waren hauptsächlich sunnitisch-türkische Fürsten und Feldherren, denen es schließlich gelang, sowohl die Kreuzfahrer als auch die Schiiten zu besiegen; nur Saladin, mit dem sich Saddam Hussein so oft und gern in einem Atemzug nannte, war ein Kurde.

In dieser Zeit griff allerdings noch eine dritte Macht in das Ringen um die Vorherrschaft in dieser Region ein. Während die Heere der Muslime gegen die der Christen immer erfolgreicher fochten, brach im Inneren Asiens Dschingis Khan mit seinen Mongolen und Türken auf, um sich große Teile der islamischen Welt untertan zu machen. Die Mongolen waren es schließlich auch, die das abbasidische Kalifat vernichteten. 1258 erlag Bagdad ihrem Ansturm, der Enkel Dschingis Khans, Hülägü, ließ ganze Schädelpyramiden auftürmen, um seinen Sieg zu dokumentieren und um den Widerstand zu ersticken. Der letzte Kalif wurde in einen Sack gesteckt und zu Tode geprügelt, da die Mongolen davor zurückschreckten, adliges Blut zu vergießen. Bagdad wurde so sehr verwüstet, daß es für Jahrhunderte nicht mehr den alten Glanz wiedererlangte. In Europa macht man sich selten klar, wie sehr der Mongolensturm den zivilisatorischen Stand der arabisch-muslimischen Welt beeinträchtigte und sie in ihrer Entwicklung zurückwarf. Es läßt sich durchaus die Auffassung rechtfertigen, die muslimische Welt habe damals kurz vor einer präindustriellen technischen Revolution gestanden, deren zarte Ansätze durch den Mongolensturm zunichte gemacht worden seien.

Die Herrschaft der Mongolen im Irak wechselte sich mit iranischen, kurdischen und türkischen Dynastien ab, bis Mesopotamien schließlich zum Zankapfel zwischen den aufstrebenden Osmanen und der neu begründeten iranisch-schiitischen Safawiden-Dynastie wurde. Im 16. und 17. Jahrhundert ging die Macht im Zweistromland zwischen diesen beiden Kontrahenten insgesamt viermal hin und her, bevor die Türken im Jahre 1635 obsiegten. Unter dem fähigen Sultan Murad IV. eroberten sie den Irak für lange Zeit. Das Gebiet verblieb unter der Herrschaft der Hohen Pforte, bis das Osmanenreich am Ende des Ersten Weltkrieges endgültig zusammenbrach.

Die Türkenherrschaft war für den Irak keine glückliche Zeit. Das einst glänzende Bagdad sank zu einer verschlafenen Provinzstadt herab, Basra im Süden war berüchtigt für seine Seuchen, die in steter Regelmäßigkeit die Bevölkerung dezimierten. Den Rest besorgten grausame oder korrupte türkische Beamte. Der Einfluß der verschiedenen Stämme nahm, wie schon in früheren Zeiten, wieder zu. Unter den Osmanen war die Region zwischen Zacho im Norden und dem Persischen Golf in drei Verwaltungsbezirke aufgeteilt. In Mossul saß die Verwaltung für die Kurden, in Bagdad wurden die Sunniten regiert, in Basra schließlich die Schiiten. Der Einfluß der Türken reichte zeitweise bis in das Gebiet von al Hasa, das heute zu Saudi-Arabien gehört, eine schiitische Bevölkerung hat und das Hauptfördergebiet des saudischen Erdöls ist.

Der moderne Irak: Friedloser Nationalismus

Den modernen Irak gibt es erst seit dem Jahre 1921. Die Briten schufen ihn als ein Kunstprodukt aus der Erbmasse des zerfallenden Türkischen Reiches. Bis 1932 war das Land reines Protektorat, den Interessen Englands dienend; 1932 wurde es unabhängig. Wie in Transjordanien etablierten die Briten in Bagdad einen Haschemiten-Thron. Sie machten Feisal Ibn Hussein zum König, der zunächst versucht hatte, in Syrien ein arabisches Reich zu gründen. Nach seiner Niederlage gegen die Franzosen bei Meissaloun im Anti-Libanon »entschädigten« ihn die Engländer mit dem Irak. Doch Feisal konnte sich der Herrschaft nur kurze Zeit erfreuen, er starb 1933.

Die Geschichte des modernen Irak von diesem Zeitpunkt an

ist überaus blutig: Sie ist, nüchtern betrachtet, eine Folge wechselnder Putsche und Putschversuche, siegreicher oder blutig niedergeschlagener Aufstände. Das politische Leben unter dem jungen, 1939 bei einem mysteriösen Autounfall ums Leben gekommenen König Ghazi, unter dem Regenten Abdalilah und schließlich unter König Feisal II. wurde weitgehend von Nuri al Said bestimmt, den man im Irak Nuri Pascha nannte. Nuri al Said war ein arabischer Nationalist der ersten Stunde, der die Zusammenarbeit mit den Haschemiten suchte. Weil er die Auffassung vertrat, der Irak müsse in der ersten Zeit seiner nationalen Unabhängigkeit eng mit England kooperieren, gilt er heute vielen als »Verräter« und »Knecht der Kolonialisten«. Doch damit wird man Nuri Pascha nicht gerecht. Seine »natürlichen« Gegenspieler waren die republikanisch gesinnten arabischen Nationalisten, die in den dreißiger und vierziger Jahren an Einfluß gewannen, vor allem beim Militär.

Der arabische Nationalismus geht auf die »Nahda« zurück, jene Renaissance der arabischen Sprache und Kultur, die in der zweiten Hälfte des vorigen Jahrhunderts von syrischen und libanesischen Intellektuellen geschaffen wurde, zu denen unter anderem Butrus al Bustani, Dschurdschi Zaidan und Constantin Zuraiq gehörten. Sie waren Christen und wollten innerhalb des Osmanischen Reiches, das von Muslimen beherrscht wurde, aber keine Nationen im modernen Sinn des Wortes kannte, ein Bewußtsein von der »uruba«, der arabischen Eigenständigkeit, wecken. Vorbild war die europäische Romantik, deren Denken im Orient zunehmenden Einfluß gewann, vor allem, weil immer mehr Orientalen nach Europa reisten oder dort studierten. Aus der Nahda mit ihrem Drang nach kultureller Identität entwikkelte sich bald das Streben nach nationaler Unabhängigkeit, besonders in Ägypten, Syrien, dem Libanon und auch im Irak. Die Araber sollten nach dieser Auffassung aus der islamischen Umma, also der umfassenden Gemeinde des Islam, eine säkularistische arabische Umma formen, um auch Anschluß an die moderne Zeit zu gewinnen. Die zahlreichen Christen innerhalb dieser Strömung versprachen sich von laizistisch orientierten

Nationalstaaten eine Gleichstellung mit den Muslimen, das heißt das Ende einer jahrhundertealten Benachteiligung ihrer Religionsgemeinschaft.

Ihre erfolgreichste Zeit hatte die arabische Nationalbewegung im aktiven Widerstand gegen die Fremdherrschaft, zunächst der Türken, die Arabien mehr als vierhundert Jahre lang beherrscht hatten, dann der europäischen Mächte, die zwischen Ägypten und dem Golf immer mehr Einfluß gewannen und schließlich überall Mandatsgebiete und Protektorate errichteten. In Algerien – das die Franzosen schon 1831 in der Schlacht von Sidi Ferruch erobert hatten – wurde sogar versucht, den Charakter der Landesbevölkerung zu verändern: Es sollte als Teil des französischen Mutterlandes gelten. Diesen Absichten setzten die arabischen Völker mehr und mehr ihren Widerstand entgegen – wenn nötig auch gegen die eigenen Regime, die mit westlichen Mächten zusammenarbeiteten und von vielen als »Verräter« an der arabischen Sache empfunden wurden. Dies traf in der Zeit zwischen den Weltkriegen auch für den Irak zu, wo die Briten trotz der Unabhängigkeit des Landes großen Einfluß behielten.

Männer wie Nadschib al Azouri oder Sati al Husri entwickelten den arabischen Nationalismus in dieser Zeit theoretisch weiter. Sie wandten sich vom französischen und englischen politischen Denken ab und studierten die Schriften deutscher Philosophen und Dichter. Fichte und Hegel, aber auch Ernst Moritz Arndt verhalfen ihnen zu einem romantischen, in manchen Fällen geradezu mystischen Begriff vom ewigen Wesen der arabischen Nation. Der Beiruter Deutschlehrer Antun Saadeh schuf eine Großsyrien-Ideologie und propagierte die Errichtung eines großsyrischen Reiches nach der Vertreibung der französischen und britischen Mandatsmacht. Saadeh wurde zwar 1949 hingerichtet, aber die Ideologie des Nationalismus griff immer weiter um sich.

Während des Zweiten Weltkrieges hatten sich die nationalistisch gesinnten Offiziere des Irak, da britische Truppen in ihrem Lande standen, innerlich und ideologisch den Deutschen zugewandt. Das galt fast für den ganzen Orient; die kolonisierten

Völker bekannten sich nahezu zwangsläufig zu den Feinden ihrer Kolonisatoren. Auch in Ägypten sympathisierten die Nationalisten mit Hitler und hofften, daß Rommel die Briten in Nordafrika besiegen werde. 1941 kam es in Bagdad zu einem prodeutschen Putsch unter Führung von Raschid Ali al Gailani, der den Einfluß der Engländer für immer beseitigen wollte. Drahtzieher des Umsturzes waren nicht nur deutsche Offiziere, die mehr oder weniger diskret im Hintergrund wirkten, sondern auch Hadsch Amin al Husseini, der berühmt-berüchtigte »Großmufti« von Jerusalem, der eng mit den Nationalsozialisten zusammenarbeitete und sich von einem anti-britischen Umsturz im Irak eine Stärkung des arabischen Widerstandes gegen die zionistischen Einwanderer in Palästina versprach. Doch der Gailani-Putsch scheiterte, es gelang den Briten, ihren Einfluß wiederherzustellen und auch Nuri Pascha wieder an die Spitze des Staates zu stellen.

Doch mit diesem Putsch war der Irak endgültig von der Idee des Nationalismus erfaßt worden. Während des ersten arabisch-israelischen Krieges 1948 schlugen die Leidenschaften hoch. Überstürzt verließ die etwa 130000 Menschen starke jüdische Gemeinde, die lange mit den Muslimen konfliktlos zusammengelebt hatte, das Land. Die irakischen Nationalisten blickten fasziniert nach Ägypten, wo sich um Mohammed Naguib und Gamal Abdal Nasir (Nasser) nationalistisch gesinnte »Freie Offiziere« (die »dubbat al ahrar«) geschart hatten und 1952 den korrupten König Faruk stürzten. Auch im Irak bildete sich nach dem ägyptischen Vorbild eine Gruppe »Freier Offiziere« – die Begeisterung und Verehrung für Nasser hat am Tigris bis heute kaum nachgelassen. Nuri al Said, der starke Mann des Irak in jenen Jahren, war ein erfahrener und geschickter Politiker, der sich diese Unabhängigkeits-Bestrebungen zunutze machte, um den englischen Einfluß auf sein Land zurückzudrängen und das Königshaus zu stärken. In der Anlehnung an den Westen sollte sich allerdings prinzipiell nichts ändern. 1956 wurde der blutjunge Haschemit Feisal als König Feisal II. inthronisiert – ein Fest vor allem für die westlichen Illustrierten: Der Glanz der damals noch sehr jungen englischen Königin traf hier mit der Pracht und dem malerischen Zauber des Orients zusammen.

Das Ende der Monarchie

Am 14. Juli des Jahres 1958 schlug der Monarchie jedoch ihre Stunde. Unter dem Befehl von Oberst Abdal Karim Qasim (Kassem) schlugen die »Freien Offiziere« los, besetzten alle Schlüsselstellungen und drangen in den Königspalast ein. Der Monarch wurde erschossen, ebenso der Regent Abdalilah und die übrige Königsfamilie. Der Leichnam des Regenten wurde vom erregten und aufgehetzten Mob stundenlang durch die Straßen und Gassen Bagdads geschleift, bis er in Stücke zerfetzt war. Entschlossen, ihn zu töten, suchten die Revolutionäre auch Nuri al Said. Er hielt sich versteckt und versuchte, kurze Zeit nach Ausbruch des Putsches in Frauenkleidern zu fliehen. Doch er wurde an seinem Schuhwerk erkannt. Die Menge stürzte sich auf ihn und lynchte ihn.

Der neue Führer des Irak war am Anfang sehr populär. Kassem sorgte für eine innenpolitische Liberalisierung; er warb um die Kommunisten, um die nationalistische Baath-Partei und um die Kurden. Der legendäre Kurdenführer Mullah Mustafa Barzani, der seit 1946 in Moskau im Exil lebte, durfte ins Land zurückkehren; Kassem bot den Kurden Mitsprache in der Regierung an. Er galt als umgänglich und als Feind von Gewalttätigkeiten. Er ließ seine politischen Rivalen am Leben, wenn er sie entmachtet hatte – ein für irakische Verhältnisse ganz und gar ungewohntes Verhalten, das Kassem allerdings nach den ersten Attentaten gegen ihn korrigierte. Der erste Anschlag, der ihm fast zum Verhängnis geworden wäre, traf ihn schon im Jahr nach seiner Machtergreifung. In der Raschid-Straße im Zentrum Bagdads lauerte ihm ein Mordkommando der Baath-Partei auf, um ihn zu erschießen. Zu der Gruppe gehörte ein knapp 22 Jahre alter Aktivist der Baath-Partei namens Saddam Hussein. Der Anschlag mißlang, Kassem wurde nur leicht verletzt.

Kassems Regime wurde mit der Zeit autoritärer, da die innenpolitischen Turbulenzen den Irak in ein Chaos zu stürzen drohten. Schließlich kam der neue Diktator auf eine Idee, die immer auftaucht, wenn Machthaber in Bedrängnis geraten: Flucht in außenpolitische Abenteuer. Kassem entsann sich der alten »Ansprüche« des Irak auf Kuweit und beschloß, diese Sache, die besonders populär unter seinen Landsleuten war, zu der seinen zu machen. Er zog Truppen an der Grenze zu dem britisch beherrschten Emirat zusammen und kündigte den Einmarsch an. Kuweit gehöre zu seinem Land, verkündete er, und müsse zudem von den englischen Kolonialisten befreit werden. London, noch unter dem Eindruck des Desasters am Suez-Kanal, reagierte umgehend: Massive Truppenverstärkungen in Kuweit und britische Drohungen veranlaßten Kassem, von seinem Abenteuer Abstand zu nehmen. Der Irak wäre damals militärisch viel zu schwach gewesen, um einen Krieg gegen Großbritannien zu führen. Diese Schlappe leitete den Sturz Kassems ein. Seine innenpolitischen Gegner, die Kommunisten und die Baathisten, machten Jagd auf ihn. Hinzu kam, daß sich die Kurden, nachdem ihre Erwartungen auf größere Selbständigkeit enttäuscht worden waren, mit Waffengewalt gegen die Zentralregierung in Bagdad zur Wehr setzten. Ein blutiger Bürgerkrieg brach im Norden des Landes aus.

Am 8. Februar 1963 ereilte Kassem sein Schicksal. Die von ihm kaltgestellte Baath-Partei unter Führung von Ahmad Hassan al Bakr, der aus Takrit am Tigris stammte, putschte zusammen mit dem Nationalisten Abdal Salam Aref, zu dessen Absichten ein Zusammengehen des Irak mit dem Ägypten Nassers gehörte. Kassem wurde am Tag nach dem erfolgreichen Staatsstreich erschossen. Das Bild seines zusammengekrümmten Leichnams erschien drei Tage lang als »Pausenfüller« auf den Fernsehschirmen der Iraker. Die Baath-Partei konnte sich jedoch nur bis zum Herbst desselben Jahres an der Spitze des Staates halten. Aref entmachtete sie, weil sie gegen ihn konspiriert hatte und herrschte allein. 1964 verbot er sogar die Baath-Partei, nachdem ein Attentatsversuch gegen ihn aufgedeckt worden war. 1966 kam Abdal Salam Aref schließlich bei einem mysteriösen Hubschrauberabsturz ums Leben – auch dies eine im Irak übliche Art, lästige Konkurrenten aus dem Weg zu räumen. Der ältere Bruder Abdal Rahman Aref übernahm daraufhin die Staatsgeschäfte, bis die Baath-Partei um al Bakr und Saddam Hussein am 17. Juli 1968 endgültig die Macht im Staate an sich riß. Al Bakr wurde Präsident, Saddam seine rechte Hand und bald sogar der eigentliche starke Mann. Energisch gingen die Baathisten daran, den Irak nach ihren Vorstellungen umzubauen, wobei ihre Stellung – wie der Putschversuch Nazim Kassars im Jahre 1973 zeigte – nicht unumstritten blieb. 34 Verschwörer wurden damals hingerichtet, es sollten nicht die letzten sein.

Die Baath-Partei

Die Baath-Partei entstand zu Beginn der vierziger Jahre unseres Jahrhunderts. Ihr vollständiger Name lautet »Sozialistische Partei der arabischen Wiedergeburt oder Sendung« (hizb al ba'th al arabi al ištiraki). Ihr Theoretiker und Gründer ist Michel Aflaq, der 1912 (oder 1910) in Damaskus geboren wurde und 1989 in Bagdad starb. Aflaq war ein syrischer Christ. Der Organisator der Partei war sein Freund Salah al Din al Bitar, ein Muslim aus Syrien. Aflaqs wichtigste Programmschrift trägt den arabischen Titel »Fi sabil al ba'th« – »Auf dem Weg der Wiedergeburt«. Der Titel ist eine Paraphrase des koranischen Ausdrucks »fi sabil Allah« – »Auf dem Wege Gottes«. Eine Formulierung, die mit Bedacht gewählt wurde: Aflaq träumt in seinen Schriften von einer Auferstehung Arabiens, die jedoch nur gelingen kann, wenn die Araber sich dem wirtschaftlich-technischen Fortschritt westlicher Prägung öffneten. Die arabische Umma (al umma al arabija) soll sich in einem säkularen Staat der arabischen Muslime und Christen unter sozialistischem Vorzeichen entwickeln können.

Die Schriften Aflaqs erschienen 1963 in einer neuen, gereinigten Form: Der Vordenker des arabischen Nationalismus war zeitweise von nationalsozialistischem, rassistischem Gedankengut nicht unbeeinflußt geblieben – Aspekte, die nun aus seinen Büchern getilgt wurden. Aflaqs ganze Begeisterung galt der arabischen Nation und ihren Geschicken. Drei Begriffe erscheinen immer wieder in den Parolen Aflaqs und der Baath-Partei: Einheit, Freiheit, Sozialismus.

Unter Einheit (wahda) versteht Aflaq die Einheit aller Araber vom Atlantik bis zum Golf. An dieser Einheit einer homogenen arabischen Nation gibt es nach Auffassung der Baathisten keinerlei Zweifel, während andere starke arabische Parteien – etwa die Ägyptens – lieber von einer arabischen Welt sprechen, in der es Trennendes und Gemeinsames unter den arabischen Völkern gebe. Die Baath-Partei aber möchte einen Großstaat ins Leben rufen, in dem alle Araber vereint sind. Die Länder, in denen die Baath »Ableger« hat, gelten der Partei nur als regionale Bereiche. Unnötige innerarabische Konflikte, so heißt es in den Programmschriften, vor allem jedoch der Einfluß des »Imperialismus« und westlichen Kapitalismus haben zu einer Spaltung der arabischen Nation geführt. Sie rückgängig zu machen, wird als die vordringlichste arabische Aufgabe überhaupt bezeichnet. Wenn die arabische Nation ihre chronische Schwäche und Unterentwicklung überwinden will, so lautet das politische Glaubensbekenntnis, muß sie einig werden.

Unter Freiheit (hurrija) versteht Aflaq nicht die Entfaltung individueller Freizügigkeit oder die Selbstbestimmung der Bürger, wie man sie in den demokratischen Staaten Europas kennt. Eine solche westliche Auffassung von Freiheit ist der arabischen Welt bis heute wesensfremd; die religiösen und philosophischen Grundlagen für das »autonome Individuum« der europäischen Aufklärung sind hier nicht gegeben. Freiheit bedeutet vielmehr die Unabhängigkeit der arabischen Nation von Fremdherrschaft, insbesondere vom »Imperialismus«. Darunter verstand Aflaq aufgrund der damaligen historischen Erfahrungen vor allem die Tatsache, daß wesentliche Entscheidungen der »arabischen« Politik oft genug in London oder Washington getroffen wurden. Heute freilich ist der Begriff »Imperialismus« längst zu einer

Leerformel geworden, in die alles hineingepreßt wird, was gerade zum gängigen Feindbild der jeweiligen Machthaber gehört. In die berechtigte Sorge vor einer Überwältigung durch den Westen und seine überlegene technisch-wissenschaftliche Zivilisation – mit allen politischen Einflüssen, die daran geknüpft sind – mischt sich eine komplexbeladene Fremdenfeindlichkeit, die der traditionellen Gastfreundschaft der arabischen Völker gänzlich widerspricht.

Am schwierigsten ist zu definieren, was der Begriff »Sozialismus« (ištirakija) in der Baath-Ideologie beschreibt. Der arabische Sozialismus, von dem ägyptischen Kopten Salama Musa entwickelt und von den Baathisten aufgegriffen, meint die Errichtung einer gerechten Gesellschaft durch soziale »Teilhabe« (ištaraka). Obwohl Michel Aflaq die Schriften von Marx und Engels studiert hat, unterscheidet sich sein Sozialismus-Begriff wesentlich von dem des klassischen Sozialismus. Die arabischen Sozialisten erkennen zwar an, daß es Klassen gibt, lehnen jedoch den Begriff des Klassenkampfes ausdrücklich ab. Der Klassenkampf schadet ihrer Ansicht nach nur, da er geeignet ist, die Araber weiter zu spalten oder ihre Spaltung zu vertiefen. Außerdem lehnen sie den philosophischen Materialismus ab. Der Materialismus ist keine Lehre, die dem Charakter der Araber entspricht.

Es versteht sich, daß diese Anschauungen nur schwer mit dem orthodoxen Islam zu verknüpfen sind. Trotzdem steht die Baath-Ideologie nicht im expliziten Widerspruch zur muslimischen Religion. Von Aflaq gibt es geradezu hymnische Äußerungen über die welthistorische Bedeutung des Propheten Mohammed. Die Baathisten sind zwar Säkularisten, aber in Sachen Religion, wie es heißt, »nicht neutral«. Der Islam gehöre, dies wird betont, zum inneren Wesen des Arabertums, und wird deshalb von der Partei unterstützt. Man betont vor allem die Auffassung, daß der Islam – trotz seines universalistischen Anspruches – zunächst und vor allem eine arabische Religion sei. In diesem Zusammenhang ist interessant, daß nicht nur orthodoxe Schriftgelehrte des sunnitischen Islam, sondern auch westliche Forscher, wie beispielsweise der französische Orientalist Maxime Rodinson, dieser These jederzeit beipflichten würden.

Die Religionspolitik der Baathisten im Irak hatte gleichwohl von Anfang an stark repressive Züge. Dies änderte sich erst mit dem ersten Golfkrieg, als man darauf angewiesen war, die Hinwendung besonders religiöser Teile der eigenen Bevölkerung zum iranischen Schiitenführer Ajatollah Chomeini zu verhindern. Plötzlich verwendeten Baathisten wieder religiöse Formeln, Saddam Hussein ließ sich beim Beten filmen und pilgerte nach Mekka; der nationalistische Irak stilisierte sich zum Vorkämpfer des arabischen Sunnismus gegen die schiitische Häresie.

Der Vielvölkerstaat Irak

Angetrieben durch ihre radikale Einheits-Ideologie machte sich die Baath-Partei daran, den Irak umzugestalten. Das Ergebnis dieser Arbeit in den letzten zwanzig Jahren ist zwiespältig. Zwar kann man nicht leugnen, daß das Land unter der Herrschaft Ahmad Hassan al Bakrs und Saddam Husseins in den siebziger Jahren modernisiert und entwickelt wurde, doch der Preis dafür war die brutale Unterdrückung aller oppositionellen Bestrebungen im Land. Innenpolitisch wurden nur Scheinreformen umgesetzt. So erhielt das Land im Sommer 1980 ein Parlament mit 250 »Volksvertretern«, und die Kurden durften eine nationale Versammlung für 50 Repräsentanten einrichten. Doch die wesentlichen Entscheidungen fielen nach wie vor im Revolutionären Kommandorat und im »Spezialbüro« (maktab al khas) – und in beiden Institutionen dominierte unangefochten der Einfluß des Präsidenten Saddam Hussein.

Die wirtschaftlichen Fortschritte des Irak wurden in den achtziger Jahren zuerst durch den Krieg mit Iran und dann durch die jüngste Krise wieder zunichte gemacht. Die Infrastruktur ist heute zerstört, das Land sieht sich nach den zwei Golfkriegen mit Schulden- und Reparationsforderungen in astronomischer Höhe konfrontiert. Widerspruch gegen die selbstzerstörerischen

Hegemonialbestrebungen Saddam Husseins war freilich niemandem möglich. Jede Form oppositioneller Betätigung war lebensgefährlich. In den achtziger Jahren wurde der Irak in der internationalen Presse zuweilen als ein »Reich der Katakomben« beschrieben. Politische Gegner Saddams und der Baath-Partei, gleichgültig ob Schiiten, Kommunisten oder Demokraten, verschwanden zu Tausenden. Krieg wurde sowohl gegen die Kurden als auch gegen die christlichen Assyrer geführt. Unter der Herrschaft der Baathisten sollen allein 200 000 kurdische und 20 000 assyrische Zivilisten getötet worden sein. Der schiitische Widerstand der islamischen Dawa-Partei, von Teheran gesteuert, wurde ebenso grausam gebrochen wie andere, weniger militante Oppositions-Bewegungen. Seit der Machtergreifung der Baath-Partei haben, je nach Schätzungen, ein bis eineinhalb Millionen Iraker ihr Land verlassen. Als noch der erste Golfkrieg tobte und der Westen in Saddam Hussein den wichtigsten Verbündeten im Kampf gegen die iranischen Mullahs sah, wurden diese Folgen seiner Herrschaft öffentlich nur selten mit der nötigen Deutlichkeit benannt. Kritik an Saddams Terror-Regime wurde im Westen erst laut, als die irakische Luftwaffe kurz vor dem Ende des ersten Golfkrieges bei Halabdscha Giftgas-Bomben auf die kurdische Bevölkerung warf und damit 4000 bis 5000 Menschen tötete.

Zur gleichen Zeit meldeten sich allerdings auch einige zynische Kommentatoren zu Wort, die behaupteten, der Irak sei nun einmal nicht anders als mit derart grausamen Mitteln zu regieren. Tatsächlich ist das Land, dessen Grenzen von den Kolonialmächten künstlich gezogen wurden, ein überaus unruhiger Vielvölkerstaat. Nur noch in Syrien und Iran herrschen ähnlich unklare historisch-ethnische Verhältnisse – und nicht aus Zufall ähnlich zentralistische, despotische Regime. Der Irak ist mit 438 000 Quadratkilometern nach Saudi-Arabien der größte Flächenstaat im Maschriq, dem arabischen Osten. Auf dieser Fläche leben 18 Millionen Menschen, mehr als in jedem anderen Land der Region, ausgenommen Iran. Ethnisch und religiös ist die irakische Bevölkerung von krassen Gegensätzen gezeichnet. Unter der mehrheitlich muslimischen Einwohnerschaft machen die Sunniten nur 45 Prozent aus, während die Schiiten 55 Prozent stellen. Der Staat wurde und wird allerdings von den Sunniten beherrscht, im engeren Sinne von dem sunnitischen Clan Saddam Husseins aus Takrit am Tigris. Zu den Sunniten muß man die kurdische Minderheit rechnen, die allerdings keine Araber sind. Die Kurden lehnen den arabischen Nationalismus ab und bestehen auf ihrer kulturellen Identität. Seit Jahrzehnten lieferten die Barzanis und die Talabanis – die »Demokratische Partei Kurdistans« und die »Patriotische Union« der Kurden – der Zentralregierung in Bagdad erbitterte Kämpfe. Vor dem Ausbruch der Schlacht um Kuweit hatten die Baathisten schließlich einen großen Teil der Kurden durch drakonische Maßnahmen, durch Zwangsumsiedlungen in den wüstenhaften Süden des Irak und die Zerstörung kurdischer Dörfer »ruhiggestellt«.

Die Kurden und andere Minderheiten

Die Kurden sind ein iranisches Volk und stammen von den altpersischen Medern ab. Als »karduchoi« werden sie schon in Xenophons Anabasis erwähnt. In ihren Bergen leisteten sie bereits den osmanischen Paschas Widerstand, die sie von Mossul aus zähmen wollten. Auch im vorigen Jahrhundert begehrte dieses stolze und tapfere Volk immer wieder auf; von Zeit zu Zeit machte sich die Empörung über die jeweilige Zentralgewalt in blutigen Rebellionen Luft. Den Kurden kam dabei zugute, daß ihr Siedlungsgebiet sehr breit ist. Sie leben heute in fünf Staaten: im Irak, in Iran, in Syrien, der Türkei und der Sowjetunion (dort allerdings nur eine Minderheit von etwa 200 000 Menschen). Auch die Baath-Partei und Saddam Hussein konnten nicht verhindern, daß kurdische Peschmergas, die Krieger, die »den Tod nicht fürchten«, sich auf türkisches oder iranisches Territorium zurückzogen und von dort aufs neue Aufruhr entfachten. Insgesamt leisteten die Kurden in den zurückliegenden dreißig Jahren wohl den hartnäckigsten Widerstand gegen Bagdad.

Zu ihrem Volk gehört auch die kleine, vom Aussterben bedrohte Gemeinschaft der Yezidi. Die Yezidi, von den Muslimen oft als »Teufelsanbeter« bezeichnet, haben ihr Heiligtum in dem Ort Scheich Adi im Norden des Irak. Der Glaube der Yezidi birgt viele Geheimnisse; nach manchen ihrer Überlieferungen soll er jahrtausendealt sein. Scheich Adi, ein muslimischer Sufi oder Mystiker, hat die Gemeinschaft, in deren Lehren monotheistische Vorstellungen mit Elementen einer Naturreligion verschmolzen wurden, im 12. Jahrhundert wiederbelebt und weiterentwickelt. Er liegt in dem Ort, der heute seinen Namen trägt, begraben. Alljährlich im September pilgern die Yezidi aus dem Irak (einige leben auch in der Hauptstadt Bagdad), aber auch aus Iran und der Türkei zu diesem Grab. In den zumeist geheimgehaltenen Glaubenssätzen der Yezidi spielen auch zarathustrische, altiranische Lehren eine Rolle. Sie verehren Naturwesen wie den heiligen Pfau, den »Melek Taus«. Der Name »Yezidi« wird verschieden erklärt: Manche bringen ihn mit dem Omajjadenkalifen Yazid Ibn Muawija in Zusammenhang; manche führen ihn hingegen auf die Stadt Yazd in Persien zurück, die noch heute ein Zentrum der iranischen Zarathustrier, der Feueranbeter, ist. Wahrscheinlicher jedoch ist, daß die Yezidi sich nach dem persischen Wort für Gott, »yazdan« oder »izad«, nennen. Danach wären die Yezidi Gottesanbeter, keine »Abed-e Iblis« oder Teufelsanbeter, wie ihnen die Muslime andichten. Da die Yezidi nicht unter die »Leute der Schrift« (ahl al kitab), also Anhänger des Korans, gerechnet werden, gelten sie nach dem islamischen Recht als Heiden und sind der Unterdrückung durch die muslimische Mehrheit ungeschützt ausgesetzt. In den vergangenen zehn Jahren haben Tausende von Yezidi ihre Heimat im Südosten der Türkei und im Nordirak verlassen und sind nach Europa ausgewandert, etliche von ihnen nach Deutschland.

Darüber hinaus sind noch andere ethnische Minderheiten des Iraks gefährdet. Vor Beginn der kriegerischen Auseinandersetzungen am Golf lebten im Süden des Landes zwischen 5000 und 6000 Mandäer. Wie sie den Krieg überstanden haben, weiß bis heute niemand zu sagen. Die Mandäer heißen im Westen auch

»Johanneschristen«, da ihre Religionsgemeinschaft auf Johannes den Täufer zurückgeht. Die Mandäer-Gemeinden (einige wenige Mitglieder gibt es auch noch in Iran) sind annähernd 2000 Jahre alt. In ihrem streng dualistischen Weltbild haben sich starke Reste der Gnosis erhalten, jener spätantiken religiösen Bewegung, die dem Christentum lange Zeit erfolgreich Konkurrenz machte. »Manda« heißt übersetzt »Wissen, Erkenntnis, Gnosis«. Die Mandäer kennen einen Taufritus und auch heilige Schriften. Diese Schriften wurden zur Zeit der Abbasiden zusammengestellt und kanonisiert – offenbar da die Mandäer den Status von »Schriftbesitzern« erhalten wollten, die vom islamischen Gesetz geschützt wurden. Gleichwohl sind die Mandäer, die neben Arabisch auch eine eigene, dem Altsyrischen und Aramäischen nahestehende Sprache verwenden, in den vergangenen Jahrhunderten durch immer neue Verfolgungen dezimiert worden.

Ungewiß ist nach dem jüngsten Krieg auch das Schicksal der Marsch-Araber. Der berühmte englische Irak-Kenner und Arabien-Reisende Sir Wilfred Thesiger hat dieser Minderheit, die im Sumpfgebiet des Schatt al Arab lebt, eine Studie gewidmet. An diesem Teil der irakischen Bevölkerung interessierte ihn vor allem die gänzlich eigenständige Lebensweise. Der Westen assoziiert mit dem Begriff »Araber« im allgemeinen die Wüstensöhne oder zumindest die aus dem Nomadentum stammenden arabischen Bewohner der Städte. Die Araber der südirakischen Marschen dagegen fahren in Booten und leben im Uferschilf, aus dem sie auch ihre Hütten und Gemeinschaftshäuser sowie die Moscheen bauen. Seit zehn Jahren, seit Beginn des ersten Golfkrieges, leben sie nun im Feuer der feindlichen Heere – sofern sie nicht in den Norden flohen und ihre angestammte Heimat hinter sich ließen.

Unsicher war zudem immer das Geschick der Christen im modernen Irak. Sie sind keiner unmittelbaren Gefahr ausgesetzt, da sie zu zahlreich sind; aber die Assyrer, Angehörige der christlichen syrischen Kirche im Nordirak, haben in den zurückliegenden Jahrzehnten ebenfalls einen hohen Blutzoll entrichten müssen, sofern sie mit den aufständischen Kurden gemeinsame Sache machten. Die mit Abstand größte christliche Gemeinde stellen die Chaldäer, die Katholiken des Irak, mit etwa 700 000 Gläubigen. Ihr Patriarch – das Patriarchat existiert schon seit dem 15. Jahrhundert – hat in der Vergangenheit und auch während der jüngsten Krise immer wieder Ergebenheitsadressen an Saddam Hussein und die Führung der Baath-Partei gerichtet. Nicht ohne Grund. Den Chaldäern, deren Gemeinde auch der irakische Außenminister Tariq Aziz angehört, ging es unter der Baath-Partei nicht schlecht; man ließ sie im allgemeinen in Ruhe ihren Geschäften nachgehen – und manche der Christen im Irak sind zu großem Wohlstand gekommen. Saddam Hussein hat in den letzten Jahren sogar einen großen Teil seiner persönlichen Wache aus chaldäischen Christen rekrutiert, da er zu ihnen größeres Vertrauen hat als zu Muslimen, vor allem zu den schiitischen Muslimen.

Die etwa 60 000 Armenier des Irak sind zu einem wesentlichen Teil gut in das alltägliche Leben des Landes integriert, ein anderer Teil versucht schon seit Jahren auszuwandern. Zahlreiche Armenier kamen erst in das Land, als die osmanischen Türken während des Ersten Weltkrieges beschlossen, die armenische Bevölkerung aus Anatolien in die Wüsten und Steppen Syriens und Mesopotamiens zu deportieren. Während dieses blutigen Unternehmens kamen viele um, starben eines jämmerlichen Todes oder wurden erschlagen. Nicht allen ihrer Nachkommen gelang es, in ihrer neuen Heimat Fuß zu fassen – gerade unter diesen ist der Drang, in westliche Länder zu übersiedeln, besonders deutlich spürbar.

Nimmt man alles in allem, so muß man den Irak als eine zum Zerreißen gespannte Ansammlung unterschiedlicher Völker und Religionsgemeinschaften bezeichnen, für die der Zentralismus – also die starke Hand Bagdads – immer eine besondere Rolle gespielt hat, für die die Zentralregierung oft genug das einzige Band war, das den Zusammenhalt garantierte. Doch darf dies kein Grund sein, den fortdauernden Terror jener Zentralregierung gegen die eigene Bevölkerung zu rechtfertigen. Der Exil-

Iraker Samir al Khalil hat sein Land unter der Herrschaft Saddam Husseins als »Republic of fear« charakterisiert. In der Geschichte Iraks, die an grausamen Herrschern überreich ist, nimmt Saddam eine herausragende Stellung ein. Nicht nur sein Land, auch seine Person haben Außenstehenden immer wieder Rätsel aufgegeben.

Bagdads roter Kalif

Das Rätsel Saddam Hussein

»Das ist wirklich ein starker Mann. Er hat alle, die ihm gefährlich werden könnten, längst umbringen lassen«, soll Abdallah Frangi, der Vertreter der Palästinensischen Befreiungsorganisation (PLO) in Bonn, einmal über Saddam Hussein gesagt haben. Dies ist nur eine, aber vielleicht die treffendste Äußerung über den Diktator, der der ganzen Welt Rätsel aufgab und immer noch aufgibt. Die Iraner nannten Saddam »Feind Gottes« oder den »kleinen Satan«; manche sprachen auch von einem nahöstlichen »Frankenstein, den sich der Westen herangezüchtet habe und an dem er noch viel Spaß haben werde«. Geläufig wurde der Vergleich mit Hitler – vor allem die britische Premierministerin Margaret Thatcher und auch George Bush nannten ihn so. Der Schriftsteller Hans Magnus Enzensberger pflichtete dieser Auffassung in einem, im »Spiegel« publizierten Essay bei und lehnte es ab, Saddam Hussein allein vor dem Hintergrund der arabisch-islamischen Religion und Kultur zu betrachten und sein aggressives Verhalten, seine Mordtaten und Menschenrechtsverletzungen am Ende auf diese Weise zu relativieren. Statt dessen bezeichnete er ihn als »Feind des Menschengeschlechts«, der von Vernichtungswünschen getrieben sei und nicht nur sein Land und sein Volk, sondern letztlich auch sich selbst und die Welt zu zerstören trachte. Wieder andere nannten Saddam einen Stalin des Orients oder wiesen auf seine Parteikarriere hin und bescheinigten ihm eine »nackte Gangstermentalität«.

Die große Zahl der unterschiedlichen Charakterisierungen Saddam Husseins belegt zuallererst die Hilflosigkeit der Kommentatoren. Keinem von ihnen gelang es, die Persönlichkeit dieses Menschen auf eine plausible und überzeugende Formel zu bringen – denn diese hätte dann alle anderen schnell aus der

Diskussion verdrängt. Doch den Beobachtern weltweit fehlte das treffende Etikett, und so griffen sie zu gewagten oder einfach nur abgeschmackten historischen Vergleichen, die in der erregten politischen Atmosphäre der Monate vor und während des zweiten Golfkrieges zwar rasch Karriere machten, aber deshalb den Tatsachen nicht näher kamen. Diese Ratlosigkeit dokumentiert sich auch in der Legendenbildung um Saddam: Wie kein zweiter Politiker der jüngsten Vergangenheit wurde er zum Helden von Anekdoten, Histörchen oder Schauermärchen mit oder ohne Wahrheitsgehalt gemacht. Ihr Inhalt war selten schmeichelhaft; aber sie vermittelten kaum mehr als die Einsicht, daß Saddam einer der brutalsten Machtpolitiker seit Ende des Zweiten Weltkrieges ist: Er erregt Grauen und wird deshalb zum Gegenstand grauenerregender Geschichten gemacht. Die Menschen versuchten auf vielfältige, mitunter irrationale Weise der Angst Herr zu werden, die diese Gestalt in ihnen auslöste: So wurden in den Kriegswochen in den Vereinigten Staaten Zielscheiben mit Fotos von Saddam angeboten, auf die man mit kleinen Pfeilen werfen oder mit Feuerwaffen schießen konnte.

Saddam Hussein gehört nicht dem westlichen Kulturkreis an. Allein deshalb schon sind Vergleiche mit Diktatoren wie Hitler und Stalin fragwürdig. Wer Saddam jedoch nur nach seinem konkreten politischen Handeln beurteilt, kann mit einigem Recht behaupten, er sei »nach innen ein Stalin, nach außen ein Hitler«. Die innenpolitischen Terror-Aktionen Saddams hatten Ähnlichkeit mit den großen Säuberungen, die unter Stalin stattfanden – ihnen fielen zumeist, wie in der Sowjetunion der dreißiger und vierziger Jahre, gerade die ältesten und besten Freunde des Diktators zum Opfer. In der Außenpolitik verfolgte Saddam – zumindest seit 1980 – konsequent expansionistische, panarabische Vorstellungen, die tatsächlich in manchen Punkten mit Hitlers expansionistischen Zielen vergleichbar sind. Es waren Annexions-Absichten, die ihn zum Überfall auf Kuweit bewegten, ebenso wie zuvor zu dem Angriff auf die iranische Erdölprovinz Chuzestan. Seine Rechtfertigungen für diese militärischen Abenteuer leitete er zudem aus der nationalistischen Ideologie der Baath-Partei her, die in den ursprünglichen Schriften des arabischen Nationalisten Aflaq auch Anleihen beim deutschen Nationalsozialismus gemacht hatte.

Biographie eines Diktators

Saddam Hussein wurde am 18. April 1937 in dem Ort al Ouja bei Takrit am Tigris geboren. Takrit liegt etwa 150 Kilometer nördlich von Bagdad und hat in der arabischen Welt einen guten Ruf – es ist die Heimatstadt Saladins, des berühmten Sultans aus dem arabischen Mittelalter. Die Familie Saddams gehörte dem Milieu der Kleinbauern an. Der Diktator wuchs also in bescheidenen Verhältnissen heran. Was es in der arabischen Welt bedeutet, sich von einer solchen materiell bedrängten Herkunft zu befreien und sich in der sozialen Hierarchie hinaufzuarbeiten, läßt sich im Westen kaum ahnen. Saddams Weg nach oben ist ein mustergültiges Beispiel für die Karriere eines berufsmäßigen Verschwörers und Heckenschützen. Sie begann auf der Straße, unter anderem mit dem Mordanschlag auf einen Feind der Baath-Partei, auf den irakischen Diktator Kassem im Jahr 1958; und sie erreichte ihren Höhepunkt 1990, als sich Saddam öffentlich zu einem »Scherifen« befördern ließ, das heißt zu einem edlen Abkömmling aus der Familie des Propheten Mohammed aus dem Stamme der Quraisch.

Saddams Vater soll vor der Geburt des Kindes gestorben sein. Gerüchte, daß er ein uneheliches Kind sei, wollten allerdings nie verstummen. In der arabischen Welt ist die uneheliche Herkunft immer noch eine größere Schande, als sie es im christlichen Europa jemals war. Seine Mutter Subha Tulfah heiratete ein zweites Mal; der Stiefvater Ibrahim al Hassan, so heißt es, habe Saddam schlecht behandelt und gequält. Als der Junge zehn Jahre alt wurde, nahm sich Chairallah Tulfah, der Vater seines Vetters Adnan Chairallah, seiner an: Er bemühte sich um seine Erziehung und Ausbildung und schenkte ihm eine Pistole. Saddam hat ihm das nie vergessen: Als er 1979 in Bagdad an die

Macht gelangte, machte er den Onkel zum Gouverneur, seinen Vetter Adnan später zum Verteidigungsminister. Offenbar wurde auch das politische Interesse Saddams von seinem Onkel geweckt: Chairallah Tulfah gehörte zu denen, die 1941 in den antibritischen Putsch Raschid Ali al Gailanis verwickelt waren, er war mithin ein politisch denkender, anti-kolonialistischer Iraker. Wie eng die persönlichen Verbindungen Saddams zu Chairallah Tulfah und dessen Familie waren, belegt die Tatsache, daß Saddam dessen Tochter Sajjida heiratete.

Schon als Jugendlicher interessierte sich Saddam für die Ziele der Baath-Partei. Mit welchem Eifer er sich für sie einsetzte, wird aus seiner Beteiligung am Anschlag auf Kassem deutlich. Nachdem das Attentat gescheitert war, mußte er, am Bein schwer verletzt, fliehen. Die offiziellen Biographien – etwa die von Amir Iskander – machen daraus eine wahre Heldengeschichte, ein Epos im Stile der altarabischen Ritterromane. In Wirklichkeit war Saddam allerdings nicht schwer verwundet. Er schlug sich nach Damaskus durch und reiste von dort nach Kairo weiter. Syrien und Ägypten hatten sich zu dieser Zeit zur kurzlebigen »Vereinigten Arabischen Republik« (VAR) zusammengeschlossen – ein Ereignis, das alle Nationalisten im arabischen Raum begeisterte und das Ansehen Nassers in ungeahnte Höhen wachsen ließ. Von diesem panarabischen Rausch ließ sich auch Saddam beeindrucken, der in Kairo offiziell Jura studierte, in Wirklichkeit jedoch Parteiarbeit leistete. Er beteiligte sich am Auf- und Ausbau von Zellen der Baath-Partei in Ägypten und an der Organisation eines irakischen Exil-Baath. Während dieser Zeit beobachtete er genau die Ereignisse und Machtverhältnisse in seinem Land und hoffte auf eine baldige Heimkehr.

Nach Kassems Sturz erfüllte sich sein Wunsch. Saddam kehrte an den Tigris zurück und wurde in den folgenden fünf Jahren bis zur endgültigen Machtergreifung des Baath in die Ränke und Intrigen der Partei verstrickt. Es tobte damals ein Machtkampf zwischen dem rechten und linken Flügel der Partei. Mit seinem fast untrüglichen Machtinstinkt schlug Saddam sich auf die Seite des rechten Flügels, der dann siegreich aus dem Streit hervorging. Bald wurde Saddam der Leibwächter des Generals al Bakr, der seit 1968 als Präsident amtierte und schließlich zum führenden Mann innerhalb der Parteiorganisation aufstieg. Saddam avancierte zu al Bakrs rechter Hand; neben seinen vielen Aufgaben war er für innerparteiliche Säuberungen zuständig – ein Amt, das er offensichtlich mit Lust und Begeisterung ausübte, wenn man den Schilderungen seiner Gegner Glauben schenken darf: Es ist unmöglich, hier die Namen all derer aufzuzählen, die in den letzten zwanzig Jahren auf Anordnung Saddams im Lande selbst oder im Exil verfolgt und umgebracht wurden.

Republik der Angst

Die Furcht vor dem allmächtigen Unterdrückungsapparat Saddams trug wesentlich dazu bei, daß das Desinteresse der irakischen Bevölkerung an der Politik des Landes rapide zunahm. Die Menschen begnügten sich in der »Republik der Angst« damit, an den Feiertagen die offiziellen Fotos von Saddam in die Fenster zu hängen und sich an den obligaten Aufmärschen zu beteiligen; ansonsten schwiegen sie. Das Klima der Einschüchterung übertrug sich sogar auf die Ausländer, die als Fachleute und technische Berater in wachsender Zahl in das Land an Euphrat und Tigris kamen. Da man niemals wissen konnte, welcher Geschäftspartner als Spitzel für die Geheimdienste (mukhabarat) arbeitete, entwickelte man so etwas wie eine Geheimsprache, in der das Wort »Saddam« nicht fiel. Man verwendete europäische Namen, wenn man den Diktator meinte.

Saddam betrieb einen Personenkult, der selbst für arabische Verhältnisse unvergleichlich war; lediglich in Syrien erreicht er ein ähnliches Ausmaß. »Immer mit Dir auf dem Wege zur Befreiung Palästinas, o Saddam!« – »Ja zu Saddam, dem Führer!« Solche und ähnliche Parolen zierten die ungezählten Transparente und Tafeln, die auf den Plätzen und an den Straßen der Städte standen. Sie zeigten Saddam stets in Siegerpose: in kurdischer Tracht, im Fliegerdreß, im modernen Straßenanzug oder auch als Sportler. Die staatlich gelenkten Zeitungen erschienen fast niemals ohne ein Bild des »Qaid« auf der ersten Seite; wenn es trotzdem einmal geschah, war das sofort Anlaß für Spekulationen über einen Umsturz. Im Fernsehen wurden dem Führer Huldigungen dargebracht, die von Ausländern wegen ihrer geradezu kindlichen Verherrlichung des Diktators nur noch kopfschüttelnd als »Saddam-Festspiele« zur Kenntnis genommen werden konnten. Vor allem während des ersten Golfkrieges nahm der Personenkult geradezu aberwitzige Formen an.

In seinen Reden spielte Saddam Hussein immer wieder auf frühere arabische Helden an. Bis heute liest jedes Schulkind in Arabien Texte und Gedichte, die sich mit »futuwwa« und »muruwwa« beschäftigen, den Tugenden der Beduinen, die man als Mischung aus Generosität und Tapferkeit im Kampf bezeichnen könnte. Saddam machte niemals ein Hehl daraus, daß er sich für einen Helden hält, der in dieser altarabischen Tradition steht. Die Geschichte des alten Mesopotamien spielt zudem für den Irak, dessen Grenzen von den Kolonialmächten künstlich gezogen wurden, eine besonders wichtige Rolle. Die Archäologie hat im Land einen ähnlich hohen Rang wie in Israel, wo sie gern zur Untermauerung und Illustration politischer Thesen und Rechtfertigungen herangezogen wird. Die offizielle Historiographie Saddams bezeichnet die Iraker als direkte Nachkommen der alten semitischen Völker des Zweistromlandes und ihren glorreichen Führer als Erben der legendären Fürsten Hammurabi, Nebukadnezar oder Saladin.

Vor allem die vermessene Gleichsetzung zwischen Saddam und Saladin bot sich an. Saddam stammt aus dem Geburtsort dieses großen mittelalterlichen Herrschers des Islam, aus Takrit. Im Westen wurde Saladin gern für seine Toleranz und Großmut gepriesen – ein Lob, das sich eher aus der Welt der Sagen herleitet als von den historischen Tatsachen. Saladin, der eigentlich Salah al Din al Ajjubi hieß, war der bedeutendste Herrscher der Ajjubiden-Dynastie. Von Geburt war er, zum Leidwesen der arabischen Nationalisten, Kurde. Er lebte von 1138 bis 1193. Im Dienste der Zangiden-Dynastie in Syrien unterwarf er die Fatimiden Ägyptens, schwang sich zum Herrscher auf und erreichte, daß die ägyptischen Muslime wieder sunnitisch wurden; die Fatimiden, unter denen Kairo eine kulturelle Blüte von großem Glanz erlebte, waren strenggläubige Schiiten gewesen. Nach dem Sieg über diese »Häretiker« wandte sich Saladin dem Kampf gegen die Kreuzfahrer zu. Er wurde auf muslimischer Seite zu der beherrschenden Figur des dritten Kreuzzuges, der mit der Rückeroberung Jerusalems durch die Muslime endete. Entscheidend war dabei die Niederlage der christlichen Ritter im Jahre 1187 bei Hattin am See Tiberias; sie war so schwer und wirkte auch psychologisch so stark, daß die christliche Kreuzzugsbewegung nie mehr zur früheren Stärke zurückfand. Saladin jedoch wurde im Orient zu einer mythischen Figur, auch wenn er stets im Schatten des Kalifen Harun stand.

Nicht den Legenden, wohl aber den historischen Tatsachen zufolge war Saladin ein äußerst grausamer Herrscher. Da er jedoch gegen christliche Gefangene mehrfach eine ungewöhnliche Milde walten ließ, entstand die Mär von seiner bewunderungswürdigen Toleranz. Gegenüber seinen muslimischen Glaubensgenossen fand seine Großmut rasch ein Ende. Er war ein fanatischer Sunnit, der jede Ketzerei und Neuerung mit der Wurzel ausrotten wollte. Durch eine konsequente Heiratspolitik, die an die der Habsburger erinnert, konnte er seine Macht auf ganz Arabien ausdehnen. Sein Charakter wird heute von der Forschung als zwiespältig beschrieben, als eine Mischung aus edlem Rittertum und despotischer Gesinnung. Möglicherweise hat Saladins Gestalt auf die christliche Welt tiefer gewirkt als auf die muslimische: In der romanischen und deutschen Literatur, bei Dante, Boccaccio und in Lessings »Nathan«, erscheint er als liberaler Machthaber mit großem Verständnis für Andersdenkende, während die englische Literatur ihn nüchterner sieht und als kühlen Machtpolitiker beschreibt.

Am liebsten sah sich Saddam in der Rolle eines zweiten Saladin, der auf dem Felde der Politik wie des Krieges ähnlich große Erfolge erzielt. Dieser Wunschtraum ist nun endgültig zerstoben. Falsch und naiv hingegen waren westliche Berichte, die Saddam als den »Irren von Bagdad« schilderten und damit suggerierten, der Präsident des Irak wisse nicht, was er tue. In Wirklichkeit taktierte er stets intelligent, aber völlig skrupellos, so daß es eher angebracht wäre, ihn als einen enthemmten Psychopathen der Macht zu bezeichnen. Saddam ist ein berechnender Hasardeur, der bereit ist, für die Ausweitung seiner Herrschaft alles zu riskieren, er ist ein Politiker, der viel Ähnlichkeit mit jenen Renaissance-Fürsten hat, deren politisches und militärisches Verhalten Machiavelli in seinem brillanten Werk »Der Fürst« analysiert. Er hat sich darüber hinaus mit Männern umgeben, die bis zur Selbstaufgabe auf ihn eingeschworen sind, ständig in der Furcht vor Säuberungen oder Racheakten ihres Herrn leben oder durch familiäre Bande an ihn gekettet sind.

Die modernen Barmakiden

Der innere Kreis der Macht

Viele Geschichten in der genialen Märchensammlung »Tausendundeine Nacht«, die der Araber »Alf laila wa laila« nennt, handeln vom gerechten Kalifen Harun, dem »Rechtgeleiteten«, und seinem klugen Wesir Dschaafar. Mit Dschaafar durchstreift der Herrscher in den Nächten die entlegensten Winkel der Hauptstadt, sieht in den Basaren nach dem Rechten und erlebt allerhand fesselnde und mitreißende Abenteuer. Überdies schaut der Kalif und Beherrscher der Gläubigen dabei »dem Volk aufs Maul«. Dschaafar, sein treuer Wesir, ist ihm ein ergebener Helfer, der für seinen Beistand reich belohnt wird. Dschaafar trägt den Beinamen »al Barmaki«, das heißt: der Barmakide.

Die Barmakiden waren eine Familie aus dem östlichen Persien, die gegen Ende des 8. Jahrhunderts in den Dienst der Abbasiden trat. Unter Harun al Raschid erlebte sie ihren Aufstieg in die höchsten Ämter des Staates, aber auch ihren jähen Fall. Nicht nur als Ratgeber, sondern auch als Freunde schätzte der Kalif Harun den Wesir Dschaafar, dessen schon älteren Onkel Fadl al Barmaki und Yahya al Barmaki. Die Barmakiden hatten jahrelang die eigentliche Macht im Reiche inne, durchaus zu Nutz und Frommen des Kalifats. Bis heute ist nicht völlig geklärt, warum Harun im Jahre 802 begann, diese Familie, die ihm treu ergeben war, zu vernichten. Waren ihm die Barmakiden zu einflußreich geworden? Oder waren sie zu reich, so daß er nach ihrem Vermögen trachtete? Am schlimmsten erging es Dschaafar, der von einem Tag auf den anderen in Ungnade fiel und zum Tode verurteilt wurde. Harun beauftragte den Sklaven Masrur – auch ihn kennen wir aus den Märchen –, Dschaafar zu enthaupten und ihm den abgeschlagenen Kopf zu bringen. Masrur gehorchte erst nach einigem Zögern. Fadl al Barmaki und

Yahya al Barmaki wurden hingegen gefoltert und in den Kerker geworfen, wo sie bald darauf starben. Haruns Verbrechen aber, so berichtet der Geschichtsschreiber Tabari, sei vom Volk mit Empörung vernommen worden, denn die Barmakiden waren zu ihrer Zeit durchaus populär. Später galt die Familie der verklärenden Legende lange als Beispiel für das wetterwendische Geschick, das den Menschen zuerst erhebt, um ihn dann um so sicherer zu vernichten.

Unter Saddam Hussein hat der Irak seine modernen, freilich ungleichen Barmakiden. Es sind die engen Vertrauten des Führers, von denen viele aus seinem am Rande Kurdistans gelegenen Geburtsort Takrit stammen. Der innere Kreis der Macht besteht aus dem Revolutionären Kommandorat und aus dem »Spezialbüro« (maktab al khas), in dem zahlreiche enge Verwandte des Präsidenten sitzen. Es lohnt sich, diese zumeist skrupellosen Glücksritter zu betrachten, die in den vergangenen Jahren dem Diktator assistierten; nicht wenige von ihnen leben in der Furcht, es könne ihnen von einem Tag auf den anderen so ergehen wie einst dem Wesir Dschaafar. So geschah es zum Beispiel 1979, als sieben prominente Mitglieder des Kommandorates hingerichtet wurden, da sie an einer Verschwörung gegen Saddam Hussein beteiligt waren. Diese sieben sind tatsächlich auf einen Umsturz aus gewesen – doch oft genug trafen die Säuberungen auch Unschuldige.

Als rechte Hand Saddam Husseins galt lange Zeit Taha Yassin Ramadan, ein quirliger, mittelgroßer Mann aus Takrit. Ramadan war Taxifahrer, bevor er in der Baath-Partei Karriere machte. Er ist der Gründer des »dschaisch al schaab«, des irakischen Volksheeres – einer Miliz, die neben der Armee eine wichtige Rolle als Machtfaktor im Irak gespielt hat. Das Volksheer des Landes ist die Hausmacht dieses Mannes, der zu einem etwas forschen Auftreten neigt und Saddam Husseins Worte – etwa bei öffentlichen Auftritten – schon einmal ergänzen oder den Führer sogar unterbrechen darf. Einige Zeit wurde Ramadan als Saddams »Kronprinz« gehandelt. Kurz nach Beginn der Kuweit-Invasion sorgte er für einen diplomatischen Eklat, als er in Uniform und mit Pistole am Gürtel zu einem offiziellen Besuch in die türkische Hauptstadt Ankara reiste. Die Türken, die auf zivile Attitüde großen Wert legen, waren entsetzt, als ein aufgeputzter »Heerführer« auf dem Flughafen Esenboga einer irakischen Maschine entstieg. Ramadans Auftreten machte wieder einmal deutlich, daß die engere Führung der Baath-Partei, von wenigen Ausnahmen abgesehen, kaum Erfahrung auf der weltpolitischen Bühne hat und mit den allgemein geltenden Sitten und Regeln im diplomatischen Umgang nicht vertraut ist. Nach dem Ende der Schlacht um Kuweit machte Saddam Taha Yassin Ramadan zum stellvertretenden Staatspräsidenten.

Ein Mann, der Saddam Hussein in der Vergangenheit viele repräsentative Aufgaben abgenommen hat, ist Izzet Ibrahim. Er galt im Revolutionären Kommandorat offiziell als Saddams Stellvertreter. Izzet Ibrahim ist ein schlanker, recht asketisch wirkender Mann mit rötlichen Haaren, wie man sie sowohl in Syrien als auch im Irak öfter sieht. Saddam Hussein hat ihn oft auf Reisen ins Ausland geschickt, während er selbst das Land in seiner Eigenschaft als Staatsoberhaupt nur selten verlassen hat. So besuchte Izzet Ibrahim auch im Januar 1987 Kuweit, als dort im Schatten des ersten Golfkrieges das Gipfeltreffen der 46 Staaten der Islamischen Konferenz-Organisation (ICO) stattfand. Damals nahm Iran als einziges Mitgliedsland nicht teil. Nach dem Überfall auf Kuweit hieß es dann, Saddam Hussein sei seinerzeit im Irak geblieben, um das kuweitische Herrscherhaus der Al Sabah nicht indirekt anzuerkennen.

Zum engen Kreis der Macht im Irak gehört auch Saadun Hammadi, der lange Jahre Außenminister gewesen ist. Hammadi hatte einen höheren Rang als der Außenminister Tariq Aziz. Er ist der eigentliche Chefideologe der Baath-Partei und entspricht auch äußerlich am ehesten den landläufigen Vorstellungen von einem Intellektuellen. Er begann seine Karriere Ende der fünfziger Jahre als Wirtschaftsprofessor in Bagdad. Hammadi, der im Verlauf der Kuweit-Krise viel auf Reisen war, manchmal zusammen mit dem Außenminister Aziz, kennt im Unterschied zu seinem Führer die westliche Welt. Er lebte unter anderem einige Zeit in den Vereinigten Staaten, wo er an der Universität von Wisconsin Nationalökonomie studierte, und hielt sich länger in Frankreich und Deutschland auf. So war es keine Überraschung, als Saddam Hussein drei Wochen nach seiner Niederlage gegen die alliierten Truppen – als Kurden und Schiiten seine Herrschaft bedrängten – Saadun Hammadi zum Ministerpräsidenten machte und damit dieses Amt offiziell aus der Hand gab. Hammadi gehört der schiitischen Glaubensgemeinschaft an und stammt aus der heiligen Stadt Kerbela, so daß seine Ernennung als ein Zugeständnis an die Interessen der Schiiten gewertet werden konnte. Hammadi hatte sich schon während des ersten Golfkrieges für einen Ausgleich mit Iran ausgesprochen und verhandelte auch während der Kuweit-Krise oft mit der Teheraner Führung. Die Schiiten beanspruchen im innenpolitischen Machtgefüge des Irak allerdings viel mehr als nur einen der Posten, die Saddam bisher innegehabt hat.

Die interessanteste Figur im Revolutionsrat ist beim Ausbruch der Krise der Außenminister des Irak gewesen. Tariq Aziz war der einzige Christ in dem Gremium und verstand es schon im ersten Golfkrieg, die Ziele und Vorstellungen des Irak gegenüber dem Westen effektvoll zur Geltung zu bringen. Sein christlicher Name lautet »Mikhail«, also: Michael. In keinem anderen muslimischen Land könnte ein Christ jemals Außenminister werden – doch Saddam machte es möglich. Freilich schwächte er die Stellung dieses Politikers sofort, als ihn der Bürgerkrieg nach dem Sieg der Alliierten dazu zwang. Aziz verlor sein Ressort, blieb aber als stellvertretender Ministerpräsident im inneren Kreis der Führung.

Tariq Aziz galt immer als ergebene Stimme seines Herrn. Diese Beflissenheit wird von manchen als Ergebnis der sogenannten Dhimmi-Mentalität gedeutet. Unter »dhimmi« oder »ahl al dhimma« versteht der Islam die »Schutzbefohlenen«, genauer: die anerkannten Minderheiten der Buchreligionen, vor allem der Juden und Christen. Der Islam gewährte ihnen gegen Zahlung der »Kopfsteuer« (dschizja) Selbstverwaltung und schützte sie vor Feinden. Die dhimmi mußten keinen Kriegsdienst leisten, dafür jedoch erwartete der muslimische Souverän absolute Unterordnung. Der islamische Staat erließ außerdem eine Reihe von äußeren Einschränkungen für die Minderheiten, die bei ihnen das Gefühl verstärkte, Untertanen zweiter Klasse zu sein. So durften die Kirchen nicht höher sein als die Moscheen, auch war es Christen nicht erlaubt, auf Pferden zu reiten oder Waffen zu tragen. Diese Mentalität des vom Muslim abhängigen Schutzbefohlenen haben vor allem die Christen im Orient stark verinnerlicht, eine gewisse unterwürfige Beflissenheit ist ihnen zur zweiten Natur geworden. Bei muslimischen Minderheiten wie den Kurden dagegen ist sie nicht zu spüren. Die Kurden gelten nicht nur als stolz, sie sind es auch. Deren Vertreter im Kommandorat ist Taha Muhiaddin Maaruf.

Der Revolutionsrat war immer ein Instrument Saddam Husseins. Nicht anders verhielt es sich mit dem »Spezialbüro«, dessen Aufgabe hauptsächlich die Kontrolle der verschiedenen Geheimdienste des Irak ist. In dieser wichtigen Institution waren Versippung und Patronatswirtschaft allezeit konstitutiv – Cousins, Halbbrüder und auch der Schwiegersohn Saddam Husseins zählten zu den Mitgliedern. Die Zahl der Geheimdienste, die unter dem Kommando dieser modernen Barmakiden tätig wurden, wird zwischen fünf und sieben angegeben.

Der Preis für die Machtfülle der Gefährten Saddams war und ist die dauernde Furcht, eines Tages zu stürzen. So erging es 1989 Adnan Chairallah, dem Verteidigungsminister des Irak, der bei einem mysteriösen Hubschrauberunfall getötet wurde.

Die potentielle Großmacht Irak

Diese verschworene, durch Angst vor dem Führer zusammengehaltene Gemeinschaft wurde von dem Willen beflügelt, den Irak zur neuen Führungsmacht der arabischen Welt zu machen. Hier liegt, neben den Gründen, die schon angesprochen wurden, eine weitere Ursache für die irakische Invasion in Kuweit. Der Irak ist das einzige Land des arabischen Ostens, das der Erdölgroßmacht

Saudi-Arabien gleichwertig werden, oder sie als großer Flächenstaat mit nicht geringer Bevölkerung (zeitweise lag sie bei 20 Millionen) und beträchtlichen Vorräten an Öl sogar überflügeln könnte. Man darf den Irak als eine potentiell reiche Nation bezeichnen, dessen Zukunftsaussichten heute viel günstiger wären als etwa die Syriens, wenn Saddam in den beiden Kriegen nicht alles verspielt hätte.

Bagdad wollte zudem das dem Präsidenten Saddam so verhaßte Saudi-Arabien in der Organisation erdölexportierender Länder (OPEC) niederzwingen. Saudi-Arabien gab in dieser Institution seit Jahrzehnten den Ton an, zuerst unter Scheich Ahmad Zaki Yamani, dann unter Ölminister Naser. Dieses Vorhaben hätte Saddam Hussein auch in die Tat umsetzen können, hätte man ihm die Erdölvorräte und auch die technischen Anlagen Kuweits nach dem Überfall auf das Nachbarland als Beute gelassen. Der Feldzug gegen Kuweit war ein Raubzug in Sachen Öl. Bagdad wollte seine Vorräte mit einem Schlag verdoppeln. Diesem Plan hätte nichts mehr im Wege gestanden, wäre die Völkergemeinschaft nicht so entschieden zugunsten Kuweits eingeschritten.

Die potentielle Großmacht Irak hat jedoch ein besonderes geopolitisches Handicap, das durch den »ghazzu«, den Raubüberfall auf das Emirat, ebenfalls mit einem Schlage beseitigt werden sollte. Der Irak wird von Geographen und Geostrategen oft als »gefesselte Macht« und als »Quasi-Binnenstaat« bezeichnet. Unter allen Ländern der Region hat er den kleinsten Zugang zum Persischen Golf und damit zu den Gewässern des offenen Weltmeeres. Schon immer hat Bagdad darunter gelitten, daß der Schatt al Arab nicht mehr ist als ein Nadelöhr zur Außenwelt, das zudem immer für Konflikte mit Iran sorgte. Nur die westlich der Mündung des Flusses gelegene Halbinsel al Fau gehört zum Irak. Ein großer Hafen kann dort nicht angelegt werden, weil das aus Schwemmland bestehende Gelände dafür ungeeignet und der Golf zu flach ist. Nach der Annexion Kuweits hatte der Irak über Nacht zweihundert Kilometer Küstenlinie hinzugewonnen, dazu die gesamte weiträumige Bucht von Kuweit-City und die kuweitischen Häfen und Ölterminals im Süden des kleinen Landes. »Der Irak reicht jetzt von Zacho im Norden bis nach al Ahmadi«, sagte Saddam Hussein unmittelbar nach der Annexion. Den Worten war anzumerken, daß Saddam und seine modernen Barmakiden fürs erste zufrieden waren mit dem Ablauf einer Aktion, die auch das rivalisierende Iran als Führungsmacht am Golf ablösen sollte. Doch sie hatten die Rechnung ohne den amerikanischen Präsidenten George Bush gemacht, in dem sie sich ebenso täuschten wie die meisten Europäer.

Einmarsch im Morgengrauen

Der Irak annektiert Kuweit

2. August 1990: Gegen 5 Uhr morgens mitteleuropäischer Zeit meldeten die internationalen Nachrichtenagenturen Kämpfe an der Grenze zwischen dem Irak und Kuweit. Saddam Hussein, der Präsident des Irak seit mehr als einem Jahrzehnt, hatte den Einmarsch seiner Truppen in das südliche Nachbarland befohlen, obwohl er noch am 28. Juli dem ägyptischen Präsidenten Husni Mubarak versprochen hatte, daß er nicht angreifen werde; er wolle, versicherte er Mubarak, nur Druck auf die Kuweiter und die Emirate ausüben. Der ägyptische Präsident, bis zu diesem Zeitpunkt ein enger Verbündeter des Irak, versuchte in letzter Minute eine Katastrophe zu verhindern. Er wußte, daß sie die arabischen Staaten für lange Zeit spalten und schwächen werde.

Angeführt von der »Hurras al Dschumhuri«, der Republikanischen Garde und Elitetruppe Saddam Husseins, die einst aus der Miliz der Baath-Partei entstanden ist, drangen die irakischen Soldaten mit ihren Panzern und gepanzerten Fahrzeugen rasch vor. Die nur etwa 20 000 Mann starke Armee des Kleinstaates am Nordende des Persischen Golfes war der viertgrößten Militärmacht der Welt (etwa eine Million Mann unter Waffen) nicht gewachsen. Noch am selben Tag, gegen Mittag, erreichten die irakischen Truppen Kuweit-City, die Hauptstadt, und nahmen die wichtigsten Schaltstellen ein: Informationsministerium, Rundfunk- und Fernsehsender, Innenministerium, Verwaltungsgebäude. Das Militärkommando quartierte sich in der Nähe des Dschahra-Tores ein, im Sheraton-Hotel, das jeder Besucher Kuweits als eine der Drehscheiben des gesellschaftlichen Lebens des Landes kennt.

Der Widerstand der Kuweiter war kurz, aber heftig. Nach zehn Stunden feierten die irakischen Truppen ihren Sieg. Etwa zweihundert Menschen sollen in den ersten Stunden des Einmarsches getötet worden sein – unter ihnen der 48 Jahre alte Bruder des Emirs von Kuweit, Fahd al Ahmad Al Sabah. Er war ein bekannter Mann in dem kleinen Staat, nicht zuletzt weil er das Amt des Vorsitzenden des kuweitischen Fußballverbandes bekleidete. Fahd fiel bei der Verteidigung des am Ufer zum Persischen Golf gelegenen Palastes. Den übrigen Mitgliedern der Herrscherfamilie gelang die Flucht in mehreren Hubschraubern. Sie flogen zuerst in die saudiarabische Hauptstadt Riad, und schließlich, nach einigen Tagen des Abwartens, nach Taif, wo ihnen die saudische Herrscherfamilie Exil gewährte.

Taif, hoch in den Bergen der Landschaft Hedschas im westlichen Saudi-Arabien gelegen, ist die Sommerresidenz der saudischen Prinzen. Hier scharten sich nun die führenden Familien des Landes Kuweit um den Emir, Scheich Dschabir al Ahmad Al Sabah, und um den Kronprinzen, Saad al Abdallah Al Sabah, der als Ministerpräsident amtiert und als der starke Mann Kuweits gilt. Von Taif aus riefen der Emir und der Kronprinz die kuweitische Bevölkerung, so weit sie noch im Lande war, zum Widerstand gegen die Invasoren auf. Zahlreiche Kuweiter hatten zu diesem Zeitpunkt ihre Sommerferien begonnen und befanden sich während des Angriffs der Iraker außerhalb der Grenzen ihres Landes: in den Vereinigten Arabischen Emiraten, in Kairo, Zypern, Paris oder London.

Kuweit-City verwandelte sich schon am zweiten Tag des Überfalls in eine Geisterstadt. Straßen und Plätze lagen wie ausgestorben. Dennoch war es für die irakischen Soldaten nicht ungefährlich, sich in der Stadt zu bewegen. Der Widerstand blieb aktiv. Heckenschützen griffen die Iraker vor allem an der Küstenstraße an und konnten einige sporadische Anschläge gegen die Eindringlinge organisieren. Sie lieferten den Besatzern den Anlaß zu terroristischen Gegenschlägen, deren Brutalität erst nach dem Ende des Krieges an das Tageslicht kommen sollte. Besonders in der Nähe des Dasman-Palastes, dem Palast, in dem der Emir residiert, bei den drei modernen Wassertürmen (sie sind seit Jahren das internationale Wahrzeichen Kuweits) und in der

Umgebung verschiedener Kasernen im Süden der Stadt kam es am zweiten und dritten Tag nach dem Überfall noch zu Schießereien zwischen kuweitischen Truppen und Irakern. Südlich von Kuweit drangen die Iraker in die Neutrale Zone ein, die Kuweit und Saudi-Arabien 1966 unter sich aufgeteilt haben. Saudi-Arabien war daraufhin auf das höchste alarmiert. Hatte Saddam Hussein nicht schon in den siebziger Jahren prophezeit: »Wir werden den Krieg in die Schlafzimmer der Prinzen tragen.«

Als erste Reaktion auf die internationale Ablehnung, ja Empörung wurde von irakischer Seite verbreitet, der Revolutionäre Kommandorat in Bagdad habe mit dem Angriff einer Aufforderung der »neuen und freien Revolutionsregierung« Kuweits Folge geleistet. Mit seinem Eingreifen wolle der Irak das Volk von Kuweit schützen. Der Irak werde jeden bekämpfen, der versuchen sollte, dieses Ziel zu vereiteln. Diese allzu durchsichtige, von Invasoren immer wieder vergeblich bemühte »Rechtfertigung«, die Aggression als Hilfeleistung auszugeben versucht, war schon deshalb unglaubwürdig, weil die rasch gebildete und der Weltöffentlichkeit präsentierte Quisling-Regierung im besetzten Kuweit aus lauter Irakern bestand. Geführt wurde sie, wie sich am 4. August erwies, von Oberst Alah Hussein Ali, der auch das Amt des Innenministers und Verteidigungsministers übernahm. Er ist mit einer Tochter Saddam Husseins verheiratet und unterhält enge freundschaftliche Beziehungen zum Präsidialamt in der irakischen Hauptstadt. Die übrigen Minister waren ausnahmslos Offiziere mittlerer Ränge aus dem Irak: Walid Saud Mohammed Abdullah wurde zum Außenminister bestellt, Fuad Hussein Ahmad zum Erdöl- und Finanzminister, Fadel Haidar al Wafifi zum Informations- und Verkehrsminister, Issam Abdal Madschid Hussein zum Justizminister und Minister für religiöse Angelegenheiten und Major Mischal Saad al Hadib zum Gesundheitsminister. Die neue kuweitische Regierung erklärte sich sofort bereit, mit dem Irak über die seit Jahrzehnten strittigen Grenzfragen zu verhandeln. Als sich der Konflikt in den folgenden Monaten zuspitzte und auch Saddam Hussein einsehen mußte, daß niemand das von ihm zusammengestellte Kabinett ernst nahm, ließ er die Marionetten-Regierung sang- und klanglos in der politischen Versenkung verschwinden – man hörte nie wieder von ihr.

Am 5. August 1990, einem Sonntag, erneuerte der Emir Kuweits aus dem Exil seinen Aufruf an die im Lande verbliebene Bevölkerung, ihren Widerstand gegen die Besatzer aufrechtzuerhalten und zu verschärfen. Der kuweitische Botschafter in den Vereinigten Staaten richtete einen Hilferuf an Amerika: Scheich Nasir Al Sabah forderte die Vereinigten Staaten auf, militärisch zugunsten Kuweits zu intervenieren. Der irakische Diktator wolle, so hieß es in seinem Appell, den Ölmarkt kontrollieren und Kuweit endgültig annektieren. Der kuweitische Botschafter war der erste Politiker, der von einer gewaltsamen Abwehr des Angriffs Saddam Husseins sprach, da der irakische Präsident eine andere Sprache als die der Gewalt nicht verstehe. Am selben Tag, also nur drei Tage nach dem Überfall auf Kuweit, begann Saudi-Arabien, seine 65000 Mann starke Armee zu mobilisieren. Da der Irak keinerlei Anstalten machte, die bis dahin schon verabschiedeten Resolutionen der Vereinten Nationen zugunsten der Unabhängigkeit Kuweits zu erfüllen, befürchtete man in Riad das Schlimmste: Die Iraker wollten vielleicht noch weiter nach Süden vorrücken.

Bis zu diesem Zeitpunkt hatten die Mitglieder des UN-Sicherheitsrates fast pausenlos konferiert. Schon zehn Stunden nach Beginn der irakischen Aggression waren sie in New York zu Beratungen zusammengetreten. Am Tag des Einmarsches verurteilte der Sicherheitsrat den irakischen Angriff einstimmig (der Jemen hat an der Abstimmung nicht teilgenommen) und verlangte in seiner Resolution 660 den »sofortigen und bedingungslosen Abzug« aus dem besetzten Kuweit. Einige westliche Länder verhängten Wirtschaftssanktionen gegen den Irak. Die Flucht der zahllosen arabischen und asiatischen Gastarbeiter aus dem Krisengebiet nach Jordanien begann.

Die entscheidenden Passagen der UN-Resolution, der bis zur militärischen Gegen-Aktion der Alliierten am 17. Januar 1991 noch elf andere folgen sollten, lauten in der offiziellen Fassung der Weltorganisation: Der Sicherheitsrat »*1. verurteilt die irakische Invasion Kuweits; 2. verlangt, daß der Irak alle seine Streitkräfte unverzüglich und bedingungslos auf die Stellungen zurückzieht, in denen sie sich am 1. August 1990 befanden; 3. ruft den Irak und Kuweit auf, unverzüglich eingehende Verhandlungen zur Lösung ihrer Differenzen aufzunehmen, und unterstützt alle diesbezüglichen Anstrengungen, insbesondere jene der Liga der arabischen Staaten; 4. beschließt, je nach Bedarf wieder zusammenzutreten, um weitere Maßnahmen zu erwägen, welche die Einhaltung dieser Resolution sicherstellen sollen.*«

Dieser Entschließung, die an Eindeutigkeit nichts zu wünschen und keinen Spielraum für diplomatische Spitzfindigkeiten übrigließ, folgte am 6. August schon die zweite, in der die Vereinten Nationen ein Wirtschafts-, Finanz- und Militärembargo gegen den Irak verhängten (Resolution 661). Dreizehn der fünfzehn Mitglieder des Sicherheitsrates stimmten dafür, Kuba und der Jemen enthielten sich. Der irakische Erdölexport kam gänzlich zum Erliegen, da auch die Türkei als Folge dieser UN-Resolution die beiden Erdölleitungen schloß, die die nordirakischen Erdölregionen um Kirkuk und Mossul mit dem türkischen Hafen Yumurtalik bei Iskenderun am Mittelmeer verbanden.

Am 8. August, also sechs Tage nachdem die Panzer des Irak die Grenze zu Kuweit überschritten, begann die Aktion »Desert shield« (Wüstenschild). Der amerikanische Präsident George Bush schickte von nun an in den folgenden fünf Monaten eine gigantische Militärmaschinerie, sandte Truppen, Panzer und Kampfflugzeuge nach Saudi-Arabien. Sie sollten das wahhabitische Königreich gegen ein weiteres Vordringen der Truppen Saddam Husseins schützen. Gleichzeitig formulierte Bush die Forderungen der Vereinigten Staaten und der Weltgemeinschaft an den Irak: Abzug der irakischen Truppen aus Kuweit und Wiedereinsetzung der rechtmäßigen Regierung. Außerdem sollten Stabilität und Sicherheit in der Region gewährleistet und das Leben amerikanischer Bürger geschützt werden. Zu diesem Zeitpunkt hatte der Irak 200 000 Soldaten an der Grenze zwischen Kuweit und Saudi-Arabien zusammengezogen – eine mächtige

Drohgebärde gegenüber dem Nachbarstaat. Per Dekret erklärte die Regierung in Bagdad das besetzte Kuweit zur 19. Provinz des Irak. Dabei traf sie jedoch eine bedeutsame Unterscheidung: Während sie das Hinterland Kuweits zur eigenständigen Provinz deklarierte, schlug sie einen breiten Küstenstreifen unter der Bezeichnung »Saddamijat Mitlaa« der irakischen Provinz Basra zu. Damit bekundete der Irak deutlich, daß er zwischen seiner alten Forderung nach einem Zugang zum Persischen Golf und seinem vermeintlichen Rechtsanspruch auf Kuweit unterschied.

In dem Dekret über die »Wiedervereinigung« wies der irakische Revolutionsrat, der damals nicht mehr war als ein institutioneller Erfüllungsgehilfe Saddam Husseins, ausdrücklich auf den kolonialen Charakter der Grenzziehung zwischen den Staaten der Region hin. Diese habe die arabischen Staaten geschwächt und dem Irak einen »Zugang zum Meer versagt«. Außerdem wurde in dem Dokument behauptet, daß Kuweit ein Bestandteil des Irak sei. Mit anderen Worten: Der Irak leugnete die Souveränität des völkerrechtlich anerkannten Staates Kuweit und betrachtete die Invasion in dem Nachbarland als eine Art »Heimführung« in das Reich Saddams – eine Argumentation, die im Irak populär war, die sich im Verlauf der Krise jedoch weder die Vereinten Nationen noch die führenden Völkerrechtler weltweit zu eigen machen konnten. Am 28. August bekräftigte die Nationalversammlung in Bagdad noch einmal die Beschlüsse ihrer Führung. Kuweit sei »für immer« Bestandteil des Irak.

Auch wenn die Diplomaten vom Beginn der Krise an hektische Aktivität entfalteten, war die Reaktion der westlichen Öffentlichkeit auf den brutalen Bruch des Völkerrechts durch den Irak überraschend zurückhaltend. Niemand demonstrierte gegen den Beginn eines Krieges, dessen Ziel es gewesen war, einen unabhängigen Staat von der Landkarte zu tilgen und seine Bevölkerung zu »irakisieren«. In letzter Konsequenz sollte durch diese Annexion ein Volk, das kuweitische, ausgelöscht werden. Die ersten Schritte dazu unternahm der Irak schon wenige Tage nach dem Einmarsch: Bewohner der Provinz Basra wurden in Bussen nach Kuweit gebracht und dort angesiedelt.

Die wenigen europäischen und nordamerikanischen Kenner der Nahost-Politik hatten nach dem Ende des ersten Golfkrieges angenommen, Saddams militärische Aktivitäten würden sich eher gegen Israel richten als gegen einen arabischen »Bruderstaat«. Sie wurden folglich von dem Angriff am 2. August ebenso unvorbereitet getroffen wie das Volk von Kuweit. Zudem waren viele Europäer und Amerikaner zum Zeitpunkt des Überfalls im Urlaub. Dennoch ist es bemerkenswert, daß in der westlichen Welt erst gegen den Krieg demonstriert wurde, als die Alliierten, mit einem Mandat der Vereinten Nationen ausgestattet, am 17. Januar 1991 den Gegenangriff einleiteten.

In den arabischen Ländern dagegen gingen in den Tagen nach der Invasion zahlreiche Menschen zu spontanen Demonstrationen für Saddam Hussein auf die Straßen. Der Arabischen Liga, als politischer Organisation der arabischen Staaten, fiel es von Anfang an schwer, eine konsequente Haltung zu dem Überfall auf Kuweit zu finden und strafte damit all jene Lügen, die in den sechs Monaten nach dem Ausbruch der Krise für eine »arabische Lösung« warben. Als die Liga am 10. August in Kairo offiziell tagte, brach sie in drei Gruppen auseinander: Ägypten, Saudi-Arabien, die Golfstaaten, Syrien und Marokko griffen Saddam Hussein wegen seines Vorgehens gegen Kuweit an; Sudan, Mauretanien und der Jemen schlugen sich auf die Seite des Irak; Algerien, Libyen und Jordanien bildeten so etwas wie ein »neutrales Lager«, jedoch mit deutlicher Hinwendung zu Saddam Hussein. Immerhin verurteilte die Liga den Einmarsch in Kuweit und beschloß mit knapper Mehrheit die Bildung einer Friedenstruppe für den Golf. Marokko, Ägypten, Syrien und Pakistan schickten – unterschiedlich große und unterschiedlich gut bewaffnete – Truppenverbände nach Saudi-Arabien. Ihre Regierungen mußten dafür in den kommenden Monaten den wachsenden Unwillen ihrer Bevölkerung in Kauf nehmen. In Syrien ließ man die eigenen Untertanen bis zum Ende des Krieges weitgehend über das Engagement des eigenen Staates im unklaren, die Syrer mußten sich aus der »imperialistischen« Presse informieren, zu der auch *Kol Israel*, die Stimme Israels, gehörte.

Schon früh zeigte sich allerdings, daß Saddams Kalkül nicht aufgehen würde. Der irakische Präsident hatte offenbar geglaubt, nach einer Woge der amtlich gebotenen Entrüstung würde sich der Sturm bald wieder legen. Darin mochten ihn die mißverständlichen Äußerungen der amerikanischen Botschafterin April Glaspie bestärkt haben. Saddam unterschätzte jedoch die Tatsache, daß sein Überfall in einer Region stattfand, in der mehr als die Hälfte der nachgewiesenen Erdölreserven der Welt liegen – und die deshalb von den westlichen Industrienationen stets als hochsensibler politischer Bereich betrachtet wird, in dem man keinesfalls seinen Einfluß verlieren will. Hinzu kam, daß die Vereinten Nationen durch das Ende des Kalten Krieges und der mit ihm verbundenen Polarisierung handlungsfähiger geworden waren. Dies galt ebenso für die Vereinigten Staaten, die mit einigem Recht vermuten durften, daß sich die von Gorbatschow geführte Sowjetunion kaum in militärische Abenteuer stürzen würde, solange sie von innenpolitischen und wirtschaftlichen Krisen nie gekannten Ausmaßes heimgesucht wurde. Hoffte Saddam, die Russen würden ihm zur Seite stehen und seine Gegner in die Schranken weisen? Vieles spricht dafür, daß die Machthaber im Irak die atemberaubende weltpolitische Entwicklung seit Gorbatschows Amtsübernahme nicht richtig eingeschätzt hatten.

Die heftige Reaktion der internationalen Staatengemeinschaft, besonders jedoch der Amerikaner, ließ Saddam Hussein zu einem geschickten Propaganda-Manöver greifen. Zwei Tage nach Beginn des Unternehmens »Wüstenschild«, am 10. August 1990, forderte Bagdad die Beachtung aller Resolutionen der Vereinten Nationen, die das von Israel besetzte Westjordanland, den Gaza-Streifen und den Libanon betreffen. So stellte Saddam zum erstenmal jenes »Linkage« her, über das in den nächsten Monaten viel debattiert werden sollte, und setzte das vom Irak annektierte Kuweit mit den von Israel besetzten Gebieten Westjordanland, Gaza-Streifen und Golan gleich. Beides hatte zwar nicht das geringste miteinander zu tun, doch Saddams Forderung war als Propaganda-Trick und als politisches Ablenkungsmanöver außerordentlich wirkungsvoll. Dies machte sich in den kommenden Monaten mehr und mehr bemerkbar. Der Irak sei bereit, so hieß es, über eine friedliche Regelung der Kuweit-Krise zu sprechen, wenn Israel die von ihm besetzten Gebiete räume und die syrischen Truppen den Libanon verließen, den sie seit mehr als einem Jahrzehnt kontrollieren. Auf diese Weise gewann Saddam Hussein die Palästinenser in den besetzten Gebieten für sich; sie hofften, daß ihnen der starke Mann vom Tigris endlich ihr Recht verschaffen würde. Gleichzeitig schadete Saddam seinem Erzfeind und Rivalen Hafiz al Assad in Damaskus, der im Verlauf der Krise endgültig den besetzten Libanon dem syrischen Einfluß unterwarf.

In dieser zweiten Woche der Krise sprach der irakische Präsident auch zum erstenmal vom Dschihad, was im Westen gern vorschnell und vereinfachend als »heiliger Krieg« übersetzt wird – und in diesem Fall auch so gemeint war. Der nicht sehr religiöse Saddam Hussein begann, um die islamischen Fundamentalisten in den arabischen Staaten zu werben. Auch dies war ein geschickter Schachzug, der in den Monaten nach der Invasion die Gemüter erregte. Saddam wußte nur zu genau, daß Appelle an die Solidarität der Muslime zur Zeit auf fruchtbaren Boden stoßen: Der Islam befindet sich in gärender antiwestlicher Unruhe. Freilich hatte die Invasion in Kuweit weder mit dem Palästina-Konflikt noch mit religiösen Hintergründen der Region irgend etwas zu tun, ganz im Gegensatz etwa zum ersten Golfkrieg, der ohne die islamische Revolution Chomeinis nicht denkbar gewesen wäre.

Weltmacht oder Papiertiger?

Präsident Bush zeigt sich entschlossen

Saddam Hussein hat nicht nur den amerikanischen Präsidenten George Bush, er hat die Vereinigten Staaten und den Westen insgesamt unterschätzt. Er stand mit diesem Fehler nicht allein. Auch viele Europäer glaubten nicht, daß die Weltmacht entschlossen sein würde, die völkerrechtswidrige Invasion des Irak mit einem heißen Krieg wieder aus der Welt zu schaffen. Seit der Niederlage in Vietnam – davon gingen nicht nur die Feinde, sondern auch die Freunde der Vereinigten Staaten aus – sei Amerika nicht mehr in der Lage, größere Militäraktionen, die über das vergleichsweise geringe militärische Engagement in Grenada oder Panama hinausgingen, erfolgreich durchzustehen: Die amerikanische Bevölkerung, vor allem die Bürgerrechts- und Friedensbewegung im Verein mit der Presse würden dies mit Gewißheit verhindern. Saddam Hussein war zudem – wie fast alle Muslime – zutiefst von der »Dekadenz« Amerikas überzeugt. Wohlstand und Wohlleben, die Freiheit und deren Mißbrauch hätten die Amerikaner verweichlicht und innerlich gebrochen. Diktatoren vom Schlage Saddams wissen wenig über die politischen Grundlagen der Vereinigten Staaten, ihre philosophischen Hintergründe und Werte – ebenso wie viele der europäischen Kritiker der Vereinigten Staaten, deren Bild von Amerika sich oft in Schlagworten wie »Kapitalismus«, »Kolonialismus«, »Rambo- und Cowboy-Mentalität«, »fast food«, »Gewaltverbrechen« und so weiter erschöpft. Von der »Bill of rights« und der amerikanischen Verfassung, von der Rolle, die Amerika beim Schutz der ohnehin wenigen Demokratien in der Welt gespielt hat und noch spielt, wissen sie nichts oder wollen sie nichts wissen. Einem vergleichbaren Irrtum wie Saddam Hussein fiel seinerzeit auch Adolf Hitler anheim, als er vom »dekadenten

Amerika« keinen ernsthaften militärischen Widerstand gegen seine expansionistischen Absichten erwartete, weil die Amerikanerinnen rauchen und sich schminken. Hinzu kommt allerdings, daß die Vereinigten Staaten im Nahen Osten in der Tat oft eine wenig durchdachte, zuweilen sogar tölpelhafte Politik betrieben haben – was den Respekt der Araber vor dieser Weltmacht nicht gestärkt hat. Auch die enge Verbindung zwischen Amerika und Interessen Israels, die den Amerikanern schon politisch oft genug die Hände band, trug zu dem Prestigeverlust der Vereinigten Staaten im Nahen Osten bei. Dieses Problem vor Augen, hatte George Bush nach seinem Amtsantritt gemeinsam mit seinem Außenminister Baker begonnen, behutsam Druck auf Israel auszuüben und Gespräche mit der »Palästinensischen Befreiungsorganisation« (PLO) unter Yassir Arafat anzuknüpfen.

Zweifellos hätte der amerikanische Präsident nach der Invasion Kuweits im August 1990 lieber in seinem Ferienhaus in Kennebunkport im Staate Maine Golf gespielt, als sich mit Saddam Hussein und seiner Republikanischen Garde auseinanderzusetzen. Der Fortgang der Krise zeigte übrigens, daß er dies durchaus tun konnte, ohne es an Entschlossenheit und Führungskraft fehlen zu lassen. George Bush, der athletische Karrieremann und Gewohnheits-Jogger von der Ostküste, der in Texas sein Vermögen gemacht hatte und dort einen Teil seiner politischen Laufbahn bestritt, hatte nicht umsonst lange Jahre den amerikanischen Geheimdienst CIA geführt. Wer ihn, den mittlerweile 66 Jahre alten Mann, einen »cunctator« nannte, also einen Zögerer und Zauderer, war voreilig. Bush erwies sich nur als realistisch und vorsichtig, wie sich das für den ehemaligen Leiter des Sicherheitsdienstes gehört. Viele Europäer führten sich zudem nicht vor Augen, daß der Präsident im Zweiten Weltkrieg selbst Marineflieger gewesen war. Während einem seiner Einsätze wurde sein Flugzeug von Japanern über dem Pazifik abgeschossen, und er konnte sein Leben nur in letzter Minute retten. Viele seiner Kameraden sah er sterben. Ein Erlebnis, das gewiß dazu beitrug, daß Bush mit dem Begriff »Krieg« nicht leichtfertig umging.

Allerdings darf man nicht aus dem Blick verlieren, daß dem Entschluß zum militärischen Engagement der Vereinigten Staaten am Golf demokratische Entscheidungsprozesse zugrunde lagen. George Bush hat nicht alleine und aus persönlicher Machtvollkommenheit die amerikanische Kriegsmaschine auf den Weg geschickt. Ohne die Zustimmung des Kongresses wäre keine Militäraktion möglich gewesen. Die Kritiker Amerikas vergaßen während der Krise zudem oft, daß sich das Engagement der Vereinigten Staaten im Rahmen der entsprechenden Resolutionen der Vereinten Nationen hielt. Das verlieh den Aktivitäten Bushs eine besondere völkerrechtliche Legitimität, belastete ihn zugleich aber auch mit ungewöhnlich großen diplomatischen und organisatorischen Problemen. Es war keine Kleinigkeit, die Allianz aus ideologisch so unterschiedlich ausgerichteten arabischen Staaten und westlichen Ländern zustande zu bringen und zusammenzuhalten. Doch gemeinsam mit seiner engsten politischen Mannschaft agierte der Präsident so entschlossen und geschickt, daß ihm dieses weltpolitische Kabinettstück bis zum letzten Kriegstag gelang.

Hauptarchitekt der Koalition aus 28 Staaten war Außenminister James Baker, ein Duzfreund George Bushs. Beide Männer kennen sich seit Jahrzehnten; Baker sieht in Bush seinen besten Freund. James Baker studierte in Princeton und war zunächst als Anwalt und Geschäftsmann tätig. Er wechselte jedoch bald in die Politik, da ihn die Familien-Kanzlei in Houston finanziell unabhängig machte. Ins Licht der Öffentlichkeit rückte Baker, als Präsident Reagan ihn als »Stabschef« in das Weiße Haus holte. Diesen Posten hatte während der Kuweit-Krise John Sununu inne (korrekt eigentlich »Sinunu«), ein Amerikaner libanesischer Abstammung (er kommt aus der christlichen Stadt Zahle am Rande der Bekaa-Ebene). Später wurde Baker unter Reagan Finanzminister. Daß er bei einem Wahlsieg Bushs Außenminister werden würde, galt als sicher. Baker war, als er sein Amt antrat, entschlossen, gerade im Nahen Osten politisch etwas zu bewegen – doch konnte er nicht ahnen, auf welch brutale Weise dies geschehen würde. Baker gilt als abwägender, ruhiger Mann, der schroff werden kann, wenn es angebracht ist. Mit den Irakern verhandelte er gelassen im Ton, aber bestimmt in der Sache.

Den militärpolitischen Part in dem diplomatisch-organisatorischen Geflecht, das Washington vom 2. August an zu spinnen begann, spielte der Verteidigungsminister Richard Cheney. Ihm oblag ein großer Teil der Kontakte mit den Saudis, mit den Exil-Kuweitern, den Golfstaaten, den Ägyptern und Syrern, teilweise stellvertretend für Baker, der sich in erster Linie um die Vereinten Nationen und das Verhältnis Washingtons zu Moskau kümmern mußte. Cheney erfüllte körperlich sicher nicht die besten Voraussetzungen, um die Belastung zu überstehen, die der Golfkrieg mit sich brachte: Er hatte drei Herzinfarkte hinter sich (den letzten 1988), als Bush ihn 1989 zum Verteidigungsminister machte. Damals galt er als »zweite Wahl«, weil der Präsident den von ihm favorisierten, jedoch als Alkoholiker geltenden John Tower politisch nicht durchsetzen konnte. Ein Urteil, das bald revidiert werden mußte, zumal Cheney schon früher den Spitznamen »mister efficiency« getragen hatte. Er hatte ihn sich in jener Zeit erworben, als er – bis 1977 – als jüngster Stabschef im Weißen Haus amtierte. Cheney, Jahrgang 1941, stammt aus Nebraska, hat in Wisconsin politische Wissenschaften studiert und als Makler gearbeitet, bevor er Politiker wurde. Er gilt als konservativer Pragmatiker, der einen guten Ruf bei Republikanern wie Demokraten genießt. Manche neigten während der Golfkrise dazu, ihn als einen »Falken« zu charakterisieren, eine Bezeichnung, die ihm nicht gerecht wird. Daß er hart und entschlossen zupacken kann, steht allerdings außer Frage. Sein Verhältnis zu den arabischen Verbündeten in der Allianz konnte als freundlich-korrekt, aber nicht überschwenglich bezeichnet werden. Einen Fehler des Vietnamkrieges, nämlich die Kommandeure am Ort des Geschehens zu sehr in das Korsett der Planung im Pentagon einzuspannen, vermieden die Amerikaner bewußt während des Golfkrieges. An dieser Grundsatzentscheidung war Cheney maßgeblich beteiligt.

Vor allem kommt dieses Verdienst jedoch Colin Powell zu, dem Generalstabschef, der den Kampfplatz zwar besuchte, aber dem Oberkommandierenden General Schwarzkopf niemals von seinem Schreibtischsessel aus in seine Pläne und Aktionen hineinredete. Powell ist der erste Schwarze und der jüngste Amerikaner auf diesem höchsten Posten der Armeeführung. Er ist natürlich Absolvent von West Point, 1937 dort geboren und dann aufgewachsen, wo man normalerweise keine Karriere macht: in der Bronx in New York. Seine Eltern waren mittellose Einwanderer aus Jamaica. Powell ist seit dreißig Jahren in der Armee. Er diente zweimal in Vietnam, dann in Südkorea und war auch vorübergehend in Deutschland stationiert. Er zeichnete verantwortlich für den Ablauf des Aufmarsches am Golf, das heißt für die Operation »Wüstenschild«, wobei er die Devise vertrat, nur ein Großaufgebot an Truppen und Material könne den Irak in möglichst kurzer Zeit in die Knie zwingen. In Panama hatten die Amerikaner nach eben dieser Devise gehandelt, jedoch aufgrund ganz anders gearteter Verhältnisse weniger Erfolg damit gehabt. Am Golf nun wollten sie es besser machen. Powell unterschätzte die Kampfkraft der Iraker nicht, sagte jedoch auch, sie seien keineswegs »drei Meter groß«. General Schwarzkopf, der Oberkommandierende vor Ort, setzte seine Pläne dann durch minutiös geplante militärische Operationen in die Praxis um. Nach dem Sieg der alliierten Truppen stieg das Ansehen beider enorm an, besonders Powell ist für die farbigen Mitglieder der US-Army eine wichtige Integrationsfigur geworden.

Über Norman Schwarzkopf schließlich, den höchsten Militär am Ort, ist bislang am meisten geschrieben worden. Er dürfte für den Rest seines Lebens ausgesorgt haben, denn er hat nicht nur die Koalition zum Sieg geführt, sondern wie kein andrer den Amerikanern geholfen, ihr Vietnam-Trauma zu überwinden. Schon wenige Wochen nach Kriegsende war er als Kandidat für die Präsidentschaft im Gespräch. Allerdings kann man sich ihn nur schwer in einem zivilen Amt vorstellen – nicht ohne Grund bezeichnete ihn Präsident Bush als »Bilderbuchsoldaten«. Seine Männer nannten ihn, den alten Vietnam-Veteran, mit einem Spitznamen, den er gerne hörte: der Bär. So wirkte er auch, bullig und stiernackig, ein Mann, der – wie es hieß – zum

Mittagessen spielend ein ganzes Huhn mit Beilage verzehrte. Sein Intelligenzquotient – ein Wert, auf den die Amerikaner über alle Maßen Wert legen – soll bei 170 liegen. Militärtheorie und praktischer Sinn sind in Norman Schwarzkopf mit politischem Verständnis gepaart.

Seine Vorfahren stammten aus Deutschland; der Vater des 1934 in New Jersey geborenen Absolventen von West Point war ein bekannter Polizeioffizier, der unter anderem im Fall der Lindbergh-Entführung ermittelte. Später, zu Beginn der fünfziger Jahre, war er vorübergehend Berater des Schahs von Persien. Schon als Jugendlicher wurde Schwarzkopf deshalb mit dem Orient recht gut vertraut. Als Infanterieoffizier und später Bataillonskommandeur kämpfte Schwarzkopf in Vietnam. Er war auch in Deutschland stationiert, zuletzt in Mainz, Stabsoffizier im 18. Luftlandekorps in Fort Bragg und befehligte ab 1983 im Range eines Generalmajors die 24. Division in Fort Stewart, Georgia. Zwischen diesen Kommandos arbeitete er im Pentagon. Als einer der wichtigsten Planer der Invasion auf Grenada sammelte Schwarzkopf Erfahrungen für eine umfangreich angelegte See-Luft-Landoperation, die ihm später zugute kommen sollten. 1988 wurde er der Befehlshaber des Zentralen Kommandos für die Marinepräsenz der Amerikaner im Persischen Golf. Dieses Hauptquartier einer Schnellen Eingreiftruppe, die von Präsident Reagan gegründet wurde, unterstützt die »Interessen der Vereinigten Staaten und der freien Welt, indem es Zugang zu den Ölreserven des Nahen Ostens sichert, befreundeten Regionalstaaten hilft, ihre Sicherheit und kollektive Verteidigung zu wahren, eine effektive und sichtbare Militärpräsenz in der Region unterhält, Bedrohung durch die Sowjetunion oder feindselige Regionalstaaten abschreckt und, wenn notwendig, durch militärische Kräfte die Vereinigten Staaten beschützt«. So heißt es in einem offiziellen Text des Pentagon.

Doch erst mit der Kuweit-Krise rückte General Schwarzkopf in den Blickpunkt der Weltöffentlichkeit. Er legte fest, was die Journalisten über den Krieg erfuhren und was nicht. Wenn er persönlich in seinem Hauptquartier in Saudi-Arabien vor die handverlesenen Vertreter der Weltpresse trat, hatte dies immer einen sensationellen Anstrich. Die Auftritte, flankiert von der amerikanischen und der saudischen Flagge, waren denn auch selten genug und fanden nur anläßlich spektakulärer Ereignisse statt; ansonsten ließ Schwarzkopf den amerikanischen General Neal oder britische und saudische Offiziere den jeweiligen Lagebericht erstatten. Am Ende des Krieges jedenfalls hatte die englische Sprache ein Wort mehr: »to schwarzkopf«, was soviel bedeuten soll wie: jemanden entschieden und brillant zu Boden werfen. Schwarzkopf selbst verglich seinen Krieg mit Schlachten aus der Antike – Hannibal war sein Vorbild: Die Einkesselung der Republikanischen Garde des Irak erinnere ihn an die Schlacht von Cannae, sagte er nach dem Krieg, in der Hannibal die Römer einkesselte und anschließend vernichtete. Die arabischen Verbündeten lobten Schwarzkopf im übrigen dafür, in welchem Maße er seine Streitmacht den kulturellen, vom Islam geformten Gegebenheiten des Kriegsschauplatzes anpaßte. Dies war für die Amerikaner, Briten und Franzosen mindestens genauso schwer, wie die ungewohnten klimatischen Bedingungen zu ertragen.

Es mag sein, daß Saddam Hussein dachte, die Armee der Koalition werde in letzter Minute vor einem Waffengang zurückschrecken, weil sie sich auf ungewohntem Terrain in einer ungewohnten Situation unter fremden Menschen befand. Diese Punkte hat General von Clausewitz zu den »Friktionen« gerechnet, die jede Schlacht erschweren. Saddam wurde hochmütig, als die Operation »Wüstenschild« einsetzte.

Die Zeit verrinnt

Zwischen Geiselnahme und »Wüstensturm«

Das auf die Besetzung und Annexion Kuweits folgende knappe halbe Jahr war von zwei politischen Taktiken bestimmt: Saddam Hussein, der sich durch seine brutale Militär-Aktion weltweit ins Unrecht gesetzt hatte, versuchte mit machiavellistischen Mitteln Zeit zu gewinnen, wobei er große Skrupellosigkeit und beträchtliches Geschick bewies; die Weltgemeinschaft hingegen bemühte sich, durch intensive Verhandlungen, Resolutionen und auch den Druck der militärischen Drohung, den irakischen Diktator zur Herausgabe seiner Beute zu bewegen. Einige arabische Regierungen wie die jordanische, die ägyptische und die algerische beteiligten sich mit besonderem Eifer an den Bemühungen, Saddam zum Einlenken zu veranlassen. Sie blieben ebenso erfolglos wie die insgesamt zwölf Resolutionen, die bis zum Beginn der alliierten Gegenaktion von den Vereinten Nationen verabschiedet wurden.

Es ist eines der großen Rätsel dieses Krieges, warum die Freunde der Dritten Welt, die oft auch Gegner Amerikas und der »menschenverachtenden, kapitalistischen Zivilisation des Westens« sind, nicht einen Tag gegen die Massengeiselnahmen Saddam Husseins protestierten. Sic allcin schon stellten auf dem Feld der internationalen Menschenrechtsverletzungen alles in den Schatten, was im Orient in den Jahren zuvor geschehen war. Im Libanon waren zwar vereinzelt Ausländer, vor allem Amerikaner und Briten, aber auch Franzosen und Deutsche als Geiseln genommen worden (allerdings auch Libanesen der verschiedenen politischen Richtungen und drei Iraner). Saddam jedoch nahm mit einem Mal Tausende in Gewahrsam – zu Beginn der Aktion waren es zwanzigtausend – und nannte diese Ausländer zynisch auch noch »Gäste«. Alle Versuche, dieses Verbrechen mit den Internierungen des Zweiten Weltkrieges zu vergleichen, müssen scheitern: Als der Irak die Ausländer festnahm und viele von ihnen an kriegswichtige Plätze und Ziele verbrachte, gab es noch keinerlei Kämpfe zwischen irakischen Truppen und den Einheiten der Koalition. Vielmehr dominierte auf der Seite der Saddam-Gegner die internationale Diplomatie. Die Ausweitung des Krieges schien noch abwendbar zu sein. Besonders perfide war die – freilich vom Irak nicht offiziell bekanntgemachte – Rangordnung unter den Geiseln. Die sonst so empfindlichen Iraker, die oft und gern öffentlich gegen den »Rassismus« des Westens polemisieren, machten keinen Hehl aus ihrer Auffassung, daß sie Amerikaner, Briten und Franzosen für die »wertvollsten« ihrer Geiseln hielten. Auch die Deutschen, mit denen man gute Beziehungen auf wirtschaftlichem und militärtechnischem Gebiet unterhielt, galten als »gute« Geiseln, von deren Gefangennahme man sich politische Vorteile versprach. Die Bürger von Ostblockstaaten hingegen galten – mit Ausnahme der Russen, deren Freilassung erst der Sondergesandte Gorbatschows, Primakow, erreichte – eher als »minderwertig«; sie durften bald nach Hause. Asiaten und nicht-irakische Araber ließ man ohnehin ziehen, sie flohen meistens nach Westen, über Jordanien nach Ägypten, oder nach Norden in die Türkei, wo sie den Behörden große Schwierigkeiten bereiteten.

Einen Höhepunkt erreichte die Geiselaffäre – durch die Saddam den Westen und die Vereinten Nationen verunsichern und Zeit gewinnen wollte –, als die Gespräche über das Schicksal der Entführten und gewaltsam Festgehaltenen mehr und mehr über das Fernsehen geführt wurden. Vor allem der amerikanische Sender CNN erwarb in diesen Wochen gleichsam ein Monopol und wurde zu Saddams Fenster zur Außenwelt. Im Raschid-Hotel in Bagdad, einer marmorbewehrten Nobel-Herberge für Delegationen und hohe Staatsgäste aus dem Ausland, saß der aus Neuseeland stammende Reporter Peter Arnett und bildete als CNN-Mitarbeiter das Verbindungsglied zwischen den Irakern und dem Rest der Welt. Saddams Sprecher, immer tadellos gekleidet, geschniegelt und gebügelt, verlas im Fernsehen der

Amerikaner die Botschaften und Forderungen seines Herrn, gelegentlich erschien Saddam Hussein selber auf dem Bildschirm – so auch im Kreis von englischen Geiseln, deren Kinder er tätschelte. Ein väterlich scheinendes, aber im Grunde zutiefst zynisches Verhalten, durch das sich schon andere Diktatoren unseres Jahrhunderts öffentlich in ein günstiges Licht zu rücken versuchten. Dennoch gab es nur wenige öffentliche Proteste gegen dieses entwürdigende Schauspiel. Die Resolutionen der Vereinten Nationen, in denen die unverzügliche Freilassung der Geiseln gefordert wurde, ließen Saddam Hussein kalt.

Ein überraschender Schritt gegenüber Iran

Um den Rücken frei zu haben, entschloß sich Saddam Hussein schon Mitte August zu einem ungewöhnlichen Schritt: Am 15. akzeptierte der Irak alle iranischen Bedingungen für einen Friedensschluß. Bagdad lenkte in der Grenzfrage ein und anerkannte wieder den »Talweg«, das heißt die Flußmitte, als gemeinsame Grenze im Schatt al Arab. Außerdem kündigte Saddam Hussein die Freilassung aller Kriegsgefangenen an und räumte die wenigen noch besetzten Gebietsstreifen in Iran. Das bedeutete: Dem ersten Golfkrieg, der acht Jahre gedauert und eine Million Menschen das Leben gekostet hatte, wurde im nachhinein offiziell jeglicher »Kriegssinn« abgesprochen. Saddams Kalkül bestand darin, Iran auf seine Seite zu ziehen und eine »muslimische Front« gegen die »fremden Invasoren« aufzubauen – doch der Plan scheiterte. Schon am nächsten Tag, dem 16. August, wurden 4500 Briten und 2500 Amerikaner im besetzten Kuweit in ihren Hotels interniert und durften das Land nicht mehr verlassen. Am 20. August lehnte der amerikanische Präsident einen Handel mit Saddam über die festgehaltenen Menschen kategorisch ab. Der Irak verschärfte daraufhin seine Politik im besetzten Kuweit weiter. Der Westen, so verlangte Bagdad, solle seine Botschaften in Kuweit-City schließen, da sie nicht mehr benötigt würden. Nachdem sich die Botschafter weigerten, ihre Missionen zu verlassen, umstellen irakische Truppen die entsprechenden Gebäude und versuchen, das Botschaftspersonal auszuhungern. Unter unzumutbaren Bedingungen harrten viele – auch die deutschen Diplomaten – aus, bis die Lebensmittel- und Wasservorräte zur Neige gingen. Als letzte verließen die Briten am 11. Dezember 1990 ihre Vertretung in Kuweit und fuhren nach Bagdad.

Am 25. August verabschiedete der Sicherheitsrat der Vereinten Nationen die Resolution 665, die es ausdrücklich erlaubte, Gewalt zur Durchsetzung des Embargos gegen den Irak anzuwenden. Kuba und der Jemen enthielten sich bei der Entscheidung ihrer Stimme. Der österreichische Bundespräsident Kurt Waldheim brach unterdessen zu einer spektakulären Reise nach Bagdad auf. Er wollte dort, begleitet von massiver internationaler Kritik, auf eigene Faust über die Geiseln verhandeln. Waldheim kannte die Iraker gut, vor allem ihre Diplomaten. Er war vom Januar 1972 bis zum Dezember 1981 Generalsekretär der Vereinten Nationen und hat in dieser Eigenschaft eng mit der arabischen Welt zusammengearbeitet (womit er sich bis heute alle Sympathien bei den Israelis verscherzt hat). In einem langen Gespräch mit Saddam Hussein konnte er die Freilassung der österreichischen Geiseln durchsetzen. In seiner Heimat erhielt er, der seit seinem Amtsantritt nicht gerade mit Lob überhäuft wurde, dafür gute Kritiken; im Ausland wurde seine Mission jedoch als Zugeständnis an das grausame Spiel des Diktators betrachtet und verurteilt. Am 28. August erklärte der Irak Kuweit endgültig zum Bestandteil des Irak – und gestattete, als wolle er der Weltöffentlichkeit gegenüber nach dem Motto »Zuckerbrot und Peitsche« verfahren, am gleichen Tag den Frauen und Kindern unter den Geiseln die Ausreise.

Im September gingen die Bemühungen der Amerikaner um eine Militärallianz weiter, vor allem auch um ihre Finanzierung. Bush schickte Außenminister Baker nach Europa und in den Nahen Osten. Er kam mit der Zusage für insgesamt 20 Milliarden Dollar nach Washington zurück. Zu Zahlungen bereit waren Saudi-Arabien, Kuweit, die Vereinigten Arabischen Emirate, Japan und die Bundesrepublik Deutschland – die 3,3 Milliarden zur Verfügung stellte. Die Vereinigten Staaten, deren Haushaltslage keineswegs glänzend war, benötigten diese Mittel dringend. Amerika konnte zu diesem Zeitpunkt alles andere gebrauchen, nur keinen Krieg. Bush bekräftigte freilich gegenüber Gorbatschow bei einem Gipfeltreffen in Helsinki am 9. September, daß er bereit sei für den Ernstfall – falls es auf andere Weise nicht möglich sei, Saddam Hussein zum Einlenken zu veranlassen. Gorbatschow dagegen lehnte ein militärisches Engagement der Sowjetunion am Golf einstweilen ab. Doch das Verständnis Moskaus für die amerikanische Position war nicht zu überhören. Der irakische Diktator unternahm daraufhin den Versuch, seinen Rückhalt beim ehemaligen Kriegsgegner Iran zu stärken. Er erreichte jedoch nur, daß Iran sich mit einer Normalisierung der seit dem ersten Golfkrieg abgebrochenen Beziehungen einverstanden erklärte. In der Sache blieb Teheran hart, es verlangte den Rückzug der Iraker aus Kuweit.

Mitterrand baut Saddam eine Brücke

Wenige Tage nach dem Gipfeltreffen der beiden Großmächte war der französische Staatspräsident François Mitterrand gezwungen, die Schraube der Eskalation anzuziehen. Irakische Soldaten hatten die französische Botschaft in Kuweit, die in unmittelbarer Nähe des Strandes liegt, gestürmt und vier Diplomaten im Stil der Beiruter Terrororganisation Hizbullah verschleppt. Unter ihnen war auch der Militärattaché. Mitterrand sprach zum erstenmal von der »Logik des Krieges«, die sich in der Region – zu seinem Leidwesen – abzeichne. Paris sandte mehr als 5000 Soldaten, dazu Panzer, Hubschrauber und 30 Kampfflugzeuge nach Saudi-Arabien. Es war die größte Militäraktion der Franzosen seit dem Algerien-Krieg, die damit eingeleitet wurde. Allerdings blieb Mitterrand bis zum Schluß kompromißbereit. Der französische Präsident widerlegte all jene, die behaupteten, man habe Saddam zuwenig Gelegenheit gegeben, seine Entschlüsse zu überdenken. Schon am 24. September sagte Mitterrand in seiner

Rede vor den Vereinten Nationen: »Der Irak zeigt sich zum Rückzug seiner Truppen bereit, er läßt alle Geiseln frei, und alles wird möglich.« Doch Saddam Hussein ging auf die goldenen Brücken nicht ein, die ihm Mitterrand auch später noch bauen sollte; er glaubte nicht an eine militärische Aktion der Vereinten Nationen, die schon so oft in letzter Minute Angst vor der eigenen Courage bekommen hatten. Saddams Hartnäckigkeit veranlaßte die Vereinten Nationen dazu, in der Resolution 670 das Embargo auf den Luftraum auszuweiten. An diesem Tag, dem 26. September, standen schon 430 000 Soldaten an der Grenze zu Saudi-Arabien.

Im Oktober 1990 blieb Saddam dann weitgehend passiv und spielte seine Geiseln als Trumpf aus. Die tragischen Ereignisse vom 8. des Monats am Jerusalemer Tempelberg brachten dem Iraker in der muslimischen Welt weitere Unterstützung ein: Bei gewaltsamen Zusammenstößen zwischen israelischen Sicherheitskräften und Palästinensern im Zentrum der Heiligen Stadt wurden 21 Araber (nach anderen Berichten sind es 19 Opfer) getötet. Bald darauf liefen Gerüchte um, Saddam Hussein habe den von langer Hand vorbereiteten Vorfall bewußt provoziert, was aber bis heute nicht bewiesen ist.

Große Aktivität entfalteten hingegen die westlichen Politiker und die Diplomaten der Vereinten Nationen, allen voran der redliche, aber schwache Generalsekretär Xavier Perez de Cuellar. Der französische Staatspräsident – der gegenüber den Irakern immer noch viel milder gestimmt war als beispielsweise die britische Premierministerin Margaret Thatcher, die engen Kontakt zu Bush hielt und ihn in seinen Entschlüssen nach eigenen Worten immer wieder bestärkte – reiste als erstes westliches Staatsoberhaupt seit Beginn der Krise an den Golf. Die Franzosen erreichten durch ihre Geheimdiplomatie, daß Saddam in der letzten Oktoberwoche 262 Franzosen nach Hause schickte. Wie wenig »kriegslüstern« Amerika zu diesem Zeitpunkt war, läßt sich auch aus der Tatsache ersehen, daß der Kongreß am Tag nach der Freilassung der Franzosen Präsident Bush im Hinblick auf »militärische Optionen« zur Vorsicht mahnte.

Politische Canossa-Gänge

Nach der Freilassung der Franzosen entschlossen sich die Staaten, die einige ihrer Bürger im Irak als Geiseln wußten, dem Vorbild des österreichischen Bundespräsidenten nachzueifern. Als erster reiste Willy Brandt nach Bagdad. Er kam gewissermaßen als Privatmann, da die Vereinten Nationen offiziell einem Erpresser nicht nachgeben wollten. Doch auch als Privatbesuch war die Visite ein demütigender Canossa-Gang, ein Zu-Kreuze-Kriechen des Friedensnobelpreisträgers vor dem Geiselnehmer. Willy Brandt führte in Bagdad Gespräche mit Saddam, an deren Ende am 7. November insgesamt 174 deutsche und ausländische Geiseln aus dem Irak ausreisen konnten. Brandt wurde zudem klar, daß Saddam nicht mit der Elle des normalen Politikverständnisses gemessen werden kann. Er gehörte daraufhin später zu denjenigen in der SPD, die den Militäreinsatz der Koalition nicht ablehnten.

Der nächste Besucher in Bagdad war der japanische Ministerpräsident Nakasone. Nach ihm trafen der ehemalige britische Premierminister Edward Heath, der Labour-Politiker Tony Benn und der französische Rechtsextremist und Führer der »Front Nationale«, Le Pen, in Bagdad ein. Bemerkenswert bei diesem letzten Treffen war auch, wie nahe sich der arabische »Sozialist« Saddam Hussein und der europäische Rechtsextremist Le Pen stehen; in Sachen Israel und Anti-Amerikanismus verstanden sie sich glänzend. Auch in Deutschland sprachen sich zu diesem Zeitpunkt Neo-Nazis für Saddams Politik aus; die NPD ergriff offen für ihn Partei. Später meldeten sich Rechtsextremisten und Neo-Nazis sogar freiwillig für den Kriegseinsatz auf irakischer Seite. Die »Friedensbewegung« allerdings, dies sei nebenbei gesagt, ließ sich auch hierdurch in ihrem Anti-Amerikanismus nicht beirren. Sie bezeichnete, als der »Wüstensturm« mit Erlaubnis der Vereinten Nationen losbrach, Bush als einen ebenso schlimmen Kriegstreiber wie Saddam Hussein.

Am Tag nach der Freilassung der Deutschen (die letzten von ihnen kehrten erst am ersten Weihnachtsfeiertag in ihre Heimat zurück) ordnete Präsident Bush die Verdopplung der am Golf stationierten Truppen an. Er reagierte damit auf den Vorschlag Saddam Husseins, mit Amerika über eine friedliche Beilegung der Krise zu verhandeln, der allerdings die unannehmbare Bedingung enthielt, die Vereinigten Staaten müßten zuvor die Forderung nach einem Abzug der irakischen Truppen aus Kuweit aufgeben. Geschickter war dagegen seine Ankündigung vom 18. November, in der er die Freilassung aller Geiseln zwischen Weihnachten und dem 15. März 1991 anbot, dem Beginn des muslimischen Fastenmonats. Seine Taktik war offensichtlich: Wenn es Bagdad bis zu diesem Termin gelang, die Krise diplomatisch in der Schwebe zu halten, wurde ein Krieg immer unwahrscheinlicher. Doch Bush, der sogleich anschließend die Truppen in Saudi-Arabien besuchte, beseitigte alle Zweifel an seiner Entschlossenheit, indem er öffentlich feststellte: Saddam müsse allein schon wegen seines Arsenals an Vernichtungswaffen in die Schranken gewiesen werden.

Die Vereinten Nationen forderten am 28. November in der Resolution 677 den Irak auf, die demographische Veränderung im besetzten Kuweit zu beenden. Die Iraker hatten begonnen, große Bevölkerungsgruppen aus dem Raum von Basra in Kuweit anzusiedeln. Der 29. November wurde dann einer der Schicksalstage auf dem Weg in die Katastrophe. Die Weltorganisation ermächtigte die Allianz, Gewalt zur Durchsetzung ihrer Resolutionen anzuwenden, falls der Irak sich nicht bis zum 15. Januar 1991 aus dem besetzten Kuweit zurückgezogen haben sollte. Dies war die Ultimatums-Resolution, die der Irak nach eigenem Bekunden als »Kriegserklärung« empfand. Die wichtigsten Passagen der Entschließung 678 lauteten wie folgt:

»In Anbetracht dessen, daß sich der Irak trotz aller Bemühungen der Vereinten Nationen unter flagranter Mißachtung des Sicherheitsrates weigert, seiner Verpflichtung zur Durchführung der Resolution 660 und der oben genannten, dazu später verabschiedeten Resolutionen nachzukommen; eingedenk seiner in der Charta der Vereinten Nationen festgelegten Pflichten und Verant-

wortlichkeiten zur Wahrung und Erhaltung des Weltfriedens und der internationalen Sicherheit; entschlossen, die uneingeschränkte Befolgung seiner Beschlüsse sicherzustellen; tätig werdend nach Kapitel sieben der Charta, verlangt (der Sicherheitsrat)

1. daß der Irak die Resolution 660 und alle dazu später verabschiedeten Resolutionen uneingeschränkt befolgt, und beschließt unter Aufrechterhaltung aller seiner Beschlüsse, dem Irak unter Einschaltung einer Pause als Geste des Entgegenkommens eine letztmalige Gelegenheit zu geben, dies zu tun;

2. ermächtigt (der Sicherheitsrat) die Mitgliedstaaten, die mit der Regierung Kuweits kooperieren, für den Fall, daß der Irak die oben genannten Resolutionen bis zum 15. Januar 1991 nicht entsprechend Ziffer 1 vollständig durchführt, alle erforderlichen Mittel einzusetzen, um der Resolution 660 und allen dazu später verabschiedeten Resolutionen Geltung zu verschaffen und sie durchzuführen ...«

Im Anschluß an diese Sätze werden alle Mitgliedstaaten der Vereinten Nationen aufgerufen, diese Maßnahmen »in geeigneter Weise« zu unterstützen.

Dieser historische Text beweist Augenmaß und auch Geduld. Saddam Hussein hätte sechs Wochen Zeit gehabt, sich zurückzuziehen, ja sogar, den Rückzug nur zu veranlassen, wie sich noch zeigen sollte. Manche Gegner der Operation »Wüstensturm« und selbsternannte Freunde der Araber machten später geltend, dem Islam sei das Völkerrecht fremd, er werde hier von einem »rein westlichen« System überfahren; womöglich hätten »die Araber« eine andere Einstellung zu den inkriminierten Verhaltensweisen. Doch diese Argumentation ist rechtlich abwegig. Die arabischen Länder sind Mitglieder der Vereinten Nationen, haben sich mit ihren Regeln einverstanden erklärt und müssen sich folglich an sie halten. Yassir Arafat war 1974 zu Recht stolz darauf, vor der Vollversammlung sprechen zu dürfen. Arabisch gehört zu den offiziellen Sprachen der UN. Gerade der Irak hatte hervorragende Diplomaten bei der Weltorganisation gehabt und kannte deren Funktionsweise genau. Der arabische und muslimische

Block in der Vollversammlung ist einflußreich und argumentiert, wenn es um Israel geht, sehr wohl auf der Grundlage des Völkerrechts. Wenn die Vereinten Nationen überhaupt einen Sinn haben sollen, dann kann nicht jeder Kulturkreis im Zweifelsfall sein eigenes Recht geltend machen.

Gegen Ende des Jahres 1990 machte Washington den Irakern dann ein letztes großes Gesprächsangebot. Bush lud den Außenminister Tariq Aziz ein, in der zweiten Dezemberwoche nach Amerika zu kommen. Der amerikanische Außenminister Baker könne dann, so lautete der Vorschlag, zwischen dem 20. Dezember und dem 3. Januar nach Bagdad reisen. Saddam Hussein befahl daraufhin die Freilassung aller Ausländer und nahm Bushs Gesprächsangebot an, lehnte aber die genannten Termine ab. Die Iraker wollten den Amerikaner erst am 12. Januar in ihrer Hauptstadt empfangen – also nur drei Tage vor Ablauf des UN-Ultimatums. Auch in dieser Reaktion war die Absicht, Zeit zu gewinnen, deutlich zu spüren.

Das letzte Gespräch zwischen den beiden Parteien, das dann tatsächlich noch vor Kriegsausbruch zustande kam, fand in Genf am 9. Januar statt. Tariq Aziz und James Baker konferierten länger als erwartet, die Weltöffentlichkeit wollte daraus schon ein Zeichen der Hoffnung ableiten, doch die Standpunkte blieben unbeweglich. In den letzten Tagen vor Ablauf des Ultimatums überstürzten sich die Ereignisse: Unter dem Eindruck des gescheiterten Treffens in Genf gab der amerikanische Kongreß zwei Tage später dem Präsidenten freie Hand für eine Militäraktion und verabschiedete einen Beschluß, der im Kern der Entschließung 678 des UN-Sicherheitsrates entsprach. Saddam Hussein reagierte darauf wieder einmal mit pathetischen Ausfällen: Die amerikanischen Soldaten würden, kündigte er an, »in ihrem Blut schwimmen«, wenn es zum Angriff käme. In Abstimmung mit Washington und den Außenministern der Europäischen Gemeinschaft reiste der Generalsekretär der Vereinten Nationen zwei Tage vor Ablauf des Ultimatums nach Bagdad und sprach noch einmal mit Saddam, um ihn umzustimmen. Die Initiative scheiterte wie alle vorhergehenden. Bei seiner Abreise aus Bagdad sagte Perez de Cuellar, er habe »keinen Grund, optimistisch zu sein«. Und noch ein anderer Satz wird überliefert: »Der Mann muß zum Psychiater.«

Am 15. Januar ermächtigte dann das britische Parlament den neuen Premierminister John Major zum Krieg, falls der Irak nicht bis 24 Uhr Anzeichen des Abzuges erkennen lasse. Das französische Parlament wartete mit dieser Entscheidung sogar noch bis zum nächsten Tag; ein Sechs-Punkte-Plan Mitterrands, der den Abzug aus Kuweit mit einer Konferenz über Palästina verknüpft, scheiterte in letzter Minute im UN-Sicherheitsrat.

An der Front liegen sich zu diesem Zeitpunkt eine Million Mann gegenüber, Iraker und Soldaten aus 18 Ländern, die sich mit Truppen direkt beteiligen, darunter 16 000 Franzosen (davon die Hälfte Fremdenlegionäre), 43 000 Briten, 11 000 Pakistaner, 35 000 Ägypter. Aber auch Länder wie Senegal, Bulgarien, Tschechoslowakei, Honduras und Sierra Leone haben kleine Kontingente gestellt. Die Hauptlast dieser Koalition, deren Basis das Wüstenkönigreich Saudi-Arabien ist, tragen freilich die Amerikaner. Der militärische Einzugsbereich der Krise reicht vom östlichen Mittelmeer bis zu dem amerikanischen Stützpunkt Diego Garcia im Indischen Ozean. Hunderte von Kriegsschiffen sind in diesem Bereich konzentriert, darunter große amerikanische und französische Flugzeugträger. Es ist nicht verwunderlich, daß viele, auch besonnene Menschen in der Nacht des 15. Januar davon überzeugt sind, am Vorabend eines Weltkrieges zu stehen.

Ein System ungleicher Verbündeter

Die Allianz hält wider Erwarten

Arabiens ohnmächtige Großmacht

Saudi-Arabien läßt »Ungläubige« aufmarschieren

Mitte Januar 1991 bekam das Wüstenkönigreich Saudi-Arabien die Krise am Golf zum erstenmal direkt zu spüren: Scud-Raketen, im Süden des Irak offenbar von mobilen Abschußrampen abgefeuert, gingen in Dhahran und Riad nieder. In Dhahran zielten sie auf das Hauptquartier der Alliierten, und in Riad, der Hauptstadt, auf Einrichtungen der Regierung; sie wurden, bevor sie ihre Ziele erreichen konnten, von amerikanischen Abfangraketen in der Luft zerstört. Vor allem in der Ostprovinz al Hasa, wo die reichen Erdölvorkommen Saudi-Arabiens liegen, machten sich nach diesem Angriff Tausende auf den Weg nach Westen, in die Provinzen Hedschas und Asir. Dort fühlten sie sich vor »Saddams Pfeilen« sicher. Zum erstenmal seit über einem halben Jahrhundert, als man Kriege im Inneren Arabiens noch mit Säbel und Vorderlader führte, erlebten die Saudis Kampfhandlungen auf ihrem Territorium; bislang hatten sie sich aus den Nahostkriegen mit Israel weitgehend heraushalten können. Den irakischen Diktator Saddam Hussein fürchten die Saudis folglich weit mehr als den »zionistischen Feind«, der sie nie ernsthaft bedrohte. Der Irak dagegen hatte in der Vergangenheit immer wieder dazu aufgefordert, die Throne Arabiens zu stürzen und »Volksherrschaften« zu errichten. So blieben die Saudis unbeirrbar mißtrauisch, als Saddam Hussein während des ersten Golfkrieges ihre Freundschaft suchte.

Doch die gegen Riad abgefeuerten irakischen Scud-Raketen beunruhigten auch den Rest der Welt. Saudi-Arabien ist das

Land mit den größten nachgewiesenen Ölreserven; wer dort herrscht, kann den übrigen Nationen nicht gleichgültig sein. An der Stabilität keines anderen Staates ist die Welt so sehr interessiert wie an der Saudi-Arabiens. Der Charakter des Regimes ist bei diesen Bemühungen zweitrangig – solange es nur zu keinen Turbulenzen kommt, die die Öllieferungen in Frage stellen. Ob in Saudi-Arabien Menschenrechte verletzt werden oder nicht, hat für fast alle Regierungen der Welt geringere Bedeutung als die ungestörte wirtschaftliche Zusammenarbeit mit diesem Land. Das Desinteresse an den inneren Angelegenheiten Saudi-Arabiens wird von den Saudis nach Kräften gefördert: Sie tun ihr Möglichstes, um Ausländer von ihrem Lande fernzuhalten. An Touristen sind sie nicht interessiert, Journalisten werden nur in begrenzter Zahl empfangen. Lediglich westliche Fachleute und Techniker konnten bislang in dieses geheimnisvolle und verschlossene Land reisen – das dann zum Aufmarschgebiet des zweiten Golfkrieges wurde und eine maßgebliche Rolle beim Zusammenhalt der heterogenen Allianz spielte. Die Saudis wollten sich nicht in die Karten schauen lassen, bis sie plötzlich im Mittelpunkt des Interesses standen und eine große Schar internationaler Berichterstatter einreisen lassen mußten. Die restriktiven Arbeitsbedingungen für Reporter während des Krieges erlaubten es freilich nicht, den Schleier vom Antlitz dieses fremdartigen Wüstenreiches zu heben.

»Als wir endlich im Außenhafen von Dschidda vor Anker gingen, angesichts der weißen Stadt, die schwebend hing zwischen dem flammenden Himmel und seiner Spiegelung, die leuchtend über die weite Lagune hin wallte, da kam Arabiens Glut gleich einem gezückten Schwert über uns und machte uns stumm ...« Mit diesen Worten beginnt Lawrence von Arabien seinen legendären Bericht *Aufstand in der Wüste*. Noch immer brütet Arabiens Glut über Dschidda, doch die Stadt und das Land haben sich in den wenigen Jahrzehnten seither in einer Weise verändert, daß Lawrence beides wohl kaum wiedererkannt hätte. Vom alten Dschidda ist nichts mehr übrig, längst hat das 21. Jahrhundert Einzug gehalten in die Architektur und Städteplanung Saudi-Arabiens. Riad, vor vier Jahrzehnten ein besserer Marktflecken, ist heute eine wuchernde Millionenstadt. Breite Highways und Hochhäuser prägen das Bild an einem Ort, der früher von niedrigen Lehmziegelhäusern beherrscht wurde. Ähnliche Verhältnisse herrschen im ganzen Land, das mit 2,2 Millionen Quadratkilometern Fläche so groß ist wie ganz Westeuropa – in dem aber nur 14 Millionen Menschen leben. »Wer heute in Saudi-Arabien älter als sechzig Jahre ist, hat in seiner Jugend Kamele, Schafe oder Ziegen gehütet.« Diese lapidare Wahrheit sagt alles über die schwindelerregenden Veränderungen, die das beduinisch geprägte Land in unserem Jahrhundert erlebt hat.

Trotz dieser rasanten Fortschritte ist Saudi-Arabien ein extrem konservatives Land. Es wird von den Wahhabiten regiert, der puritanischsten Sekte und Rechtslehre, die der Islam in seiner Geschichte hervorgebracht hat. Bis heute ist der Koran die Verfassung des Landes. Saudi-Arabien ist, genau betrachtet, viel »fundamentalistischer« als die so gern als theokratisch bezeichnete Islamische Republik Iran: Deren Präsidialverfassung ist dem französischen Modell nachgestaltet, und ihr Parlament geht selbstverständlich seinen täglichen Aufgaben nach. Das seit 1980 existierende Parlamentsgebäude in Riad hingegen steht leer; dort ist niemals demokratisch gewählt worden. Die Geschlechtertrennung wird im wahhabitischen Königreich womöglich noch strenger gehandhabt als im Iran der Ajatollahs. Eine religiöse Polizei überwacht die Einhaltung der Gebetszeiten und des Fastens im Ramadan. Die drakonischen Strafen des islamischen Vergeltungsstrafrechtes (qisas) werden bei Diebstahl, Unzucht, Mord angewandt.

Saudi-Arabien ist dank seines Erdölreichtums eine Großmacht – nicht nur in Arabien, sondern in der Welt. Als führende Kraft in der OPEC hat sie Einfluß auf Wohl und Wehe des Westens (nur die Abhängigkeit der Amerikaner ist vergleichsweise gering: Sie beziehen nur drei bis vier Prozent ihres Öls aus der Golfregion) und vor allem der Dritten Welt. Zwar haben die Prinzen in Riad mit ihren Einnahmen aus dem Fördergeschäft zunächst einmal privat ihr Schäfchen ins trockene gebracht, doch gaben sie auch an arabische »Bruderländer« reichlich Subsidien. Die Klage Saddam Husseins, Saudi-Arabien und dic übrigen konservativen Fürsten der Halbinsel hätten nur für sich gesorgt und die anderen Araber vergessen, ist schlicht falsch und klingt aus dem Munde des Irakers unglaubwürdig, der seine Öleinnahmen durch gigantische Aufrüstung und Kriege verspielte. Richtig ist freilich, daß dreißig Millionen Araber dank des Öls in Wohlstand leben, während 170 Millionen zum Teil in bitterer Armut dahinvegetieren – vor allem in Ägypten, Marokko, Algerien oder im Jemen und Sudan.

Doch trotz seines Reichtums ist Saudi-Arabien ein Koloß auf tönernen Füßen. Das Land hat militärisch zu seiner Verteidigung wenig aufzubieten und hätte sich gegen einen massiven Angriff der Iraker allein niemals wirksam zur Wehr setzen können. Seine Armee und die Nationalgarde machen zusammen noch nicht einmal 110000 Mann aus. Hinzu kommt, daß sich die Grenzen des riesigen Landes schwer überwachen lassen. Ohne die amerikanischen Awacs-Aufklärer würden die Prinzen in Riad noch unruhiger schlafen, zumal sie sowohl von arabischen Nationalisten als auch von religiösen Eiferern herausgefordert werden und ihre Dynastie nur dürftig legitimiert ist: Die Al Saud errangen die Herrschaft über ihr Reich mit militärischen Mitteln und rechtfertigen sie heute mit religiösen Argumenten. Seit einigen Jahren läßt sich König Fahd bewußt als »Hüter der beiden heiligen Stätten« (khadim al haramain al sarifain) anreden, das heißt als der Wächter über Mekka und Medina. Dadurch erhält Saudi-Arabien eine besondere Bedeutung für die arabische Welt: Es beherbergt in seinen Grenzen Mekka und Medina, wo der Prophet Mohammed wirkte und starb, und wohin die Muslime alljährlich pilgern. Auf dem »heiligen Boden« Saudi-Arabiens entstand der Islam: Nur wer sich dessen würdig erweist, kann und darf dort auf die Dauer herrschen. Mit diesem Anspruch, der den Al Saud heute von islamischen Revolutionären streitig gemacht wird, war die Dynastie einstmals angetreten, um die Herrschaft in Arabien zu erringen. Die Familie machte eine bemerkenswerte historische Karriere:

Im 18. Jahrhundert verband sich Mohammed Ibn Saud, ein lokaler Fürst des Nedschd im Innern der Arabischen Halbinsel, mit dem Prediger Mohammed Ibn Abdal Wahhab. Dieser, 1703 geboren, stammte ebenfalls aus dem Inneren des Landes und hatte an »Madrasas«, an Theologenschulen, in Basra, Kairo und Damaskus studiert. Abdal Wahhab war in der strengen Zucht der frühislamischen Rechtsschule (madhab) des Ahmad Ibn Hanbal groß geworden. Nach seiner Rückkehr in den Nedschd warb er für eine Reform des Islam, wobei er sich vor allem gegen die Herrschaft der Türken über die heiligen Stätten wandte. Im Laufe der Jahrhunderte sei der Islam durch mystisches Beiwerk, durch Heiligenverehrung, Modernisierungen und Neuerungen so sehr entstellt worden, daß man ihn kaum noch wiedererkenne. Die Muslime müßten zurück zum ursprünglichen, kargen Islam des Propheten, der einen reinen, jeder Abweichung abholden Monotheismus gepredigt habe.

Mohammed Ibn Abdal Wahhab starb im Jahre 1792, die Familie der Al Saud hatte seit 1745 unter seinem Einfluß begonnen, ihr erstes Reich zu errichten. In wenigen Jahrzehnten eroberten die Wahhabiten den größten Teil Innerarabiens, zunächst seinen Ostteil und schließlich auch den Westen. Nach der Einnahme von Mekka und Medina hatten sie zu Beginn des 19. Jahrhunderts ungefähr jene Landfläche unter ihrer Kontrolle, die das heutige Staatsgebiet von Saudi-Arabien ausmacht. Mehr noch: Die Wahhabiten belagerten Basra und Kerbela, und selbst die gewaltige osmanische Zentralmacht war nicht imstande, die Herrschaft der Sekte mit militärischen Mitteln zu brechen. Der Sultan in Konstantinopel wandte sich in seiner Bedrängnis schließlich an Mehmed Ali, jenen albanischen Söldnerführer, der sich in Ägypten zum selbständigen Herrscher erklärt hatte, aber die Souveränität der Hohen Pforte pro forma noch anerkannte. Mehmed Ali schickte kampferprobte Hilfstruppen. Mit ihnen gelang es den Osmanen, das erste Wahhabitenreich ins Schwanken zu bringen und schließlich zu stürzen. Im Jahre 1818 konnten sie sogar Dirija erobern, die unweit von Riad gelegene Hauptstadt des Reiches, deren Überreste man noch heute besichtigen kann. Mitglieder der Familie Al Saud wurden nach Konstantinopel verschleppt oder hingerichtet.

Die Türken konnten sich ihres Erfolges nicht lange freuen. Schon Mitte der zwanziger Jahre begann der Wiederaufstieg der Wahhabiten. 1824 besiegte Turki Ibn Abdal Aziz die osmanische Garnison in Riad und zwang die Türken zum Rückzug aus dem Nedschd. Die Wahhabiten errichteten ihr zweites Reich, konnten die Angriffe des Scherifen von Mekka in den vierziger Jahren abwehren, mußten sich jedoch immer häufiger mit Ibn Raschid auseinandersetzen, einem rivalisierenden Fürsten der Schammar-Beduinen, der in Hail residierte. Ibn Raschid wurde von den Türken unterstützt, und ihm gelang es, das zweite Reich der Al Saud zum Einsturz zu bringen. 1891 mußte Abdal Rahman Al Saud vor den Angriffen Mohammed Ibn Abdal Raschids aus Riad fliehen. Der Emir von Schammar setzte dort einen Gouverneur ein, während die Al Saud bei den Al Sabah in Kuweit Asyl fanden.

Die Geschichte des dritten und vorläufig letzten Saud-Staates beginnt in den letzten Tagen des Jahres 1901 und ist mit der faszinierenden Gestalt von Abdal Aziz Ibn Saud verknüpft, der später auf der beschriebenen »Konferenz von al Uqair« mit Sir Percy Cox über die Grenzen von Kuweit verhandeln sollte. Abdal Aziz (1880 bis 1953), Gründer und erster König des modernen Saudi-Arabien, war vielleicht der größte Politiker, den die arabische Welt in diesem Jahrhundert hervorgebracht hat. Ernst zu nehmende Historiker sind der Überzeugung, daß er im Verlauf seiner langen politischen Karriere niemals einen grundlegenden Fehler begangen habe. Der libanesische Schriftsteller Amin al Rihani war von seiner Persönlichkeit ebenso bezaubert und beeindruckt wie der Engländer Abdallah St. John Bridger Philby (der Vater des späteren Spions Kim Philby), der zum Islam übertrat, in Riad lebte und als einer der wenigen Westler Zugang zu König Abdal Aziz hatte. Philby beschreibt den Monarchen als eine in jeder Hinsicht überlebensgroße Patriarchengestalt: Abdal Aziz erreichte nahezu zwei Meter und besaß eine ungewöhnliche Körperkraft.

Im Dezember 1901 brach der damals gerade 21 Jahre alte Fürst der Al Saud in Kuweit auf, um mit wenigen Berittenen in einem kühnen Handstreich Riad, die ehemalige Hauptstadt seiner Familie, wieder einzunehmen. Niemand konnte damals ahnen, daß die Al Sabah von Kuweit ein knappes Jahrhundert später aus dem saudischen Exil aufbrechen würden, um ihrerseits in ihren von arabischen und westlichen Truppen befreiten Staat zurückzukehren. Abdal Aziz schlug Ibn Raschid Anfang Januar 1902 in einem überfallartigen Gefecht und gewann damit Riad aus den Händen der Schammar zurück. Die Bevölkerung stand in diesem Kampf zu den Al Saud und war froh, die Herrschaft Ibn Raschids abschütteln zu können. Ein Versuch der Schammar, Riad noch einmal in ihre Gewalt zu bringen, scheiterte an der militärischen Tüchtigkeit von Abdal Aziz und seinen Beduinenkriegern. Im nächsten Vierteljahrhundert dehnte Abdal Aziz mit Hilfe der »Ikhwan«, der wahhabitischen Religionskrieger, seine Herrschaft ständig aus. Die Bruderschaft der Ikhwan war 1910 gegründet worden. Diese auf den strengen Wahhabismus verpflichtete Garde der Al Saud wollte die frühislamische Utopie einer egalitären und sozial gerechten Gesellschaft aufs neue über die Arabische Halbinsel verbreiten. Die Ikhwan leisteten Pionierarbeit auf dem Felde der Ansiedlung von Nomaden; gleichzeitig stellten sie die militärische Elitetruppe, auf deren Macht Abdal Aziz seinen Staat Saudi-Arabien gründen konnte. Er eroberte Hofuf und al Hasa aus den Händen der Türken, drang nach Hail und ins Gebiet der Schammar vor, unterwarf alle südlichen Gebiete Zentralarabiens bis hinab zur menschenleeren Wüste Rub al Khali. Im Norden stießen seine Krieger bis zum Wadi Sirhan und in die Landschaft al Dschauf vor. Die Eroberungen wurden mitunter durch entsprechende Heiraten abgesichert. Insgesamt war König Abdal Aziz 21mal verheiratet, wobei er strikt dem koranischen Gesetz gehorchte und niemals mit mehr als vier Frauen auf einmal verbunden war. Solche Heiratspolitik war durchaus üblich unter den arabischen Stämmen.

In den frühen zwanziger Jahren hatte der Emir des Nedschd (so lautete seit 1921 zunächst sein Titel) die härteste Probe zu bestehen. Er mußte sich messen mit Hussein Ibn Ali, dem Scherifen von Mekka, der von den Briten lange Zeit favorisiert worden war. Auch Lawrence von Arabien war ein überzeugter Parteigänger des Haschemiten und seiner Söhne, die Lawrence seinerzeit in seinem Wüstenkrieg unterstützt hatte. Hussein Ibn Ali herrschte über den Hedschas, über Mekka und Medina und proklamierte sich 1924 zum Kalifen aller Muslime, nachdem Mustafa Kemal Pascha (»Atatürk«) im fernen Ankara und Konstantinopel das Reich der Osmanen liquidiert und sowohl das Sultanat als auch das Kalifat abgeschafft hatte. Dieser Schritt des Scherifen war für Abdal Aziz der Casus belli: Seine Ikhwan griffen die Truppen des Scherifen an, besiegten sie bei Taif und zogen am 13. Oktober 1924 kampflos in Mekka, der heiligsten Stadt des Islam, ein. Im folgenden Jahr ergab sich auch Medina. Der greise Scherif von Mekka ging ins Exil nach Zypern, wo er unter dem Schutz der Briten blieb, während seine Söhne im Norden der Arabischen Halbinsel, in Syrien, Palästina und im Irak, zu neuen politischen Abenteuern aufbrachen. Abdal Aziz erklärte sich offiziell zum König des Hedschas. Dann wandten sich die Ikhwan dem Jemen zu, mit dessen Herrscher, dem zaiditischen Imam, es zu einer Reihe von Gefechten kam. Abdal Aziz gewann die Gebiete südlich des Hedschas, Nadschran und Dschizan, womit die Ikhwan und das Haus der Al Saud ihre Expansionskraft erschöpft hatten, aber auch in scharfen Gegensatz zum Jemen geraten waren. Mit den Jemeniten führten die Al Saud auch ihren bisher letzten Krieg, der mit dem Waffenstillstand von Taif im Jahre 1934 endete. In der zweiten Golfkrise gehörte der republikanische Jemen denn auch zu den wenigen Verbündeten Saddam Husseins – allein schon wegen der traditionellen jemenitisch-saudischen Ressentiments.

Im Jahre 1932 schlug die eigentliche Geburtsstunde des Königreichs Saudi-Arabien. Der Emir verkündete durch das königliche Dekret Nummer 2716 die Vereinigung von Hedschas und Nedschd; der neue Staat führte vom 23. September desselben Jahres an den amtlichen Namen »Königreich Saudi-Arabien« (al mamlaka al arabija al saudija). Der Staat hatte damit seine heutige Gestalt angenommen. In den ihm verbleibenden zwei Lebensjahrzehnten baute König Abdal Aziz, bekannt auch als Ibn Saud, sein Reich mit Hilfe einiger westlicher Berater (zu denen Philby gehörte), der seit den dreißiger Jahren fließenden Erdöleinnahmen und der »Arabisch-amerikanischen Ölgesellschaft« (ARAMCO) zu einem stabilen, autoritär-patriarchalisch geführten Musterstaat der Wahhabiten aus. Eng verbunden blieb das Königshaus dabei der Familie des Abdal Wahhab und den wahhabitischen Ulama, den streng puritanisch ausgerichteten Rechtsgelehrten des Islam, die alle Entwicklungen und Modernisierungen mit Distanz, teilweise auch Argwohn betrachteten.

Solange die übermächtige Gestalt des Gründer-Königs das Land beherrschte, ging Saudi-Arabiens Entwicklung einen vernünftigen, gemächlichen Gang. Noch 1950 war Riad eine größere, durchaus traditionelle arabische Stadt und bot den wenigen Besuchern einen malerischen Anblick. Nach dem Tode des Herrschers wurde sein ältester Sohn Ibn Saud, der schon seit zwanzig Jahren auf die Thronfolge wartete, unter dem Namen Saud IV. zweiter König des dritten Wahhabitenreiches. Ibn Saud lebte auf großem Fuß und wurde bald der Verschwendung bezichtigt – von seinem Vater hatte er nur die hünenhafte Gestalt geerbt, nicht dessen politisches Geschick. Im Unterschied zum Reichsgründer besuchte Ibn Saud Europa, wo er mit seinem Hofstaat, den Schranzen und Frauen in Luxushotels hofhielt und zu allerhand Klatsch über sich und seinen Harem Anlaß gab. Ibn Saud verwandte die hohen Einnahmen aus dem Erdöl nach Auffassung vieler Offiziere aus der saudischen »Prinzengarde« in zu großem Maße für private Zwecke oder Prestigeprojekte, so daß sich die Stimmen mehrten, die für eine Absetzung des Königs votierten. Sie scharten sich um den Kronprinzen Feisal, der schließlich 1962 zum Ministerpräsidenten bestellt wurde.

Zwei Jahre später wurde Saud IV. abgesetzt, Feisal trat als Monarch an seine Stelle. Er war von gänzlich anderem Format als sein Vorgänger und wurde der bedeutendste Herrscher nach dem Vater. Auch Feisal war ein leiblicher Sohn von Abdal Aziz, aber kein besonders vitaler Mann. Er war feinfühlig, fromm und neigte zur Askese. Die Gesetze des Korans hielt er streng ein. In späteren Jahren zwang ihn ein Magenleiden dazu, wenig zu essen, meistens nur ein paar Datteln und Brei. Dazu trank er Milch. Feisals Gesicht zeugte von seiner Krankheit und von tiefer Melancholie. Unter seiner Führung wurde das Wahhabiten-Reich zur Großmacht in Arabien. Vor allem aber widerstand Feisal mit Hilfe seines politisch-taktischen Geschicks und des vielen Geldes, das in das Land floß, den subversiven Aktivitäten der arabischen Nationalisten. So ermöglichte er es beispielsweise den im Krieg mit Ägypten befindlichen konservativen Jemeniten, dem Ansturm ägyptischer Truppen einigermaßen standzuhalten, obwohl Nasser, der dem Land unbedingt seine »Revolution« aufzwingen wollte, sogar Giftgas gegen die Stämme im Norden des Jemen einsetzen ließ. Im Abkommen von Dschidda einigten sich Feisal und Nasser 1965 schließlich auf einen Friedensplan für den Nordjemen, in dem Saudi-Arabiens Sicherheitsinteressen gewahrt blieben. 1967 schlossen Riad und Kairo Frieden; von diesem Zeitpunkt an mischte sich keine der beiden Seiten mehr in die innenpolitischen Wirren des Jemen ein. Dem saudischen Monarchen kam zugute, daß Nasser im selben Jahr während des Sechs-Tage-Krieges eine verheerende Niederlage gegen Israel erlitt und sein Ansehen unter den Arabern einbüßte. Nasser war ein gebrochener Mann, der sich niemals von diesem Schlag erholte und schon 1970 starb.

Für die Geschichte des modernen Arabien war diese militärische Katastrophe ein Wendepunkt, da der propagandistisch besonders aktive Nationalismus viel von seiner Zugkraft auf die arabischen Massen verlor. Es schlug die Stunde der durch das Öl reich und scheinbar allmächtig gewordenen Monarchen der Arabischen Halbinsel, angeführt von König Feisal. Konnten sie denn nicht, hofften damals viele Araber, besser als die ökonomischen Habenichtse die Abhängigkeit des Westens vom Öl für die Sache der Palästinenser einsetzen? Waren ihre Aussichten auf Erfolg nicht ungleich größer als die des zwar volkreichen, aber armen und damit schwachen Ägypten? Feisal stattete die Organisationen der Palästinenser (1964 war die PLO gegründet worden) finanziell reich aus; und die Palästinenser ihrerseits vergaßen ihre ideologischen Vorbehalte, die sie gegen die »Feudalherren« Arabiens entwickelt hatten. Hinzu kam, daß der fromme König Feisal glaubhafteres Interesse an der Rückgewinnung der Al-Aqsa-Moschee und des »Felsendomes« in Jerusalem für die Muslime zeigte als sein Vorgänger Saud IV., dem sein persönliches Wohlbefinden über alles ging. Den Höhepunkt erreichte diese Politik, als im Jahre 1973 der »Ölkrieg« einsetzte, der den Deutschen die autofreien Sonntage bescherte, durch die Öl gespart werden sollte. Manche hitzköpfigen arabischen Politiker wollten darin einen Erfolg für die Sache der islamischen Staaten sehen und forderten in den folgenden Jahren, die Ölwaffe immer wieder entschieden gegen den Westen einzusetzen. König Feisal war allerdings zu sehr Realist, als daß er sich auf ein solches gewagtes Spiel eingelassen hätte. Saudi-Arabien entwickelte sich zu dem führenden Land in der OPEC, das im allgemeinen eine verantwortungsbewußte Ölpreis-Politik betrieb.

Feisal regierte auch im Innern entschieden und kraftvoll. Das Pilgerwesen, vor der Erschließung der Ölquellen die wichtigste Einnahmequelle des Landes, wurde ausgebaut, so daß Dschidda und Mekka dem hunderttausendfachen Ansturm der Pilger besser gewachsen waren. Saudi-Arabien wurde weiter modernisiert. Das heutige Gesicht des Landes ist letztlich von diesem König gestaltet worden – dem man vielleicht den Vorwurf nicht ersparen kann, daß er in dem Prozeß der radikalen Modernisierung auch vieles Alte hinwegschwemmen ließ, das erhaltenswert gewesen wäre. Dies gilt etwa für die traditionellen, in Jahrhunderten gewachsenen Stadtteile von Riad oder Dschidda. Doch sind dies typische Bedenken eines verwöhnten Westlers; die Saudis hingegen hatten zunächst einmal den Wunsch, dem kargen und von der Natur bedrohten Leben zu entfliehen, das sie jahrhundertelang hatten führen müssen. Unter König Feisal wurde zudem das Bildungswesen des Landes ausgebaut. Schulen und Universitäten entstanden. Vor allem Frauen erhielten mehr und bessere Möglichkeiten, sich fortzubilden – wenn auch alles dies nur streng nach den Gesetzen des wahhabitischen Islam geschehen durfte. Bis heute ist es den Frauen in Saudi-Arabien beispielsweise nicht erlaubt, Auto zu fahren.

Am 25. März 1975 wurde König Feisal von einem Verwandten, seinem Neffen Prinz Feisal Ibn Musaid, bei einer Konferenz erschossen. Für die Tat gab es offenbar keine politischen Motive; über die genauen Hintergründe des Attentats schwieg sich die Sippe gegenüber der Öffentlichkeit aus. Kronprinz Chalid, der noch am selben Tag zum König ernannt wurde, war eine viel schwächere Persönlichkeit als Feisal. Von ihm war allenfalls, wie sich bald herausstellte, die Verwaltung des Besitzstandes zu erwarten, nicht eine kraftvolle Politik. König Chalid litt zudem an einer Herzerkrankung. Die schwerste Herausforderung, die er zu bestehen hatte, war eine religiöse Krise, wie sie nur in Saudi-Arabien vorstellbar ist: Ein aus dem Südjemen stammender Fanatiker, der sich selbst zum »Mahdi« ernannte – also zu jenem endzeitlichen Erlöser, den die Muslime nach den Prophezeiungen des Koran erwarten –, besetzte mit Hunderten von Anhängern im Jahre 1979 die heilige Moschee in Mekka. Er rief sich zum Erneuerer des Islam aus und die Gläubigen zum Sturz der Al Saud auf. Die Krise spitzte sich zu, da die Saudis nicht imstande waren, dieser religiös inspirierten Rebellion schnell Herr zu werden. Erst als französische Anti-Terror-Einheiten den örtlichen Sicherheitskräften zu Hilfe kamen, konnte der Aufstand niedergeworfen werden.

Im fernen Teheran verurteilte Ajatollah Chomeini zwar diesen Anschlag auf das größte Heiligtum des Islam, doch insgeheim wurde vermutet, daß ohne den Umsturz in Iran die Revolte von Mekka nicht denkbar gewesen wäre. Vor allem die blutigen Zusammenstöße zwischen iranischen Pilgern und saudischen Sicherheitskräften während der Wallfahrt von 1987, die mehr als 400 Menschenleben forderten, zeigten deutlich, daß der Thron der Al Saud von den Anhängern des Ajatollah Chomeini bedroht war und ist. Die arabischen Nationalisten hingegen, so schien es, hatten angesichts des islamistischen Fundamentalismus ihren Frieden mit den Monarchien gemacht. König Chalid starb 1982, ihm folgte Fahd Ibn Abdal Aziz, ein weiterer Sohn des alten

Königs Ibn Saud, von dem man sich mehr politische Gestaltungskraft versprach.

Fahd (sein Name bedeutet im Arabischen »Gepard«) ist Jahrgang 1922. Er wurde in Riad geboren und ist ein Sudairi-Sohn, das heißt, er stammt aus der Ehe des Staatsgründers mit Hassa Bint Ahmad al Sudairi, der Tochter eines einflußreichen Fürsten. Die Sudairis sind die angesehensten unter den Prinzen und nehmen einen führenden Rang in der Hierarchie der Al Saud ein. Über den Werdegang Fahds in seiner Jugend ist wenig bekannt, da das Königshaus mit der Veröffentlichung von Fakten über den Lebensweg der Herrscher mehr als geizt. Immer wieder wird freilich berichtet, Fahd sei dem guten Leben nicht unbedingt abhold. Er stand im Rufe eines Playboys. Mitte der fünfziger Jahre, kurz nach dem Tod des legendären Vaters, hatte Fahd jedoch schon wichtige Ämter im Königreich inne. In den Blickpunkt der Öffentlichkeit trat der Prinz im Jahre 1975, als er nach der Inthronisierung Chalids für diesen im Hintergrund die Geschäfte führte, gewissermaßen als »Schattenkönig«. 1981 machte er sich international einen Namen mit dem nach ihm benannten Palästina-Plan, der unter anderem auch eine indirekte Anerkennung der Sicherheitsinteressen Israels vorsah. In den vergangenen Jahren ist an Fahd ein gewisser körperlicher Verfall festzustellen, der freilich das politische Leben wenig beeinträchtigt. In dem Prinzen Saud al Feisal, einem der Söhne des ermordeten Königs, hat Fahd einen tüchtigen Außenminister.

Der saudische Monarch ist ein gemäßigter Modernist. Er ist politisch prowestlich und schätzt auch den westlichen Lebensstil; davon zeugen Besitztümer in Großbritannien und an der Costa del Sol (zu Spanien, dem ehemaligen al Andalus, haben viele Araber eine Beziehung, die man als »stille Liebe« bezeichnen könnte). Zwischen ihm und Kronprinz Abdullah, der ihm als König nachfolgen wird und jetzt die Nationalgarde befehligt, gibt es Spannungen: Abdullah fürchtet, die prowestliche Politik des Reiches und die rasche Modernisierung könnten das Land so zerrütten, daß es eines Tages doch die Beute von politisch-religiösen Aufrührern werde. Fahd betreibt deshalb seine Politik diskreter als seine Vorgänger, die Modernisierung soll schon seit einiger Zeit etwas gebremst worden sein, um die Schere zwischen dem überbordenden Reichtum und seinen Verlockungen sowie den traditionellen Sitten und Gebräuchen des Islam nicht allzu sehr auseinanderklaffen zu lassen. Dieser Gegensatz ist das Hauptproblem des Wahhabitenstaates: Wie lange kann man den strengen Wahhabismus pflegen und gleichzeitig das 21. Jahrhundert vorwegnehmen, ohne daß es zu einem gefährlichen und deshalb explosiven gesellschaftlichen Widerspruch erster Ordnung kommt? Wie lange kann man Untertanen ins Ausland schicken, damit sie dort zu Nutz und Frommen des Staates studieren, und ihnen doch jegliche demokratische Mitsprache im eigenen Lande verweigern?

Es ist daher dem saudischen König nicht leichtgefallen, die Truppen der Allianz im August 1990 in sein Land zu holen. Für eine so abgeschlossene Gesellschaft wie die saudische bedeutete dies ein Abenteuer, wenn nicht ein Wagnis. Eine halbe Million Soldaten aus christlichen Ländern, das heißt »Ungläubige« (in Saudi-Arabien ist das Christentum bis heute verboten), vor allem die Soldatinnen der Amerikaner, sorgten für einen Zusammenprall der Kulturen, wie ihn das Reich bis dahin noch nicht erlebt hatte. Die Allianz mit christlichen Mächten hat dem »Hüter der beiden heiligen Stätten« bei den religiösen Eiferern überall im »dar al Islam« schwer geschadet, wenn auch der Verlauf des Krieges zunächst die akute Bedrohung beseitigt hat. Auf alle Gegner Riads wirkte es aufreizend, bei den Pressebriefings der Allianz-Offiziere das verhaßte amerikanische Sternenbanner neben der grünen Fahne des Propheten mit der Aufschrift »Es gibt keinen Gott, außer Gott« wehen zu sehen. Saudi-Arabien als Aufmarschgebiet christlicher Heere – das erinnerte die islamische Welt wieder einmal an die Kreuzfahrer des Mittelalters. Daß auch arabische Länder Truppen zur Allianz beisteuerten, die an der Seite der »Ungläubigen« fochten oder doch zumindest militärische Dienste verrichteten, wird als »Verrat« angesehen. Diese Länder seien von Amerika gekauft worden, hieß es in manchen arabischen Kommentaren.

In einer ganz ähnlichen, wenn auch längst nicht so exponierten Situation befanden sich bei Ausbruch des Krieges im August 1990 auch die konservativen Kleinstaaten am Golf. En miniature haben diese Länder eine Entwicklung durchgemacht, die derjenigen Saudi-Arabiens ähnelt, das heißt: Was für die Al Saud und die Al Sabah in Kuweit gilt, gilt auch für die Al Thani von Qatar, die Al Nahayan von Abu Dhabi in den Vereinigten Arabischen Emiraten und die Al Chalifa in Bahrein. Diese Herrscherhäuser lebten bis in die sechziger und siebziger Jahre unseres Jahrhunderts hinein als Schützlinge Großbritanniens, bis sie ihre Unabhängigkeit erhielten. Durch Erdöl wurden sie reich, wobei das übermächtige Saudi-Arabien seinen langen Schatten auf all diese Kleinstaaten warf. Ein augenfälliges Symbol dieser Machtverhältnisse ist die moderne Brücke, die heute die Hauptinsel von Bahrein mit Saudi-Arabien verbindet.

In den Kleinstaaten am Golf herrschte zu Beginn der achtziger Jahre Unruhe, da unzufriedene Minderheiten nach Teheran blickten und Chomeinis Machtübernahme feierten. In Bahrein stellen gar die Schiiten die Mehrzahl der Einwohner, was die politischen Querelen im Jahre 1981 erklärt. Ähnliche Unruhe herrschte zum selben Zeitpunkt auch in den Vereinigten Arabischen Emiraten (VAE), einem Zusammenschluß von sieben kleinen arabischen Fürstentümern, die früher unter dem Namen »Trucial Oman« oder »Piratenküste« bekannt waren und vom Fischfang und Perlentauchen lebten. Durch Saddam Husseins Überfall auf den Kleinstaat Kuweit fühlten sich diese Länder und ihre Herrscher mindestens ebenso bedroht wie Saudi-Arabien. Sie atmeten deshalb auf, als Riad sich unter dem mehr oder weniger sanften Druck Washingtons bereit erklärte, die Hauptlast der Stationierung fremder Truppen zu tragen. Saudi-Arabien wurde militärisches Aufmarschgebiet, was man von den übrigen Monarchien gewiß nicht sagen kann. Sie leisteten Hilfe im Bereich der Logistik; vor allem die Briten, die sowohl in den Emiraten als auch in Bahrein immer noch stark präsent sind, spielten dabei die tragende Rolle.

Husni Mubarak, der lächelnde Erbe Sadats

Ägypten hatte niemals eine Wahl

Als die Krise um Kuweit begann, waren Ägypten und der Irak offiziell noch Mitglieder im »Arabischen Kooperationsrat«, einer Organisation, die vor allem wirtschaftspolitische Aufgaben verfolgte und die als Konkurrenz zum Golf-Kooperationsrat der konservativen Monarchien ins Leben gerufen wurde. Die beiden Staatsführer jedoch, Husni Mubarak und Saddam Hussein, waren schon lange zerstritten. Was Saddam nicht daran hinderte, den Ägypter in den Verhandlungen kurz vor und nach dem Überfall auf Kuweit stets mit dem Wort »Bruder« anzureden. Während des ersten Golfkrieges hatten sich die Beziehungen zwischen Bagdad und Kairo kontinuierlich verbessert – zumal der Irak auf ägyptische Unterstützung angewiesen war: Etwa eineinhalb Millionen Ägypter waren als Gastarbeiter im Irak tätig; während des Krieges gegen Iran belieferte Ägypten als wichtigster Waffenproduzent des Nahen Ostens die Iraker mit schwerer Artillerie. Iran behauptete sogar (und wie sich später zeigte zu Recht), daß ägyptische Piloten auf irakischer Seite in die Kämpfe eingegriffen hätten, und die Iraner konnten als Beweis auf einige ägyptische Kriegsgefangene verweisen. Um so bitterer war es für Ägypten und seinen Präsidenten, daß nach Beginn des zweiten Krieges am Golf Hunderttausende der ägyptischen Gastarbeiter den Irak verlassen mußten. Das ohnehin von schweren Wirtschaftskrisen gezeichnete und überbevölkerte Land am Nil konnte und kann diese Menschen bis heute nicht integrieren. Sie finden in ihrer Heimat weder Arbeit noch Wohnung.

In gewisser Weise sind Ägypten und der Irak die Antipoden der arabischen Welt. Zu Recht beansprucht das Land, welches von Herodot als »Geschenk des Nils« bezeichnet wurde, die Führungsrolle unter den Völkern zwischen dem Atlantik und dem Golf. In Ägypten lebt mehr als ein Viertel aller Araber, zwischen fünfzig und sechzig Millionen Menschen. In ihnen verbindet sich das Erbe der Pharaonen mit der arabischen Sprache, der islamischen Religion und Kultur; die jahrhundertelange Herrschaft der türkischen Mamelucken hat dem Land eine zusätzliche Komponente »islamischen Kosmopolitentums« gegeben, das durch den frühen Einfluß des Westens weiter gestärkt wurde. Zweihundert Jahre fast ist es jetzt her, daß Napoleon das Land eroberte und damit für westliche Ideen öffnete, die im 19. Jahrhundert in der Ära des Khediven Mehmed Ali und seiner Nachkommen sich im Lande weiter verbreiteten und Wurzeln schlugen. Ägypten ist das modernste arabische Land, mit einer Bevölkerung, die ethnisch weitgehend homogen ist. Stämme oder Clans wie im Irak und anderswo spielen am Nil kaum noch eine Rolle. Die schlechte ökonomische Lage des Landes freilich hat auch in Ägypten dazu geführt, daß militante islamische Eiferer das bisher tolerante politische Klima bedrohen. Präsident Mubarak hat Morddrohungen erhalten, der Schriftsteller Nagib Mahfuz, der 1988 mit dem Literaturnobelpreis ausgezeichnet wurde, gilt den Islamisten als Verräter und »Pornograph«. So nimmt es nicht wunder, daß hinter dem Mord an dem ägyptischen Parlamentspräsidenten Rifaat al Mahgub im September 1990 proirakische Kräfte vermutet wurden. Trotzdem ist Ägypten gegenwärtig, neben dem zerstörten Libanon, das einzige Land in der Region, in dem liberale Tendenzen nicht nur dem Scheine nach gefördert werden. In der ägyptischen Presse wird lebhafter diskutiert als anderswo in Arabien.

Ägypten ist mit mehr als vierzig Milliarden Dollar im Ausland verschuldet. Zusammen mit Israel profitiert es am stärksten von der Wirtschafts- und Finanzhilfe, die Amerika und andere westliche Länder gewähren. Es bekommt von Washington mehr als zwei Milliarden Dollar jährlich als Unterstützung, ein Betrag, auf den das Land nicht verzichten kann. Dieses Faktum bestimmt seit den Tagen des ermordeten Präsidenten Anwar al Sadat die Politik. Ägypten kann es sich nicht leisten, die Amerikaner zu verprellen; die ägyptische Führung will das auch nicht, sondern betont ihre Sympathien mit dem Westen. Während der Kuweit-Krise hatte Kairo folglich keine Wahl: Seine entschiedene Haltung gegen den Irak und seine Teilnahme an den Kämpfen zur Befreiung Kuweits waren eine logische Fortsetzung der ägyptischen Politik der letzten zwei Jahrzehnte. Zehn Jahre lang wurde sie von Husni Mubarak geprägt, der als legitimer Erbe Sadats gelten kann.

Das hoffnungslos übervölkerte, von wirtschaftlichen Krisen geschüttelte und nicht mit Erdöl gesegnete Ägypten hat seit dem Sturz des Königs Faruk 1952 eine erstaunliche Stabilität bewiesen. Nur drei Präsidenten haben das Land seither regiert: Nasser, Sadat und Mubarak. Die Ära Nasser hat ein zwiespältiges Erbe hinterlassen. Nasser verschaffte Ägypten endgültig die Rolle einer politischen Führungsmacht in der Region. Er wurde das Idol der arabischen Nationalisten (auch Saddam Husseins), als er die Westmächte 1956 am Suez-Kanal erfolgreich herausforderte. Innenpolitisch betätigte sich Nasser vor allem als konsequenter und »westlich« orientierter Reformer. Allerdings stieß er bald auf den entschiedenen Widerstand der Muslimbrüder, von denen er Tausende in den Gefängnissen des Landes verschwinden ließ. Ägypten verwandelte sich unter seiner autoritären Regierung mehr und mehr zur Diktatur. Wie Saddam Hussein war er ein Feind der arabischen Könige und Emire, so förderte er beispielsweise den Bürgerkrieg im »feudalistischen« Nord-Jemen. Sein militärischer Ruhm wurde freilich zerstört, als die ägyptischen Truppen im Sechs-Tage-Krieg gegen Israel 1967 eine verheerende Niederlage erlitten. Von dieser Stunde an war Nasser ein gebrochener Mann, der sogar seinen Rücktritt anbot, aber unter dem Druck der Volksmassen im Amte blieb. 1970 starb er einen vorzeitigen Herztod. Sein Grab in Kairo muß man heute suchen; nur wenige Einwohner der Stadt kennen es.

Ganz anders ist das bei Nassers Nachfolger Anwar al Sadat, einer tragischen Figur der Weltgeschichte, in der sich visionärer Ernst mit politischer Gaukelei und Schauspielerei verbanden. So beschrieb ihn Mohammed Heikal, einer von Sadats ägyptischen Biographen, der ein ehemaliger Nasser-Intimus war. Sadats Grab, eine weithin sichtbare Pyramide, an der Straße von Heliopolis in die City gelegen, wird von den Taxifahrern Kairos allen

Besuchern vorgeführt – gleichgültig, ob der Fahrer Sadats Politik unterstützte oder ablehnte.

Tatsächlich prägen die oft umstrittenen Entscheidungen Sadats das Leben in Ägypten bis heute. 1972 beendete er den Einfluß der Sowjetunion auf sein Land, indem er die mehr als 5000 Berater Moskaus kurzerhand des Landes verwies. Er liberalisierte die Wirtschaftspolitik im Sinne einer »Öffnung« für westliche Waren und Firmen (al infitah), und von vielen sozialistischen Experimenten der Nasser-Zeit wurde wieder Abstand genommen. Wohlstand für alle brachte das nicht; doch waren auch unter Nasser die ökonomischen Fortschritte eher bescheiden geblieben – wirtschaftspolitische Patentrezepte für ein Katastrophen-Land wie Ägypten gibt es nicht. Den Zenit seiner politischen Karriere erreichte Sadat nach dem Oktober-Krieg 1973 (der für ihn einen politischen Erfolg darstellte) und in den Jahren danach. Der Kleinbürger-Junge aus Mit Abul Kom im übervölkerten Nildelta wurde der Held nicht nur Ägyptens, sondern der gesamten arabischen Welt, nachdem es seinen Truppen im Oktober-Krieg gelungen war, den Suez-Kanal zu überschreiten, die als uneinnehmbar geltende Bar Lev-Linie zu überrennen und die Israelis zunächst in große militärische wie politische Bedrängnis zu bringen. Daß später die dritte ägyptische Armee von den Israelis eingekesselt wurde und nur durch das Eingreifen der beiden Großmächte gerettet werden konnte, spielte demgegenüber eine untergeordnete Rolle. Aus einer Position der Stärke, des gefestigten arabischen Selbstbewußtseins heraus besuchte Sadat dann die Knesset und schloß schließlich, vermittelt durch den damaligen amerikanischen Präsidenten Jimmy Carter, 1979 die Abkommen von Camp David. Ägypten ist bis heute das einzige arabische Land, das sich zu einem solchen Schritt entschlossen hat. Der Friedensvertrag mit Israel ist der Schlüssel für vieles in der ägyptischen Innen- und Außenpolitik.

Sadat wurde das Opfer seiner eigenen Kühnheit. Am 6. Oktober 1981 erschossen ihn islamische Radikale auf dem Paradeplatz im Norden Kairos, weil sie ihn für einen »Verräter« an der Sache Arabiens und des Islam hielten. Obwohl das Land den Frieden dringend brauchte, wurde er von nationalistischen Extremisten, ehemaligen Nasser-Anhängern und Islamisten abgelehnt. Als Mubarak am Tag nach dem Mord Sadats Amt übernahm, gaben ihm nur wenige eine Überlebens-Chance, zumal Ägypten von den meisten arabischen Staaten seit dem Abkommen von Camp David boykottiert und wie ein politisch Aussätziger behandelt wurde. Doch Mubarak hat diese Pessimisten widerlegt.

Zu Zeiten Sadats galt Mubarak im Volksmund als »la vache qui rit«, als die »Kuh, die lacht«. Dies war eine liebevoll-bissige Anspielung auf die Bilder in den Zeitungen, die den Vizepräsidenten Mubarak fast immer, wie es schien, ein wenig einfältig lächelnd neben Sadat, dem großen Meister, zeigten. Doch wie sehr dieser Eindruck trog, machten die letzten zehn Jahre deutlich. Gewiß ist Mubarak die schwächste der drei Persönlichkeiten, die Äygpten seit dem Sturz des Königs geführt haben; aber er ist zweifellos die stetigste. Mohammed Husni Mubarak wurde 1928 in der Minufi-Provinz geboren. Die Minufis gelten in Ägypten als besonders schlau und gerissen. Er machte in der Armee Karriere. 1949 beendete er die Militärakademie, um anschließend für einige Zeit in die Sowjetunion zu gehen. Mubarak spricht neben Englisch auch fließend Russisch. Nach seiner Rückkehr wurde er unter Nasser bald Stabschef der Luftwaffe, schließlich, unter Sadat, ihr oberster Kommandeur und Luft-Marschall. Seit 1975 war er als Vizepräsident Sadats Stellvertreter.

Seitdem Mubarak Staatspräsident ist, sieht er sich mit zwei Hauptschwierigkeiten konfrontiert: Er muß einerseits den Frieden mit Israel erhalten und andererseits eine Wiedereingliederung Ägyptens in die Reihen der Arabischen Liga erreichen. Beides ist ihm gelungen. Mubarak, nicht Sadat, war es vergönnt, bei El Arisch die ägyptische Flagge über einem gänzlich befreiten Sinai zu hissen. Das Israel unter Menachem Begin hatte, nach großen innenpolitischen Turbulenzen, die Vereinbarungen von Camp David erfüllt und auch die letzten Siedlungen im Norden der vormals besetzten Halbinsel geräumt. Durch solche Erfolge wurde Mubaraks Ansehen gefestigt. Freilich konnten sie nicht darüber hinwegtäuschen, daß die Normalisierung der politischen Beziehungen zu Israel schwierig blieb – zumal bis heute keine Regelung für die Palästinenser gefunden wurde und verschiedene Anschläge von ägyptischen Extremisten auf israelische Touristenbusse die Kontakte belasteten. Aus dem bejubelten Frieden von Camp David wurde bald ein kalter, schließlich ein »eisiger Friede«. Aber er hielt.

Die Wiederannäherung an die übrigen arabischen Staaten gelang dem Ägypter in dem Maße, in dem der radikale Irak, einer der Führer der anti-ägyptischen Ablehnungsfront, im ersten Golfkrieg durch die Mullahs in Bedrängnis gebracht wurde. Im Krieg zeigte sich, daß die arabische Welt ohne das volkreiche, im Westen angesehene Ägypten, den wichtigsten Staat in der Region, nicht auskommen konnte. Es war nur eine Frage der Zeit, bis der nach Tunis verlegte Sitz der Arabischen Liga wieder nach Kairo zurückverlegt würde. Mit Zähigkeit und Geschick gelang es Mubarak und den führenden Männern um ihn herum, dem Außenminister Ismat Abdal Magid, dem Staatsminister für Auswärtiges, Butrus Ghali, einem Kopten, und dem Präsidentenberater Usama al Baz, die Isolierung Kairos weitgehend aufzubrechen. Schon Mitte der achtziger Jahre wurden die Ägypter in der irakischen Hauptstadt herzlich empfangen. Anfang 1987 nahm Mubarak an der islamischen Gipfelkonferenz in Kuweit teil, was von den übrigen Teilnehmern inzwischen wieder als ganz selbstverständlich empfunden wurde. Nur die amtliche Wiederaufnahme in die Reihen der arabischen Welt und ihrer führenden Organisationen stand noch aus: Sie wurde im Mai 1989 auf der Gipfelkonferenz von Casablanca vollzogen.

Die Politik Ägyptens in der arabischen Welt ist vielschichtig. Das hat auch mit der Bedeutung zu tun, die dem Land kulturell zukommt. Ägyptische Lehrer und Arbeiter gibt es fast überall, der ägyptische Film wird in allen arabischen Ländern gerne gesehen, der Dialekt der Ägypter setzt sich auch in anderen Staaten immer mehr durch. An vorderster Stelle jedoch stehen Kairos Bemühungen um den Frieden: Das Ägypten Mubaraks führt das Friedenslager in der arabischen Welt an. Gleichzeitig rivalisiert es mit Staaten, die eine radikalere Politik wünschen. Mit dem Nachbarn Libyen ist eine Aussöhnung gelungen, während das Verhältnis zum Irak durch die ägyptische Haltung in der Schlacht um Kuweit auf absehbare Zeit vergiftet sein dürfte: Kairo schickte eine Streitmacht von mehr als 35 000 Mann in die Wüste Saudi-Arabiens.

Zu Beginn der Krise war Mubarak besonders eifrig um Vermittlung zwischen Saddam Hussein und der arabischen Welt bemüht. In jenem denkwürdigen Treffen des Ägypters am 28. Juli 1990 in Bagdad unternahm er den Versuch, den irakischen Präsidenten von seinem Überfall auf Kuweit abzubringen. Nach dem Ende der Krise wurde in Ägypten bekannt, daß Saddam Hussein Mubarak versichert hatte, er wolle Kuweit gar nicht angreifen, sondern nur »Druck« auf die »arroganten Emire und Scheichs« ausüben, um von ihnen Geld zu erpressen; Saddam soll Mubarak sogar angeboten haben, sich an der Aktion zu beteiligen – zum finanziellen Nutzen seines Landes. Mubarak gab Saddams Versicherung, daß er nicht angreifen wolle, an die Amerikaner weiter, die dann fast ebenso überrascht waren wie er, als die Iraker tatsächlich in Kuweit einmarschierten. Der ägyptische Präsident gehörte in den ersten Tagen des August zu denjenigen arabischen Politikern, die von Saddam Hussein am entschiedensten den sofortigen und bedingungslosen Rückzug aus dem besetzten Emirat forderten. Dies wurde besonders deutlich, als sich die Arabische Liga am 10. August in Kairo traf. Dort kam es zu einer öffentlichen Spaltung des arabischen Lagers, wobei immerhin 13 der 21 Mitglieder sich Mubaraks Position anschlossen. In Ägypten, dem Zentrum des sunnitischen Islam, haben auch islamische Würdenträger den Einmarsch Saddams entschieden verurteilt. So gab der angesehene Mufti Scheich Tantawi eine »fetwa« heraus, ein religiöses Rechtsgutachten, in dem er Saddams Versuch, seine Aktion als »heiligen Krieg« zu deklarieren, mißbilligte und die Invasion als das bezeichnete, was sie tatsächlich war: ein »ghazzu«, ein schlichter Raubzug, wie er schon in vorislamischer Zeit unter den Beduinen der Arabischen Halbinsel üblich war.

Der »Löwenbändiger« vom Euphrat

Assads gefährliches Spiel

Von Beginn der Kuweit-Krise an zählte Syrien zu den besonders unsicheren Mitgliedern der westlich-arabischen Allianz. Kein arabischer Staat schien so wenig in dieses multinationale Aufgebot zu passen wie das Land von Hafiz al Assad. Dessen innenpolitisches Klima wird nicht nur von derselben Ideologie geprägt wie das des Irak – dem arabischen Nationalismus der Baath-Partei –, sondern Syrien muß auch als ein ähnlich despotisch regiertes Völkergefängnis charakterisiert werden. Mit dem Fortschreiten der Krise am Golf stellte sich heraus, daß der syrische Präsident ein nicht ungefährliches Spiel trieb, denn zumindest ein Teil der syrischen Bevölkerung sympathisierte offen mit der Politik und den Absichten des irakischen Diktators. In einigen Städten kam es sogar zu aufruhrartigen Ausschreitungen, die von den syrischen Sicherheitskräften blutig niedergeschlagen wurden. Gegen Ende des Krieges bestätigte sich freilich wieder einmal, was inzwischen nicht nur im Nahen Osten als feststehende Tatsache gilt: Hafiz al Assad ist der intelligenteste Politiker dieser unruhigen Region. Er hatte sich frühzeitig auf die richtige Seite gestellt – auf die der Sieger.

Syrien, ehemaliges Mandatsgebiet der Franzosen, das nach dem Zweiten Weltkrieg unabhängig wurde, ist ein Vielvölkerstaat wie der Irak. Bis in die Ära Assads hinein wurde es vom sunnitischen Bürgertum der Städte beherrscht: Damaskus, Hama, Homs, Aleppo sind die beherrschenden Zentren der syrischen Politik und Kultur. Gerade Aleppo, im Norden des Landes gelegen, ist gleichsam ein maßstabgetreues Modell des syrischen Völkergemischs. Noch höher als im Irak dürfte in Syrien der Anteil der Christen sein. In der Spätantike zählte das Land zwischen den Libanon-Bergen und dem Euphrat zu den Gebieten, die sich ganz dem Christentum zugewandt hatten; es war eine Säule der byzantinischen Herrschaft. Nach den islamischen Eroberungen – unmittelbar nach dem Tod des Propheten

Mohammed – wurde Syrien dann allerdings zum Zentrum des Islam. In Damaskus residierten nach dem gewaltsamen Tod des Kalifen Ali im Jahre 661 die mächtigen Omajjaden-Kalifen, deren Reich sich von den spanischen Pyrenäen im Westen bis fast zu den Ufern des Indus im Osten erstreckte. Damals erreichte der noch junge Islam den Höhepunkt seiner Expansionsperiode. Die prächtige Omajjaden-Moschee im Zentrum von Damaskus und die romantischen Ruinen der Wüstenschlösser der frühen Kalifen zeugen bis in die Gegenwart von dieser Zeit, die der deutsche Orientalist Julius Wellhausen als die Epoche des »arabischen Reiches« bezeichnet hat. Die Erinnerung an die weltbeherrschende Bedeutung von Damaskus ist bei ihren Einwohnern bis heute wach: Da sich unter den Omajjaden der Genius des Arabertums am reinsten entfaltet habe, sind sie der unbezweifelbaren Überzeugung, daß Syrien zur Führung der arabischen Welt berufen sei. Sie betrachten sich als die »Speerspitze« des arabischen Nationalismus – wie es die Ägypter unter Nasser taten und auch die Iraker unter Saddam Hussein.

Wie der Irak war auch Syrien lange ein von Putschen und Rebellionen geschütteltes Land. Erst seit vor nunmehr zwei Jahrzehnten der Luftwaffengeneral Assad seine Herrschaft antrat, lebt das Land in stabilen Verhältnissen – für die es allerdings einen ähnlich hohen Preis bezahlen muß wie der Irak: unbarmherzige Unterdrückung jeglicher Opposition. Ihren Höhepunkt erreichte der innenpolitische Terror im Februar des Jahres 1982, als Assad den Aufstand der syrischen Muslimbrüder in Hama durch seine Armee niederschlagen ließ. Damals wurden nach Angaben des englischen Syrien-Spezialisten Patrick Seale, der auch der bekannteste Assad-Biograph des Westens ist, mindestens siebentausend, nach anderen Berichten sogar zwanzigtausend Menschen getötet. Seit diesen Tagen war Assads Herrschaft nicht mehr ernsthaft gefährdet.

Vergleicht man die beiden arabischen Diktatoren, die ihre Herrschaft auf die Ideologie der Baath-Partei gründen, so treten ihre unterschiedlichen Charaktere deutlich hervor: Assad ist ein intellektueller Akrobat der Machtpolitik, Saddam dagegen besitzt den Machtinstinkt eines brutalen Straßengangsters. Daß Assad bei Mordanschlägen persönlich mitgewirkt hätte, wie es Saddam tat, ist weder belegt noch vorstellbar. Es wird vielmehr glaubhaft behauptet, daß er die Anwendung von Gewalt persönlich verabscheue und nur dann zu gewalttätigen Mitteln greife, wenn es für seine machiavellistische Politik unumgänglich ist. Im allgemeinen bemüht sich Hafiz al Assad (der Name bedeutet »Löwenbändiger«) darum, seine Ziele durch geschickte taktische Winkelzüge, durch Klugheit und politische Kaltblütigkeit zu erreichen. Als bestes Beispiel dafür kann die faktische Annexion des Libanon gelten, die Assad in einem fünfzehn Jahre währenden Prozeß erreicht hat.

Damaskus erhebt gegenüber dem Libanon bis heute territoriale Ansprüche, die ihre Wurzeln – wie im Falle der irakischen Ansprüche gegenüber Kuweit – in der Zeit nach dem Ersten Weltkrieg haben. Frankreich wurde damals Mandatsmacht über beide Länder und nahm starken Einfluß auf die Grenzziehung zwischen ihnen. Assad hat seine Interessen jedoch weitaus klüger verfolgt, als dies Saddam Hussein tat. Die syrische Armee kontrolliert heute nahezu den gesamten Libanon; ohne die Zustimmung der syrischen Regierung kann in Beirut nicht regiert werden. 40000 syrische Soldaten sichern die (allerdings nach wie vor recht zweifelhafte) »Ruhe und Ordnung« im Land; faktisch ist Assad damit der Herr des Libanon. Dennoch hat er, und dies weist ihn als geschickten politischen Strategen aus, den Libanon nicht annektiert – das Land gilt vielmehr offiziell als unabhängig, hat eine eigene Regierung, die Botschaften im Ausland unterhält. Zudem ist der Libanon nach wie vor ein Mitglied der Arabischen Liga und der Vereinten Nationen. Assad kann also seinen Einfluß auf das Land immer mit dem Hinweis rechtfertigen, seine Truppen seien 1976 mit Billigung der arabischen Welt ins Land gerufen worden, um den im Bürgerkrieg schwer bedrängten libanesischen Christen beizustehen. Seither habe sich gezeigt, daß Syrien als Ordnungsmacht in dem kleinen Nachbarland unverzichtbar sei. Im Herbst 1990 konnte Assad schließlich die Früchte seiner Annäherung an die Nahost-Politk der Amerikaner und des Westens ernten: Seine Truppen zerschlugen mit Duldung der Amerikaner und der Israelis im Libanon die Rebellion des Christen-Generals Michel Aun: Er war der letzte relativ starke Gegenspieler der Syrer im Libanon. Daß Aun Christ war, also jener Glaubensgemeinschaft angehörte, die die Syrer vierzehn Jahre zuvor in den Libanon gerufen hatte, ließ Assad in seinem, vom reinen Machtkalkül gelenkten Handeln nicht eine Sekunde zögern.

Im Westen wurde nach Ausbruch der Kuweit-Krise oft die Frage gestellt, warum Assad plötzlich so entschieden für die Alliierten Partei ergriff: Hatte er doch bisher (auch als Verbündeter Teherans) an den Amerikanern kein gutes Haar gelassen und sie in den Wirren des libanesischen Bürgerkrieges durch Terroranschläge schwer gedemütigt. Der Schlüssel zur Antwort auf diese Frage liegt in der gänzlich veränderten Situation der internationalen Politik. Solange der Kalte Krieg das weltpolitische Klima beherrschte, konnte der mit Moskau verbündete Syrer die beiden Großmächte gegeneinander ausspielen. Diese Taktik war nach Gorbatschows Wende und der Annäherung beider Blöcke, erst recht nach dem faktischen Zusammenbruch des kommunistischen Lagers hinfällig geworden. Assad mußte bei seinem Moskau-Besuch im Frühjahr 1990 zur Kenntnis nehmen, daß Gorbatschow zwar nach wie vor Sympathien für das syrische Volk hat, aber ihm nur noch gegen Barzahlung Hilfe leisten kann; militärische Abenteuer der arabischen Welt – so wurde dem Besucher in Moskau bedeutet – werde man in Zukunft nicht mehr unterstützen, und man werde nur noch Verteidigungswaffen in die Region liefern. Diese grundlegenden Entscheidungen, die nach Assads Rückkehr der Bevölkerung weitgehend verschwiegen wurden, änderten die syrische Politik von einem Tag auf den anderen. Assad wußte von diesem Zeitpunkt an, daß die Amerikaner auch im Nahen Osten zur einflußreichsten Weltmacht geworden waren. Langsam aber sicher revidierte er seine Außenpolitik und richtete sich nach den Zielen der Vereinigten Staaten aus.

Syrien gehört nicht zu den reichen Ländern in der Region. Es hat keine nennenswerten Erdölvorräte und ist auf Hilfe aus dem arabischen oder nicht-arabischen Ausland angewiesen. Einen großen Teil seines Staatshaushaltes muß Syrien durch umfangreiche Schmuggel- und Devisengeschäfte decken. Ein anderer Teil wurde in der Vergangenheit vor allem durch finanzielle Zuwendungen aus dem reichen Saudi-Arabien bestritten. Besonders bedrängend ist für das Land die Wasserknappheit: In Syrien leben gegenwärtig 12,5 Millionen Menschen, das Wasser reicht jedoch nur für etwa sechs Millionen. Hinzu kommt, daß die Ökonomie des Landes unter der Regierung der sozialistischen Baath-Partei keineswegs aufblühte. Hafiz al Assad ist sich heute darüber klar, daß sein Regime nur noch mit Hilfe westlicher Länder überleben kann, und dies dürfte einer der wesentlichen Gründe für seine Beteiligung an der Anti-Saddam-Front gewesen sein. Er schickte 20000 Soldaten zu dem multinationalen Truppenaufmarsch in die saudiarabische Wüste, ließ allerdings wissen, daß Syrien seine Männer auf keinen Fall auf irakisches Territorium schicken werde. Kurz vor Beginn der mit großer Nervosität erwarteten Bodenoffensive, also in der letzten Phase des Krieges, lieferten sich die Syrer ein Scharmützel mit Irakern, das durch die Iraker provoziert worden war. Von dieser Aktion abgesehen, waren die Truppen aus Damaskus nur mit logistischen Aufgaben beschäftigt. Die Prinzen in Riad lohnten es den Syrern reichlich, daß sie sich zur Verteidigung Kuweits bereit fanden – sie statteten ihren Dank mit einem Scheck ab, der auf eine Milliarde Dollar ausgestellt war.

Der wichtigste Grund für Assads entschiedene Haltung, die sich vermutlich selbst bei einem Eingreifen Israels in den Konflikt nicht geändert hätte, liegt allerdings in der Rivalität, ja Todfeindschaft der beiden Baath-Regime in Bagdad und Damaskus. Syrien und der Irak kämpfen seit Jahrzehnten um die Hegemonie im Lager der arabischen Nationalisten. Der syrische Außenminister Faruq al Scharaa hat mir gegenüber sogar einmal die These vertreten, dieser Konflikt gehe letztlich bis auf die alte Rivalität zwischen den beiden Kalifenstädten und zwischen den alten Geschlechtern der Omajjaden und Abbasiden zurück.

Nicht nur im Libanon, auch in vielen anderen arabischen Staaten haben Syrer und Iraker in der jüngeren Vergangenheit jeweils mit Hilfe einer einheimischen Klientel Stellvertreter-Konflikte ausgetragen: Die Kuweit-Krise ist hier nur das (vorläufig) letzte Glied in einer langen Kette. Die Feindschaft zwischen den beiden Regimen findet ihre Entsprechung in der persönlichen Feindschaft ihrer beiden Führer, dem »rais al munadil« (standhaften Führer), wie Assad genannt wird, und dem »rais al qaid« (führenden Führer), wie Saddam sich anreden läßt. Während der Krise machte Assad kein Hehl aus seiner Auffassung, daß sein irakischer Konkurrent gestürzt werden müsse, wenn Ruhe in der Region einziehen solle; ja die Regimezeitung »Tischrin« veröffentlichte sogar einen an die irakische Bevölkerung gerichteten Mordaufruf. Offiziell wurde dieser Aufruf zwar dementiert und als Meinungsäußerung der Redaktion hingestellt, doch in den Staatsmedien Syriens erscheint kein Artikel ohne Vorzensur durch das Regime.

Assad hatte darüber hinaus jedoch noch ein weiteres Kalkül im Blick. Im Unterschied zum Irak, der sich mehr und mehr zum Sprecher der Palästinenser gemacht hat, ist Syrien ein direkter Nachbar Israels und der von ihm besetzten Gebiete. Seit dem Sechs-Tage-Krieg von 1967 sind die ehemals syrischen Golan-Höhen in israelischer Hand. Auch während des arabisch-israelischen Krieges von 1973 gelang es den Syrern nicht, diese für beide Seiten strategisch wichtigen Höhenzüge südlich des Hermon-Berges zurückzuerobern. Seit dieser Zeit wird der weitgehend entvölkerte Golan von der »Undof«, einer internationalen Truppe der Vereinten Nationen, überwacht und kontrolliert. Assad spekulierte darauf, daß nach einer endgültigen Niederlage Saddam Husseins eine neue Ordnung im Nahen Osten entstehen werde; und von der soll Syrien nach Kräften profitieren. Gelänge es Assad, in einem Nachkriegs-Arrangement zu einer Verständigung mit Israel über den Golan zu kommen und zudem noch etwas für die Palästinenser zu erreichen, so stünden er und sein Regime aus arabischer Perspektive in der besten Position, die sich denken ließe. Natürlich weiß Assad, daß Israel ohne amerikanischen Druck nie zu einer Übereinkunft mit Damaskus bereit wäre – er sucht sich deshalb mit den Vereinigten Staaten zu arrangieren. Der syrische Präsident rechnet außerdem damit, daß auch Saudi-Arabien in der Zeit nach dem Kuweit-Krieg gegenüber Israel eine gewandelte Haltung einnehmen wird. Es zeichnet sich eine Koalition Kairo-Damaskus-Riad ab, von der sich Assad große Vorteile verspricht.

Das wichtigste Problem für den syrischen Herrscher ist es allerdings, die Macht in seinem Land zu behalten. Alles, was Assad plant, muß auch unter diesem Gesichtspunkt betrachtet werden. Seit dem Aufstieg des Generals an die Staatsspitze wird Syrien nämlich – und auch dies ist eine Parallele zum Irak – von einer Minderheit regiert. Traditionell herrschten die Sunniten im Lande, Assad gehört jedoch der Minorität der Alawiten an, die seit Jahrhunderten benachteiligt und verfolgt worden ist. Die Alawiten machen nur etwa zehn Prozent der syrischen Bevölkerung aus und leben seit Jahrhunderten zurückgezogen in dem Gebiet bei Lattakiya, dem Dschebel al Ansarija, im Westen Syriens nahe dem Mittelmeer. Die Alawiten oder »Verehrer Alis« werden auch als Nussairier oder Nussairiten bezeichnet, ein Name, dessen Hintergrund noch nicht völlig erforscht ist. Wahrscheinlich geht er auf Ibn Nusair zurück, einen aus dem frühen Schiitentum stammenden Schriftgelehrten des südlichen Irak. Die Alawiten sind eine schiitische Sekte, deren Gemeinde sich aus der Gruppe der sogenannten »schiitischen ghulat« oder »theologischen Extremisten und Übertreiber« entwickelt hat. Die theologischen und philosophischen Lehren der Alawiten stehen wahrscheinlich der Religion der Drusen näher als dem orthodox-sunnitischen Islam, der die Nussairiten immer als Häretiker betrachtet hat. In ihren Glaubensvorstellungen spielen hellenistische und gnostische Elemente eine spürbare Rolle, zuweilen hat man den Eindruck, als stünden sie dem Pantheismus nahe, der von den sunnitischen Gelehrten ebenfalls abgelehnt wird. In Syrien konnten die Alawiten früher nur innerhalb der Armee Karriere machen, alle anderen Laufbahnen blieben ihnen verschlossen. Assad bildet für diese Regel das beste Beispiel. Für die Alawiten-

Sekte hat sich mit seinem Aufstieg ein Traum erfüllt, und die Alawiten werden alles tun, um seine Macht zu sichern.

Wie sehr ihre Herrschaft von der sunnitischen Mehrheit abgelehnt wird, machte auch der Aufstand von Hama deutlich. Eines der Argumente der syrischen Muslimbrüder gegen Assad lautete, er habe als Alawit das Land der Herrschaft einer »obskuren Sekte« ausgeliefert. Der höchste Mufti des Landes, Scheich Ahmad Kiftaro, mußte dem Präsidenten Assad vor Jahren schon in einer »fetwa« – einem religiösen Rechtsgutachten – seine orthodoxe Rechtgläubigkeit bestätigen. Die syrischen Sunniten haben sich Assad dennoch nur mit großem Unwillen unterworfen: Sie gehorchen der Gewalt, und am liebsten würden viele von ihnen seine Herrschaft abschütteln, um die Regierung wieder der traditionellen Machtelite des Staates zu übergeben – zumal diese im zweiten Glied sowie im wirtschaftlichen Leben des Landes nach wie vor bestimmend geblieben ist.

Dieser Konflikt macht letztlich verständlich, warum die syrischen Alawiten Gegner des islamischen Fundamentalismus sind. Ihre Abneigung ist nicht allein durch die Ideologie der Baath-Partei begründet, die eine Trennung von »din wa daula«, von Glauben und Staat, fordert, sondern auch durch den Status einer bedrängten Minderheit, die in einem religiös orientierten Staat ihre Macht wieder verlöre und allenfalls geduldet würde. Ein Sturz seines Rivalen am Tigris würde die Stellung Hafiz al Assads und der Alawiten zusätzlich festigen, nicht nur in Syrien, sondern überall, wo der arabische Nationalismus große Sympathien genießt. Syrien gewänne dann zudem die unbestrittene Führung in der Baath-Bewegung zurück, die ihm vom Irak erfolgreich streitig gemacht wurde. Dies vor allem, nicht die selbstlose Verteidigung des Völkerrechts, waren für Damaskus gewichtige Gründe, sich aktiv an der internationalen Anti-Saddam-Koalition zu beteiligen.

König Hassan exponiert sich

Demonstrationen in Arabiens fernem Westen

Der König von Marokko, Hassan II. – der gerade das dreißigste Jubiläum seiner Thronbesteigung feierte, als der Krieg um Kuweit seinem Höhepunkt entgegenging – betrieb vor und während der Krise ein ähnlich gefährliches Spiel wie sein syrischer »Bruder«. Zwar schickte er nur ein kleines Kontingent von wenigen tausend Mann nach Saudi-Arabien; doch dies genügte, um bei seinen Untertanen die Wogen der Empörung gegen die Allianz, gegen Präsident Bush, gegen General Schwarzkopf und die Vereinigten Staaten hochschlagen zu lassen. Zunächst ließ König Hassan seine Untertanen gewähren und erlaubte ihnen, ihren Unmut in Demonstrationen Luft zu machen. Dann erließ er ein Demonstrations-Verbot, das er freilich gleich wieder vergaß, als er feststellen mußte, daß allein in Rabat auf den Straßen 300 000 Menschen gegen den Westen und indirekt auch gegen die marokkanische Regierungspolitik protestierten. Mit dem ihm eigenen politischen Geschick setzte sich König Hassan in seinen Ansprachen daraufhin an die Spitze der Demonstrierenden, bekundete sein Mitgefühl für das irakische Brudervolk und seine Leiden während des Bombardements – änderte jedoch an seiner Politik prinzipiell nichts. Er war nicht bereit, seine Truppen aus Saudi-Arabien abzuziehen und es sich mit den Amerikanern zu verderben.

Hassan ist ein ähnlich talentierter Überlebenskünstler wie König Hussein in Jordanien. Seine Kaltblütigkeit und auch sein Mut ließen ihn alle Putschversuche aus den Reihen der Armee (etwa den unter seinem ehemaligen engen Freund General Oufkir, dessen gesamte Familie er jahrelang in »Sippenhaft« hielt) unversehrt überstehen. Freilich kam ihm entgegen, daß sein Land mindestens fünftausend Kilometer von den schlimmsten Krisenherden des Nahen Ostens entfernt liegt. Diese Gunst der Geographie machte sich auch in der Schlacht um Kuweit bemerkbar: König Hassan brauchte an ihr nicht mit Waffen, sondern nur mit Worten teilzunehmen. Die Entfernung von Marokko nach Kuweit ist größer als von Kuweit nach Deutschland.

König Hassan führt ein janusköpfiges Land. Marokko, Arabiens ferner Westen (al maghrib al aqsa), ist Nachbar Europas und würde gerne, wie die Türkei, Vollmitglied in der Europäischen Gemeinschaft werden. Gleichzeitig wurzelt das arabisch-berberische Land tief in den Traditionen des sunnitischen Islam, geprägt von der malikitischen Rechtsschule. Diese beiden Eckpfeiler bestimmten schon die Politik von Hassans Vater und Vorgänger, Mohammed V.; sie sind auch jetzt die prägenden Kräfte für die Geschicke des Staates. Marokko ist ein Land, das in vielen Punkten modern anmutet (man denke an die mondänen Boulevards in Casablanca), andererseits jedoch immer noch ganz in islamischen Traditionen verhaftet ist. Für beide gegensätzlichen Strömungen steht der König ein. Als Monarch ist er nicht nur weltlicher Herrscher der 25 Millionen Marokkaner, sondern auch ihr religiöses Oberhaupt, der »amir al mu'minin« oder »Beherrscher der Gläubigen«. Dies festigt seine Stellung.

Marokko ist bis heute eine Stammesgesellschaft. Niemals würde sich ein Rif-Kabyle aus dem Norden von einem Mann aus dem Sahara-Atlas regieren lassen und umgekehrt. Die einzige Klammer, die das Land zusammenhält, bildet das aus dem Osten Arabiens kommende, seit 1665 herrschende scherifische Königshaus der Alawiden. Die Bedeutung der Monarchie für die Nation wird alljährlich deutlich, wenn die Honoratioren des Landes, die Minister, Gouverneure, Abgeordneten und Bürgermeister, dem König die obligate Huldigung (arabisch: bai'a) in einer malerischen Zeremonie darbringen. König Hassan trägt dann den weißen Burnus und reitet auf einem edlen Pferd; Hunderte von Dienern in langen Gewändern und mit dem roten, kleidsamen Tarbusch auf dem Kopf umgeben ihn, schützen ihn mit Schirmen vor der afrikanischen Sonne oder fächeln ihm Kühlung zu. Auch die Honoratioren des Reiches tragen ihre Tracht und verneigen sich vor dem Herrscher, dabei religiöse Formeln sowie Heils- und Segenswünsche rufend. Das Fest, das in den Palästen von Rabat oder Marrakesch stattfindet (seltener in Ifrane, wo der König seinen »privaten« Sitz hat), erinnert an vergangene Epochen orientalischer Herrschaft. Wer die Suqs von Rabat, Meknes, Fes oder Marrakesch durchstreift, wem es gar gelingt, bis zur heiligen Stadt Moulay Idriss vorzudringen, taucht in jene Welt des Orients ein, die der Europäer so gerne (und offenbar von jeder Realität unbeirrbar) imaginiert und die, bei Lichte besehen, in vielem prosaischer ist, als es den Anschein hat.

Doch König Hassan, in Frankreich ausgebildet, ist nicht nur ein orientalischer Fürst, sondern auch ein westlich orientierter Staatschef. Er hat ein schillerndes Wesen. Er trägt gerne seidene Maßanzüge mit italienischen Schuhen, und er ist – wie König Hussein von Jordanien – von der modernen Technik fasziniert. Daß er ein Flugzeug lenken kann, rettete ihm bei einem Anschlag einmal das Leben. Er setzte sich selbst in das Cockpit der Maschine, die von den Verschwörern angegriffen wurde, und konnte ihnen entkommen. Das Königshaus hält die absolute Macht im Staate in Händen, und eine traditionell führende Schicht von Männern aus der Königsstadt Fes assistiert dem Monarchen. Doch der König ist kein Militärdiktator: Er gestattet eine verhältnismäßig liberale Meinungsvielfalt. In Marokko sind alle politischen Richtungen zugelassen, einschließlich der Kommunisten. Der König sorgt, wie es ein guter Kenner des Landes einmal ausdrückte, immer dafür, »daß auch ein paar ganz Linke im Parlament sitzen«. Alle politischen Parteien geben Zeitungen heraus, in denen munter gestritten wird; Kritik an der politischen Führung ist erlaubt. Die Verfassung sieht allerdings vor, daß der König bei allen wichtigen Entscheidungen das letzte Wort hat – und der weiß es klug einzusetzen: Hassan achtet auf die Stimmung in seinem Volk, und er schwenkt oft so geschickt auf die Mehrheitslinie ein, daß es niemand bemerkt. Andererseits läßt er – wenn es die Machtverhältnisse zulassen und es ihm notwendig erscheint – Aufstände mitleidlos niederschlagen; so Anfang der achtziger Jahre in Casablanca und im Norden des Landes.

Marokko gilt als prowestliches Land. Der König kennt viele Staatsmänner Europas und Amerikas persönlich. Ohne die Finanz- und Militärhilfe aus dem Westen, vor allem der Amerikaner, wäre die Lage des Landes am Hohen Atlas, das von immer größeren sozialen Problemen bedrängt wird, bedrohlich. Marokko hat mit den gleichen Schwierigkeiten zu kämpfen wie das benachbarte Algerien, das jetzt von seinen sozialistischen Ideen Abschied genommen hat: Eine zu hohe Bevölkerungsrate und eine zu geringe Industrialisierung machen alle Erfolge zunichte, die in der wirtschaftlichen Entwicklung erzielt worden sind. Am Rande der großen Städte wachsen soziale Unruheherde heran: Slums der schlimmsten Art, »bidonvilles«, Wellblechstädte, in denen die Ärmsten der Armen ihr Dasein fristen und außer einer großen Zahl von Kindern buchstäblich nichts besitzen. Jedoch im Unterschied zu Algerien, wo die islamischen Fundamentalisten schon großen Einfluß auf den Staat haben, hält sich deren Ausstrahlung im konservativen Marokko in Grenzen. Die Verfechter eines betont islamischen Kurses vertreten ihre Botschaft noch in den Moscheen; einige Versuche, sie außerhalb zu propagieren, wurden von König Hassan mit Verhaftungen beantwortet. Doch es fragt sich, wie lange er noch mit solchen verhältnismäßig zurückhaltenden Mitteln erfolgreich sein kann. Er ist offenbar zu allem entschlossen, um sein Land – und seine Herrschaft – zu schützen: Er sei bereit, so soll er einmal gesagt haben, zwei Drittel des Volkes zu opfern, wenn dadurch das dritte Drittel gerettet werde.

Hassan versteht es meisterhaft, nationale Anliegen zum richtigen Zeitpunkt auf die Tagesordnung zu setzen und dadurch die Massen um sich zu scharen. Dieses Talent hat ihm bis heute, wie auch sein Taktieren während der Kuweit-Krise zeigte, mehrfach geholfen, seine Macht zu sichern. Am spektakulärsten war die Annexion der vormals zu Spanien gehörenden Westsahara. Ein völkerrechtlich höchst bedenklicher Vorgang, der, trotz mancher Unterschiede, durchaus vergleichbar ist mit der Annexion Kuweits durch den Irak oder der Vereinnahmung des Libanon durch Syrien. Marokko beanspruchte dieses Gebiet seit 1975, als die Spanier es räumten. Der König organisierte einen antikolonialistisch verbrämten »Grünen Marsch«, an dem sich die arme Land-

und Stadtbevölkerung nur zu gerne beteiligte. Durch diesen »Grünen Marsch« sicherte Rabat seine Ansprüche auf das Land gegen den Willen der Polisario-Front, die für eine Unabhängigkeit des Gebietes eintritt. Seitdem der südliche Nachbar Mauretanien (der eng mit dem Irak Saddam Husseins liiert war) seine Ansprüche auf den Süden der Westsahara fallenließ, herrscht Hassan faktisch über das gesamte Gebiet. Er stützt sich dabei auf sein Militär, das sich hinter einem zweitausend Kilometer langen Wüstenwall verschanzt hat. Durch dieses Engagement in der Westsahara verstand es König Hassan vorzüglich, die Kritik der Bevölkerung an seiner Herrschaft zum Verstummen zu bringen. Die Woge nationaler Begeisterung brachte selbst die Kommunisten auf seine Seite. Aber der marokkanische Monarch hat noch ein anderes Eisen im Feuer: Sollte er politisch wieder einmal in Bedrängnis geraten, könnte er die Ansprüche seines Landes auf Ceuta und Melilla geltend machen. Diese beiden Enklaven an der Mittelmeerküste gehören bis heute zu Spanien, was in der Vergangenheit immer wieder zu diplomatischen Irritationen zwischen beiden Staaten geführt hat. Sollte ein ernster Konflikt um diese Städte entbrennen, dürfte Hassan sich der Unterstützung seines Volkes gewiß sein.

Eine gänzlich unorthodoxe Haltung nahm der König seit je im Palästina-Konflikt ein. Zwar ist er offiziell Vorsitzender des Jerusalem-Komitees der Arabischen Liga (»Komitee al Quds«); aber das hat ihn nicht davon abgehalten, mit bekannten israelischen Politikern wie Schimon Peres, Ezer Weizmann oder Mosche Dajan Kontakte zu knüpfen. Hassan zeigt sich gegenüber Israel als friedensbereit und kann sich diese Haltung wegen der großen Entfernung seines Landes zu diesem Konfliktherd auch eher leisten als andere arabische Politiker. An den Abmachungen von Camp David, also an dem Friedensschluß zwischen Ägyptern und Israelis 1979, war er hinter den Kulissen maßgeblich beteiligt. Er fädelte die ersten Treffen zwischen Israelis und Ägyptern in seinem Lande ein. Marokko ist zudem das einzige arabische Land, in dem bis heute eine umfangreiche jüdische Gemeinde einigermaßen unbehelligt leben kann. Es versteht sich, daß Hassans gemäßigte Haltung gegenüber Israel vielen Radikalen in der nahöstlichen Welt, vor allem unter den Palästinensern, ein Dorn im Auge ist.

Eben diese Mäßigung freilich macht den marokkanischen König zu einem Mann des Westens, der er auch sein will. Die amerikanische und europäische Unterstützung, besonders die Wirtschafts- und Militärhilfe, sind für ihn und sein System lebensnotwendig. Hassan II. denkt an den Kronprinzen, den jetzt in den Zwanzigern stehenden Sidi Mohammed, der ihm als Herrscher nachfolgen soll. Er will sein Land auch langfristig nicht radikalen ideologischen Experimenten wie dem Islamismus, der im Maghreb »Integrismus« genannt wird, arabischem Nationalismus oder Sozialismus überantworten. Größere Stabilität seiner Herrschaft versucht er vor allem durch eine größere Einigkeit unter den arabischen Staaten zu erreichen. Hassan betätigt sich hier oft und gern als Vermittler. Seit langem ist er zudem bemüht, mit Algerien einen politischen Ausgleich herzustellen, obwohl es zwischen den beiden Ländern in der Vergangenheit zahlreiche Grenzstreitigkeiten gab. Vorübergehend ging Marokko Mitte der achtziger Jahre auch mit dem Libyen des Obersten Gaddafi eine politische Union ein – was die Amerikaner und Präsident Reagan zunächst aufschreckte, bis sie begriffen, daß Hassan auch dies aus taktischen Gründen tat: Er wollte erreichen, daß Gaddafi seine Unterstützung für die Polisario-Front einstelle – was dieser auch vorübergehend tat.

Um zu verdeutlichen, welch moderate Linie seine Außenpolitik verfolgt, hat der König die Muslime immer wieder zum Dialog mit dem Christentum aufgefordert. Er selbst ging mit gutem Beispiel voran und empfing Papst Johannes Paul II. in Marokko. Eine große Menschenmenge – ob gezwungen oder freiwillig, ist schwer zu sagen – bereitete dem Oberhaupt der katholischen Kirche im August 1985 in einem riesigen Fußballstadion Casablancas einen ökumenisch-freundlichen Empfang. Gleichzeitig befahl der Monarch jedoch, daß in Casablanca die größte Moschee Nordafrikas entstehen solle; den Zuschlag für den Bau erhielt allerdings ein französisches, also westliches Unternehmen. Überhaupt wird die ehemalige französische Protektoratsmacht mit besonderer diplomatischer Aufmerksamkeit behandelt. Dies gilt jedoch auch für amerikanische Berater und Mitarbeiter der CIA, die beim König immer ein geneigtes Ohr finden.

Als Saddam Hussein am 2. August 1990 in Kuweit einmarschierte, sprach König Hassan sofort von einer Katastrophe. Er appellierte an den irakischen Präsidenten, er möge seine Truppen abziehen, denn er stürze die arabische Welt in eine Krise von nie gekanntem Ausmaß. Arabien werde sich auf unabsehbare Zeit spalten. Hassan ahnte, daß die Araber selbst nicht in der Lage sein würden, die Krise zu meistern; und er schätzte die Entschlossenheit des amerikanischen Präsidenten, notfalls einen Krieg zur Befreiung Kuweits zu führen, richtig ein. Dies zeigte seinen sicheren Instinkt als Realpolitiker. Wie Assad von Syrien hoffte er, daß seine Bündnistreue zur Allianz von Washington und auch von der Europäischen Gemeinschaft in irgendeiner Weise belohnt werden wird.

Turgut Özal gibt Rätsel auf

Ankaras Werben um den Westen

In den Reihen der Anti-Saddam-Koalition galt die Türkei lange Zeit als rätselhafter Partner. Über die weitergesteckten Ziele des Landes waren die verschiedensten Mutmaßungen im Umlauf. Das lag zum einen an manchen türkischen Zeitungen, die mit unklaren Worten im Ausland den Eindruck erweckten, die Türkei könne die Krise möglicherweise zu einer Erweiterung ihres Territoriums nutzen wollen. Vor allem aber lag dies an Staatspräsident Turgut Özal, der zunächst wenig tat, um die von seiner Presse geschürten Vermutungen zu dementieren.

Im Norden des Irak lebt mit den Turkomanen eine etwa

200 000 Seelen starke türkische Minderheit, die nicht immer friedlich mit der Zentralregierung in Bagdad ausgekommen ist. Die Turkomanen sind Reste der ehemals türkischen Bevölkerung, die sich zu Zeiten, da der Irak osmanisch war, in der Region niedergelassen hatte. Ein Teil von ihnen stammt auch von den Turkmenen-Stämmen der Karakoyunlu und Akkoyunlu ab, die schon im späten Mittelalter in das südöstliche Anatolien und in den Norden von Mossul gekommen waren. Unter den Nationalisten der Türkei herrscht bis heute die Auffassung vor, die Regierung von Mustafa Kemal Atatürk habe sich Mitte der zwanziger Jahre von den Briten übertölpeln lassen, als sie sich bereit erklärte, auf Mossul und Kirkuk vertraglich zu verzichten; sie suchen nach Möglichkeiten, diese Gebiete zurückzubekommen. Dieses Thema wurde von der Zeitung *Sabah* (Der Morgen) mehrfach indirekt aufgeworfen, andere Blätter lancierten im Verlauf der Krise arabische Meldungen, die Türkei werde vielleicht »belohnt« werden, wenn sie helfe, Saddam Hussein niederzuringen. Staatspräsident Özal tat ein übriges, als er immer wieder die künftige Größe der Türkei beschwor und Sätze wie »Wenn der Krieg endet, wird die Türkei Führungsmacht sein« in die Öffentlichkeit trug. Besser als zuvor werde Ankara nach dem Krieg dastehen, daran ließ Özal keinen Zweifel. Es bedurfte einiger Erklärungen des Staatspräsidenten selbst und seiner Diplomaten im Ausland, daß damit nicht der Erwerb von Territorium gemeint sei, sondern politisches Gewicht in der Region und im Westen. Dieses Ziel scheint der türkische Staatschef tatsächlich erreicht zu haben.

Der Schulterschluß mit dem Westen und den Vereinten Nationen war für den türkischen Präsidenten eine Selbstverständlichkeit. Die Türkei begreift sich als westlich orientiertes Land. Sie ist länger Nato-Mitglied als Deutschland und kämpfte schon im Korea-Krieg an der Seite der Amerikaner. Zwar schickte Ankara keine Soldaten an den Golf, aber es stellte den Nato-Stützpunkt Incirlik bei Adana als logistische Drehscheibe zur Verfügung; gegen Ende des Krieges wurden von dort aus Bombereinsätze der Alliierten auf Ziele im Norden des Irak geflogen. Zusätzlich durfte die Allianz den Militärflughafen von Diyarbakir benutzen. Im ostanatolischen Erhac waren 18 deutsche Alpha-Jets stationiert, die von ihrem Fliegerhorst in Oldenburg zur Unterstützung der Türken abgestellt worden waren. Die Piloten machten aber lediglich Übungsflüge – was Verteidigungsminister Stoltenberg nicht daran hinderte, sie an Ort und Stelle zu besuchen, um ihre in der Heimat umstrittene Rolle zu würdigen. Die in Deutschland öffentlich geführte Diskussion, ob bei einem irakischen Angriff der Bündnisfall gegeben sei oder nicht, sorgte in der Türkei vorübergehend für Irritationen. Zu ihnen hatte Özal freilich durch seine unklaren Bemerkungen beigetragen.

Turgut Özal gehört zu den schillerndsten Charakteren auf der politischen Bühne des Nahen Ostens. Man traut dem kleinen, dicken, schwer herzkranken Mann aus dem zentralanatolischen Malatya die Autorität nicht zu, die er zweifelsohne besitzt. Seit Mitte der achtziger Jahre ist dieser trickreiche Politiker in seinem Land umstritten und doch stellte sich niemals ernsthaft die Frage nach einer Alternative. Özals Persönlichkeit kann am besten mit der Formel »Manager und Mekkapilger« umrissen werden: Moderne Organisation einerseits und Verwurzelung in islamischer Gläubigkeit andererseits sind die beiden Pole, die seine Existenz bestimmen. Özal absolvierte ein Ingenieurstudium und wurde in Istanbul, der größten Stadt der Türkei, die nach wie vor als heimliche Hauptstadt des Landes gelten kann, erfolgreicher Unternehmer. Politisch orientierte er sich lange an der islamisch-fundamentalistischen »Nationalen Heilspartei« (Millî Selâmet Partisi) des Maschinenbau-Professors Necmettin Erbakan, die Mitte der siebziger Jahre sogar am Kabinett des Sozialisten Bülent Ecevit beteiligt war. Özal repräsentierte eine Strömung des kleinbürgerlichen Mittelstandes, die den Hauptanteil an der islamischen Revitalisierung in der Türkei trägt.

Der letzte demokratisch gewählte Ministerpräsident vor dem Militärputsch am 12. September 1980, Süleyman Demirel, holte Özal als Wirtschaftsmann in seine Regierung. Die Generäle hielten ihn nach ihrem Staatsstreich in dieser Position. Özal erzielte zunächst glänzende Erfolge. Unter dem Schutz der Militärherrschaft, die damals von fast allen Türken begrüßt wurde, sorgte er für eine Wiederbelebung der Wirtschaft. Er stellte die zusammengebrochene Energieversorgung weitgehend sicher und kurbelte durch Förderung der Exporte die Konjunktur an, die daraufhin Zuwachsraten von bis zu sieben Prozent zeitigte. 1983 ließen die Generäle wählen. Nicht die von ihnen favorisierte Partei gewann, sondern Özals »Anavatan Partisi« (Mutterlandspartei, Anap), ein Sammelbecken wirtschaftsliberaler, konservativer, nationalistischer und islamistischer Kräfte, das sich bis heute behauptet hat und nach zwei weiteren Wahlen über eine große Mehrheit im Parlament verfügt.

Seit Mitte der achtziger Jahre begann Özals Stern zu sinken. Die ökonomische Situation verschlechterte sich wieder, vor allem wegen der hohen Inflation, die man langfristig nicht in den Griff bekam. Der Kaufkraftschwund dauert bis heute an. Die durchschnittlichen Einkommen sind so niedrig, daß sogar akademisch gebildete Türken auf die Unterstützung ihrer Familien angewiesen sind, wenn sie einen bescheidenen Lebensstandard halten wollen. Es gibt heute in der Türkei alles, was das Herz begehrt; aber immer weniger Menschen können sich die Waren leisten. Erst allmählich machen sich Anzeichen für eine gewisse ökonomische Erholung bemerkbar. Hinzu kommt, daß die Öffentlichkeit dem Regierungschef in den letzten Jahren immer wieder Vetternwirtschaft vorwarf. Brüdern und anderen Familienangehörigen wurden hohe Posten zugeschanzt. Besonders die Linke und die strengen Kemalisten warfen der »Mutterlandspartei« und Özal vor, daß sie eine bewußte oder schleichende Islamisierung des Landes betrieben, gegen den ausdrücklichen Wunsch des Staatsgründers Atatürk. Selbst Ministerfrauen, so hieß es, trügen neuerdings wieder das Kopftuch. Man warf Özal vor, er wende sich nicht entschieden genug gegen den Einfluß aus Iran und arbeite zu eng mit Saudi-Arabien zusammen – zwei entschieden islamische Mächte, die in der Türkei um die Gunst der Gläubigen kämpfen. Die Vermutungen gingen so weit, selbst Özal für ein heimliches Mitglied des militant-islamischen Derwisch-Ordens der Nakschbendi zu halten.

Derselbe Özal betrieb allerdings auch eine nach Westen orientierte Politik. Sein langjähriger Außenminister Ali Bozer überreichte im April 1987 den offiziellen Antrag Ankaras auf Vollmitgliedschaft in der Europäischen Gemeinschaft. Er wurde abgelehnt – aus zahlreichen Gründen. Ausschlaggebend für diese Entscheidung war, neben der ungünstigen wirtschaftlichen Situation des Landes, besonders der Mangel an demokratischen Institutionen und die regelmäßigen Berichte über schwere Verletzungen der Menschenrechte – nicht zuletzt auch Kurden gegenüber, die bis vor kurzem offiziell nur als »Bergtürken« bezeichnet werden durften. Auch der ungelöste Zypern-Konflikt galt vielen als Hindernis für einen Beitritt zur EG. Parallel zu diesem politischen Mißerfolg erlebte Ankara zudem, daß seine Position im Bündnis immer schwächer wurde. Die Türkei war vier Jahrzehnte lang ein verläßlicher Partner an der Südostflanke der Nato – doch als der Kalte Krieg zu Ende ging, schwand ihre strategische Bedeutung mehr und mehr. Dies war die Situation, als Turgut Özal im Herbst 1989 mit den Stimmen seiner Fraktion zum Staatspräsidenten gewählt wurde. Beim größten Teil der 55 Millionen Türken war er zu diesem Zeitpunkt alles andere als beliebt.

In der Golfkrise sah Özal nun eine unvergleichliche Gelegenheit, sein Land im Westen wieder in ein günstigeres Licht zu rücken. Die Türkei erklärte sich sofort bereit, die Wirtschaftsbeziehungen mit dem Irak (einem guten Handelspartner) einzufrieren und das Embargo strikt einzuhalten, falls Amerika und die Völkergemeinschaft die ausfallenden Einnahmen ersetzen würden. Die Rolle der Türkei während des Embargos war wahrscheinlich sogar wichtiger als ihr logistischer Beitrag als Nato-Mitglied, der allerdings auch nicht unterschätzt werden sollte. Nicht alle Türken sind Freunde der Amerikaner und ihrer Politik im Nahen Osten; es kam in Ankara, Istanbul und Izmir zu Anschlägen der linken Terrororganisationen »Dev Yol« und »Dev Sol« (»Revolutionärer Weg« und »Revolutionäre Linke«). Gegenüber dem Irak verfügte Ankara über ein gutes Druckmittel: Etwa die Hälfte des im Irak geförderten Erdöls wurde durch zwei

Pipelines transportiert, die von Kirkuk durch Südost-Anatolien nach Yumurtalik am Mittelmeer führen. Von Iskenderun aus, dem früheren Alexandrette, wurde das Öl dann verschifft. Die Sperrung dieser Ölleitungen traf den Irak schwer, verursachte jedoch auch den Türken Verluste in Höhe von 300 Millionen Dollar im Jahr. Ankara stoppte darüber hinaus den gesamten Handel mit dem Irak, einschließlich des Transit-Verkehrs, und gab seine Verluste schon Ende August 1990 mit drei Milliarden Dollar an. Nur Medikamente und medizinisches Gerät wurden weiterhin geliefert. Eine Finanzhilfe des Westens sollte die Einbußen wettmachen.

Die türkische Opposition wünschte zwar ebenfalls, daß Saddam Hussein seine Beute wieder abgejagt würde; sie fand jedoch, daß Özal gegenüber den Amerikanern zu großzügig war – insbesondere als das Parlament beschloß, die alliierten Angriffe von türkischen Stützpunkten aus fliegen zu lassen. Özals Ansehen und das der Türkei freilich stieg in Washington erheblich. Die anatolische Landmasse hatte eine strategische Bedeutung bekommen, von der Monate zuvor kein türkischer Politiker zu träumen gewagt hätte. Der türkische Staatschef machte kein Hehl daraus, daß diese Entwicklung seinem Kalkül entsprach: Die Türkei sollte politisch wieder in aller Munde sein. Er, Özal, so ließ er Ausländer wissen, sei einer der wenigen, die bei George Bush fast unangemeldet Zutritt hätten; wenn jemand mit Bush reden wolle, könne er, Özal, das leicht vermitteln.

Es gab jedoch noch einen weiteren Grund für das rückhaltlose Engagement der Türken auf alliierter Seite. Die politische Klasse der Türkei und auch große Teile der Bevölkerung (Ausnahmen sind die islamischen Fundamentalisten und die extreme Linke) sehen die Zukunft ihres Landes in Europa. Der zweite Golfkrieg bot eine günstige Gelegenheit, einen neuen Anlauf in Richtung auf die Vollmitgliedschaft in der Europäischen Gemeinschaft zu nehmen. Wer, diese Spekulation lag nahe, sich so engagiert für das internationale Recht einsetze wie die Türkei, der müsse dafür auch vom Westen »belohnt« werden. Vor dem Ausbruch der Krise hatten sich die Türken damit abgefunden, daß in diesem

Jahrtausend an eine endgültige und unwiderrufliche Integration in die Gemeinschaft der europäischen Völker nicht mehr zu denken sei. Während des Krieges schöpften sie neue Hoffnung. Der türkische Präsident taktierte nicht ungeschickt, als er sich noch vor Beginn der Luftangriffe der Koalition für eine weitere innenpolitische Demokratisierung in seinem Land stark machte. Die Führer der Kommunistischen Partei und der Arbeiterpartei, Haydar Kutlu und Nihat Sargin, wurden aus der Haft entlassen; ihre neu gegründete linke Partei wird bis heute vom Staat geduldet. Zunächst diskutierten Kabinett und Parlament mehrere Monate über eine Abschaffung der Paragraphen 141, 142 und 163. Nach diesen Bestimmungen ist es verboten, kommunistische, faschistische oder religiöse Parteien zu gründen. Die EG hatte Ankara immer wieder vorgehalten, ein wirklich demokratischer Staat, der westeuropäisches Niveau erreichen wolle, müsse solche Verbote aufheben und die Existenz von kommunistischen und anderen radikalen Parteien ertragen können. Nach dem Ende des Golfkrieges konnte sich das Parlament endlich dazu durchringen, das Verbot aufzuheben.

Gegen heftigen Widerstand sogar in der eigenen Partei erreichte der Präsident auch, daß die Probleme der Kurden neu diskutiert wurden. Nach dem Ende des Krieges sollte dieses Thema eine grausige Aktualität erhalten. Das Parlament verabschiedete ein Gesetz, in dem den Kurden wieder erlaubt wurde, sich ihrer Sprache zu bedienen. Freilich stellten Sprecher der etwa zehn Millionen türkischen Kurden fest, diese »Liberalisierung« sei nur ein Täuschungsmanöver gegenüber dem Westen, da sie lediglich öffentlich gestatte, was ohnehin geschehe. Viele Kurden im Osten Anatoliens können nur mangelhaft Türkisch und müssen schon allein deshalb meist Kurdisch sprechen. Ganz sicher denkt Staatspräsident Özal in der Kurdenfrage weiter voraus als die meisten Repräsentanten des öffentlichen Lebens seines Landes – und dies nicht nur, um sich beim Westen einzuschmeicheln. In letzter Zeit hat er mehrfach darauf hingewiesen, daß er selbst kurdische Vorfahren habe und deshalb die Lage der Kurden verstehen könne. Die linke, oftmals verbotene Zeitschrift *Yüzyil* (Das Jahrhundert) brachte nach dem Ende der Kämpfe einen Bericht, in dem sie Pläne Özals für eine föderalistische Lösung der Kurden-Frage in der Türkei enthüllte. Sie berief sich dabei auf Naim Geylani, den Abgeordneten der »Mutterlandspartei« aus dem kurdischen Hakkari. Nach diesen Angaben plant der türkische Präsident, einen kurdischen Bundesstaat nach amerikanischem Muster zu gründen, der weitgehende Autonomie genießen soll – die dann selbstverständlich auch das Feld der Kultur umfaßt: Kurdische Bücher, kurdische Zeitungen, kurdische Schulen und vielleicht sogar einen kurdischen Regierungschef soll es nach seinen Vorstellungen in Zukunft geben. Wie alle Politiker der Region ist auch Özal gegen einen unabhängigen Kurdenstaat; er scheint jedoch begriffen zu haben, daß dieser Konflikt entschärft werden muß, wenn eine »neue Ordnung« im gesamten Nahen Osten möglich werden soll. Allerdings steht er mit solchen Überlegungen ziemlich allein.

Der Erfolg von Özals Politik blieb nicht aus: Nach dem Krieg um Kuweit waren die Amerikaner gern bereit, die wiedergewonnene Rolle der Türkei anzuerkennen. Ankara wies darauf hin, daß die Türken die idealen Vermittler zwischen der westlichen Welt und den Arabern seien, da ihr Land gleichsam mit einem Bein im Westen und mit dem anderen in der Welt des Islam stehe. Fünfhundert Jahre haben die Türken über den größten Teil der arabischen Welt geherrscht und sind länger noch die Vormacht des Islam gewesen; diese historischen Erfahrungen, so argumentieren die türkischen Diplomaten, solle sich die Völkergemeinschaft im Orient zunutze machen. Ankara unterhält als einziges Land des islamischen Raumes auch stabile offizielle Beziehungen mit Israel – und zwar seit der Gründung des Landes im Jahre 1948. So spricht manches dafür, daß Turgut Özals Ziele, die er durch entschlossene Teilnahme an der Anti-Saddam-Front erreichen wollte, keineswegs außerhalb seiner Reichweite liegen. Die Bevölkerung hat inzwischen wieder mehr Zutrauen zur Politik ihres Präsidenten, der für das Land einen Prestigegewinn erzielte, ohne daß die türkische Armee direkt in die Kämpfe eingreifen mußte.

Der türkische Präsident hatte zudem maßgeblichen Anteil daran, daß George Bush und sein Außenminister James Baker diese Allianz der ungleichen arabischen und islamischen Brüder schmieden konnten. Die Amerikaner, die jeweiligen politischen und ökonomischen Interessen der beteiligten Regierungen und indirekt auch Saddam Hussein sorgten dann dafür, daß sie erhalten blieb. Gestärkt wurde sie schließlich durch das kluge Verhalten Israels, das sich, von Washington inständig darum gebeten, jeder Vergeltungsaktion gegen den mit Raketen angreifenden Irak enthielt.

Von der Schwierigkeit, neutral zu sein

Abwarten am Rande des Schlachtfelds

Die Krise als Geschenk des Himmels

Iran spielt mit dem »Feind Gottes«

Nicht nur der Westen, auch die arabischen Länder beobachteten gespannt, wie die Islamische Republik Iran auf den Raubzug Saddam Husseins gegen Kuweit reagieren werde. Iran hatte sich im ersten Golfkrieg jahrelang gegen die irakischen Angriffe verteidigen müssen und schließlich erfolglos den Versuch unternommen, eine islamische Republik in Mesopotamien zu errichten. Die endgültige Antwort auf diese Frage ließ auf sich warten: Iran verurteilte zwar den Überfall auf Kuweit auf das schärfste und forderte den unverzüglichen Abzug der irakischen Truppen. Darüber hinaus erklärte sich das Land aber für neutral und machte keinerlei Anstalten, handfeste Folgen aus der öffentlichen Verurteilung des Aggressors zu ziehen. In den Monaten hektischer diplomatischer Vermittlungsversuche zwischen dem Irak und den Vereinigten Staaten hielten sich die Mullahs zudem mit spektakulären Stellungnahmen auffällig zurück – was den Westen eher beunruhigte, als daß es zur Besänftigung der Zweifel beitrug. Erst gegen Ende der Krise wurde immer deutlicher, daß Teheran tatsächlich den Sturz Saddam Husseins herbeiwünschte. Man prägte für die Haltung Irans die Formel von der »aktiven Neutralität« des Landes.

Am meisten hatte sich offenbar Saddam Hussein in der Rolle des östlichen Nachbarn getäuscht. Vermutlich glaubte er zu Anfang, die ehemaligen Kriegsgegner im »Land der Rosen und Nachtigallen« würden die alten Konflikte vergessen, wenn ein islamisches Bruderland wie der Irak in Händel mit den »westlichen Imperialisten« und »Kolonialisten« verstrickt sei. Saddam träumte von der großen Allianz mit Iran, von der Aktionseinheit beider Länder in einem »heiligen Krieg« der Muslime gegen die »Ungläubigen«. Mehrfach schickte er nach Beginn der Krise Emissäre nach Teheran, vor allem den Schiiten Saadun Hammadi, der sich schon während des ersten Golfkrieges für einen Ausgleich mit Iran eingesetzt hatte. Doch vergebens: Teheran ließ sich für eine Allianz mit dem Abenteurer von Bagdad nicht gewinnen.

Für den Nachfolger Ajatollah Chomeinis, den neuen starken Mann und Staatspräsidenten in Iran, Hodschatolislam Ali Akbar Haschemi-Rafsandschani, war die Kuweit-Krise ein Geschenk des Himmels. Unter seiner Führung hatte das Land nicht gerade glänzende Fortschritte auf wirtschaftlichem Gebiet gemacht; und auch die von vielen erwartete Öffnung nach Westen vollzog sich längst nicht so rasch wie erhofft. Da bot Saddams Überfall auf Kuweit Iran die willkommene Gelegenheit, in der internationalen Gunst wieder aufzusteigen und die weltweite Isolation, in die man durch Chomeini geführt worden war, zu durchbrechen. Rafsandschani nutzte diese Chance mit allem diplomatischen Geschick: Nach der Schlacht um Kuweit hatte Iran auf dem internationalen diplomatischen Parkett eine weitaus günstigere Position erworben.

Die Erben Chomeinis führten im August 1990 ein Land, das in diesem Jahrhundert eine bizarre Geschichte erlebt hat. Auch Iran war und ist eingefügt in die explosive nahöstliche Konfliktstruktur. Zwar wurde es niemals zur Kolonie oder zum Protektorat gemacht wie Algerien oder der Irak, aber es war um die Jahrhundertwende gänzlich von westlichen Mächten abhängig und von Monopolisten, denen fast alle Einrichtungen des Landes gehörten, von der Eisenbahn bis zur Post. 1890 sollte sogar das Tabakmonopol an den Engländer Talbot vergeben werden. Es kam zum »Tabakaufstand«, der von den damaligen Mullahs mitgetragen wurde; Talbot mußte verzichten. Die altersschwache Dynastie der Qadscharen war trotzdem nicht fähig, das Land unter dem ausländischen Druck zu erneuern. Im Ersten Weltkrieg wurden Teile Irans von Engländern und Russen besetzt, die Provinzen Gilan und Aserbaidschan betrieben offen die Sezession von der Zentralregierung. Die Engländer förderten nach dem Krieg Reza Khan, den Führer der persischen Kosakenbrigade, dem es schließlich gelang, den letzten Schah aus der Qadscharen-Familie, Ahmad Schah, zu stürzen und sich 1925 selbst zum Kaiser zu machen. Reza Khan, körperlich ein Hüne, geistig jedoch mit nur sehr durchschnittlichen Gaben ausgestattet, wollte dem türkischen Reformer Mustafa Kemal Atatürk nacheifern. Er bekämpfte die Mullahs, modernisierte Persien, das er seit Mitte der dreißiger Jahre amtlich wieder »Iran« (was soviel heißt wie »Arierland«) nennen ließ, gründete Schulen und baute das Straßennetz aus. Ursprünglich wollte Reza Khan Iran zu einer Republik machen, nach dem Vorbild der Türkei. Doch es zeigte sich, daß ein sich traditionalistisch gebender Herrscher den Vielvölkerstaat besser zusammenhalten und mit größerer Autorität regieren konnte als ein Präsident. So ließ Reza Khan sich zum Kaiser krönen und gründete die Pahlewi-Dynastie, die schon mit seinem, von Ajatollah Chomeini gestürzten Sohn nach nur fünfzig Jahren enden sollte. 1941, während des Zweiten Weltkriegs, wurde Reza Schah Pahlewi, wie er nun hieß, das Opfer seiner deutschfreundlichen Haltung. Er weigerte sich, Deutsche zu internieren und Waffenlieferungen der Westmächte für Stalin über iranisches Gebiet zu genehmigen. Die Alliierten setzten ihn daraufhin ab und schickten ihn nach Johannesburg ins Exil, wo er zwei Jahre darauf starb.

Sein Sohn Mohammed Reza Pahlewi taktierte geschickter. Es gelang ihm, im Zusammenspiel mit den Großmächten alle während des Zweiten Weltkrieges besetzten Gebiete des Landes zurückzuerobern, die Kurdenrepublik von Mahabad in blutigen Kämpfen zu liquidieren und sich als verläßlicher Verbündeter des Westens darzustellen. Die größte Herausforderung bis zu seinem Sturz hatte er im Jahre 1953 zu bestehen, als die populäre, von Mohammed Mossadegh geführte Nationale Front (dschabhe-ye melli-ye Iran) das Land beherrschte und den Kaiser schon nach Rom ins Exil vertrieben hatte. Mit Hilfe der Amerikaner konnte

Schah Mohammed Reza zurückkehren – was ihm alle Nationalisten, aber auch ein politisch aktiver Teil der Mullahs ebensowenig verzieh wie Tempo und Tendenz seiner Reformen.

Der Schah wollte in die Fußstapfen seines von ihm als übermächtig empfundenen Vaters treten und Iran von oben herab zu einem Land der »großen Zivilisation« (tamaddon-e bozorg) machen. Der Islam sollte in den Moscheen bleiben, während er – zusammen mit einigen wenigen Mitarbeitern und vielen tausend Beratern aus dem Westen – Iran zu neuer Größe führte. Besonders seit 1973, als die Ölmilliarden in die Kassen zu fließen begannen, veränderten die großen Städte ihr Gesicht; nicht immer nur zu ihrem Vorteil. Teheran wurde Metropolis. Schon 1961 hatte der Schah eine Landreform ins Werk gesetzt, die allerdings wenig erfolgreich war und die Flucht der Bauern aus der Provinz in die Hauptstadt verstärkte. Als er das Wahlrecht für Frauen verkündete, kam es 1963 zum ersten, von den Mullahs geschürten Aufstand – einer Generalprobe der Ereignisse von 1978 und 1979. Der Aufruhr in Qom und Teheran endete erst, als der Schah Ajatollah Chomeini ins Exil schickte. Er selbst krönte sich und Farah Diba zu Nachkommen der alten Achaimeniden-Kaiser und beging in Persepolis, der alten Kaiserpfalz der Dareios und Xerxes nördlich von Schiras, das 2500jährige Jubiläum des persischen Kaiserreichs, das von Kyros dem Großen begründet worden war. Der Schah verstand sich darüber hinaus auch als Polizist der Golfregion und gewann dadurch bei den Amerikanern, mit denen er eng zusammenarbeitete, viel Ansehen. Während die Boulevardpresse in aller Welt ihn als Märchenkaiser auf dem Pfauenthron feierte, bahnte sich politisches Unheil an, das den Schah zu einer tragischen Figur der Weltgeschichte machte: die islamische Revolution, die er durch Despotismus, Geheimdienstterror, persönliche Arroganz und überhastete Modernisierung unter Verletzung der religiösen Tabus zusätzlich heraufbeschwor. Der Aufstand von Ajatollah Chomeinis Anhängern wurde zu einer religiös inspirierten Kulturrevolution, die andere Muslime beflügelte und nun seit dreizehn Jahren die gesamte Region überschattet.

Seit Chomeinis Tod tobt in Iran ein offener Machtkampf zwischen mindestens zwei Interessengruppen. Rafsandschani scheint ihn vorläufig für sich entschieden zu haben. Ein radikales Lager, das im wesentlichen von dem Sohn Chomeinis, Ahmad Chomeini, und dem ehemaligen Innenminister Ajatollah Mohtaschemi angeführt wird, steht einem »gemäßigten« Lager gegenüber. Sein wichtigster Repräsentant ist neben dem Staatspräsidenten Rafsandschani der langjährige Außenminister Ali Akbar Welajati. Die Radikalen befürworten eine dirigistische, islamisch-revolutionäre Wirtschaftspolitik. In der Außenpolitik fordern sie nach wie vor die gezielte Verbreitung der islamischen Ideologie Teheraner Prägung und wollen, daß die Kontakte mit dem westlichen Ausland auf ein Mindestmaß beschränkt werden. Das moderate Lager ist für private Initiative in der Volkswirtschaft, will sich mit dem Westen arrangieren, soweit das ohne Beeinträchtigung der revolutionären »Ideale« möglich ist und betrachtet den »Export« der islamischen Revolution als eine zweitrangige Frage.

Irans Staatspräsident Rafsandschani stammt aus dem mitteliranischen Ort Rafsandschan, wo er am 25. August 1934 als Sohn einer durch den Pistazienhandel reich gewordenen Familie geboren wurde. Mit 14 Jahren begann er seine theologische Ausbildung bei Ajatollah Chomeini. Als der Revolutionsführer im irakischen Exil lebte, war Rafsandschani am Aufbau eines Agitationsnetzes gegen den Schah und sein Regime beteiligt – was ihm insgesamt drei Jahre Gefängnis einbrachte. Nach seiner Entlassung war Rafsandschani eine Weile Immobilienhändler in Teheran. Im Dezember 1977 nahm er an einer geheimen Versammlung führender Regimekritiker teil, die den Sturz des Schahs planten und vorbereiteten. Nach der Machtergreifung der revolutionären Schiiten wurde Rafsandschani Mitglied des Revolutionsrats, dann Innenminister und schließlich Sprecher des Parlaments – ein einflußreicher Posten, den er mit großem Geschick und Gespür für die innenpolitische wie außenpolitische Lage seines Landes ausfüllte. In dieser Eigenschaft wurde er auch einer größeren Öffentlichkeit im Ausland bekannt. Der

Parlamentspräsident gab sich, wie seine Rolle in der »Irangate«-Affäre belegt, schon früh als einer der Realisten in der iranischen Führung zu erkennen. Er mußte jedoch mit seinen Plänen für eine allmähliche Öffnung des Landes bis zum 28. Juli 1989 warten, dem Tag, da er Präsident wurde. Im Frühjahr 1988 hatte er zudem den Oberbefehl über die iranischen Truppen übernommen, um dem ersten Golfkrieg möglicherweise doch noch eine Wende zugunsten Teherans geben zu können. Aber er blieb, wie seine Vorgänger, ohne den entscheidenden Erfolg.

Als Staatspräsident löste er Ajatollah Ali Chamenei ab, der höchster religiöser Führer des Regimes wurde. Nach einer am französischen Vorbild orientierten Verfassungsreform hat der Präsident jetzt eine größere Machtfülle als zu Zeiten des Revolutionsführers Chomeini. Rafsandschanis pragmatischer Kurs entspricht den Lehren, die dieser spöttisch auch als »Akbar Schah« bezeichnete Mullah und Politiker aus dem Lebenswerk des Mirza Taqi Khan gezogen hat. Diesem bedeutenden Reformer des vergangenen Jahrhunderts, den die Perser auch als den »Amir Kabir« bezeichnen, den »Großen Befehlshaber«, hat Rafsandschani ein Buch gewidmet. Doch trotz des größeren Realismus und Pragmatismus ihres Präsidenten konnten und durften die iranischen Führer nicht vergessen, daß Ajatollah Chomeini Saddam Hussein als »Satan« und »Feind Gottes« tituliert hatte. Diese Verdikte bestimmten ihr Verhalten im zweiten Golfkrieg und veranlaßten sie letzten Endes dazu, dem irakischen Werben um Beistand nicht Folge zu leisten. Zwar lehnte man in Teheran auch die Präsenz der Amerikaner auf der »heiligen muslimischen Erde« Saudi-Arabiens ab; aber man konnte nicht gemeinsame Sache machen mit einem Mann, der ganze Städte Irans ausradiert und den Tod von Hunderttausenden verschuldet hatte.

Nach der Niederlage Saddams begann Iran eine diplomatische Offensive ohne Vorbild. Es unterstützte nicht nur die schiitischen Rebellen im Südirak, sondern normalisierte auch sein Verhältnis mit dem Erzfeind Saudi-Arabien, um Saddam Hussein in die Zange nehmen zu können: Riad und Teheran tauschten wieder Botschafter aus. Außenminister Welajati besuchte Ende April

1991 Riad und Dschidda, um über die Lage in der Golf-Region zu konferieren. Daß Teheran nur den Außenminister zu den Al Saud entsandte, machte allerdings deutlich, daß noch längst nicht alle Animositäten zwischen diesen beiden Vormächten des Islam überwunden sind. Rafsandschani selbst besuchte anschließend den Syrer Assad in Damaskus und den türkischen Präsidenten Özal – immerhin den Führer eines Nato-Landes –, was als deutliches Signal an den Westen gewertet werden muß. Iran ließ außerdem erkennen, daß es an einer Mitarbeit im Golf-Kooperationsrat der arabischen Monarchien interessiert sei, ein Ansinnen, das gewiß in erster Linie wirtschaftliche Gründe hat. Da der Kooperationsrat jedoch enge Beziehungen zur Europäischen Gemeinschaft anstrebt, konnte auch diese Ankündigung als ein Zeichen der Öffnung dem Westen gegenüber interpretiert werden. Iran will den Ring der Isolation durchbrechen, an dem es unter Chomeinis Herrschaft selbst am fleißigsten geschmiedet hat.

Doch geht es den Männern in Teheran auf lange Sicht auch um die traditionelle Vormachtstellung am Persischen Golf. Als auf dem Höhepunkt der Safawiden-Herrschaft um 1600 die beiden englischen Abenteurer Anthony und Robert Sherley an den Hof Abbas des Großen (Abbas-e Bozorg) in der damaligen Hauptstadt Isfahan kamen, reichte die Macht Irans von Georgien im Kaukasus und der Westküste des Kaspischen Meeres bis nach Oman, und sogar auf der Gewürzinsel Sansibar war persischer Einfluß zu spüren, der mit Kaufleuten dorthin gelangt war. An diese Hegemonie wollten bisher noch alle Herrscher des »Landes der Rosen und der Nachtigallen« anknüpfen – sobald sie dazu wirtschaftlich und militärisch in der Lage waren. Der erste Golfkrieg hatte nicht darüber entschieden, wer die Vormacht der Region ist, der Irak oder Iran; ein weiteres Kräftemessen, so hatten im Sommer 1988 skeptische Beobachter vorausgesagt, sei unvermeidlich. Auch dies kalkulierte Iran ein, als es sich zu der beschriebenen »aktiven Neutralität« entschloß. Teheran hoffte auf Saddams Sturz im Krieg und betrieb ihn anschließend mit allen politischen Mitteln.

Zwischen allen Stühlen

Das Königreich Jordanien

Als der britische Regisseur David Lean vor dreißig Jahren im Wadi Rum in Jordanien den Film *Lawrence von Arabien* drehte, bekam er eines Tages hohen Besuch: Der Monarch selbst, Seine Majestät König Hussein von Jordanien, kündigte sich an. Er erschien in Beduinenkleidung und sprach lange mit Lean und dem Darsteller des Lawrence, Peter O'Toole. Fotografien von dieser Begegnung zeigen einen äußerst freundlichen König, der in harmonischer Atmosphäre mit den beiden Künstlern aus dem Mutterland des britischen Kolonialismus plauderte. Hussein trug die rot-weiß karierte Keffijje, das Kopftuch der Araber, das auch im Film ein charakteristischer Farbtupfer werden sollte.

König Husseins Freundlichkeit gegenüber den beiden Briten war nicht gespielt, verdankt er doch sein kleines Wüstenreich den Engländern. Sie trennten 1923 mit dem Plazet des Völkerbundes das Ostjordanland vom übrigen Palästina ab und gaben es dem Haschemiten Abdullah, dem Großvater König Husseins, als Emirat Transjordanien. Abdullah seinerseits war der Bruder Feisals, der zum ersten König im Irak wurde. Wie dort, so blieb auch in Transjordanien der Einfluß der britischen Regierung groß. Noch 1950, als aus Transjordanien schon das heutige Jordanien geworden war, wurde der Staatshaushalt von London festgelegt. Englische Berater gingen in Amman ein und aus. Der britische Kolonialoffizier Sir Bagot Glubb Pascha wurde zum Schöpfer, Ausbilder und Befehlshaber der Arabischen Legion, einer Kamelreiter-Truppe, die den höchsten militärischen Ausbildungsstand in ganz Arabien hatte. Im ersten arabisch-israelischen Krieg von 1948 gelang es der von Glubb geführten Legion, das Westufer des Jordan einschließlich der Osthälfte Jerusalems zu erobern und diese Gebiete auch zu halten. 1950 wurden sie dann mit Transjordanien zusammengeschlossen: Es entstand das haschemitische Königreich Jordanien.

König Hussein regiert nun vierzig Jahre, seit 1952. Der 1935 geborene Monarch hat sich seither als größter Überlebenskünstler im Nahen Osten erwiesen – wobei die Kuweit-Krise ihn endgültig seinen Thron hätte kosten können. Am 4. August 1990, als alle Bemühungen um einen kleinen arabischen Gipfel, an dem auch Saddam Hussein teilnehmen sollte, gescheitert waren, dachte der König in Amman für einen Augenblick an Rücktritt und Thronverzicht. Erst als er von der Straße Hochrufe auf sich und Parolen zugunsten Saddam Husseins hörte, wischte er diesen Gedanken beiseite. Der König versuchte, im Konflikt um Kuweit neutral zu bleiben, geriet jedoch mehr und mehr in das irakische Fahrwasser und ließ sich sogar zu haßerfüllten antiwestlichen Äußerungen hinreißen, an deren Inhalt er keinen Moment glaubte.

König Husseins Haltung ist unzweifelhaft prowestlich. Nur die Kooperation mit Großbritannien und Amerika hat die Haschemiten in die Position gebracht, die sie im modernen Arabien einnehmen. Das weiß der König genau. Hussein ist in Europa ausgebildet und absolvierte unter anderem die Militärakademie von Sandhurst. Westliche Technik fasziniert ihn, den Hobbyflieger, Militärpiloten, Motorbootfahrer und Taucher, fast im Übermaß. Seine Frau, die Königin Nur, ist Amerikanerin, wenn auch arabischer Abstammung. Hussein und auch sein Bruder, der agile Kronprinz Hassan, der die Öffentlichkeitsarbeit des Königreichs betreibt, wissen sehr wohl, daß die Schlacht um Kuweit kein westlicher »Kreuzzug gegen den Islam« war und auch kein »Vernichtungsfeldzug gegen das irakische Volk und die Araber insgesamt« – wie nach Beginn der alliierten Bombardements aus Amman zu hören war.

Die radikalen Äußerungen waren taktisch bedingt und entsprangen ausschließlich der Sorge um den Thron und den Bestand Jordaniens. Auch die Sorge um Husseins physisches Überleben spielte eine wesentliche Rolle. Der letzte noch verbliebene Haschemit hat zwei große Traumata: das palästinensische und das irakische. Das erste geht noch auf die Zeit seiner Jugend zurück. Sein Großvater Abdullah wurde am 20. Juli 1951 beim

Verlassen der Al-Aqsa-Moschee auf dem Jerusalemer Tempelberg von Schukri Aschu, einem jungen Palästinenser, erschossen. Der damals gerade 15 Jahre alte Hussein erlebte diese Bluttat an der Seite des Großvaters mit; sie prägt sein Leben und Verhalten bis heute. Die Hintergründe für diese Tat wurden bald deutlich. Der Mörder war von Musa al Husseini gedungen, einem Palästinenser-Führer, der König Abdullah als »Knecht Israels« bezeichnete und den Haschemiten vorgeworfen hatte, sie vor allem trügen die Schuld an der schmählichen Niederlage der Araber im Krieg von 1948. Der Vorwurf war grotesk, denn gerade die Arabische Legion hatte als einzige arabische Streitmacht in diesem Kampf nennenswerte Erfolge erzielt. Der wahre Grund für den Mord war ein anderer: Die Haschemiten hatten niemals ein Geheimnis daraus gemacht, daß sie sich mit den Juden und ihrem Staat arrangieren wollten. Noch zur Protektoratszeit hatte sich Emir Abdullah mit bekannten Zionisten-Führern getroffen; sogar Golda Meir, die spätere Ministerpräsidentin Israels, hatte an diesen Gesprächen teilgenommen. Kurz: Den Fanatikern unter den Palästinensern waren die Haschemiten zu kompromißbereit. Deshalb mußte König Abdullah sterben.

Ihm folgte Prinz Talal nach, der Vater König Husseins. Er war jedoch gemütskrank und wurde schon nach wenigen Monaten abgesetzt, nachdem er Angehörige seiner Familie mit dem Messer bedroht hatte. Talal zog sich nach Istanbul ins Exil zurück, wo er 1972 starb. Statt seiner wurde Hussein König – im Alter von gerade siebzehn Jahren. Damit war er ähnlich jung wie sein Haschemiten-Vetter Feisal II., der vier Jahre nach ihm den irakischen Thron bestieg. Schon früh geriet König Hussein, der Glubb Pascha als einen seiner wichtigsten Berater betrachtete, mit den arabischen Nationalisten aneinander, die im Jahr seiner Thronbesteigung den ägyptischen König Faruk gestürzt hatten. Sie wollten in ganz Arabien die Monarchien hinwegfegen. Unter ihrem Druck mußte der kleine König Jordaniens 1956 Glubb Pascha entlassen, der keineswegs nur den Interessen des Empire gedient hatte, sondern tiefe Sympathien für die Araber, ihre Geschichte und Kultur verspürte. Es war für König Hussein fortan nicht leicht, sein kleines Reich, das kaum Bodenschätze hat, vor allem kein Öl, auf einem stabilen Kurs zwischen den konservativen Monarchien und den arabischen Revolutionären zu halten. Dies galt besonders für die Zeit nach der irakischen Juli-Revolution von 1958, in der sein Vetter Feisal gestürzt und grausam ermordet wurde. Von diesem Augenblick an kam zum palästinensischen Trauma des Mordes an seinem Großvater das irakische hinzu, zumal sich der östliche Nachbar Irak immer radikaler und umstürzlerischer gebärdete. Die Gefahren, denen sich König Hussein in der arabischen Welt aussetzte, wurden zudem nicht geringer, da er Unterstützung von den Amerikanern annahm und auch eher für einen Ausgleich mit Israel plädierte als für Krieg. Als der König wenige Tage vor der Katastrophe des Sechs-Tage-Krieges Kairo besuchte, war sein Verhältnis zu Nasser so schlecht, daß dieser ihn auf dem Flughafen fragte: »Soll ich Sie jetzt gleich verhaften lassen, Majestät, oder später?«

Im Sechs-Tage-Krieg verlor Jordanien, trotz tapferer Gegenwehr, alle Gebiete, die die Arabische Legion erobert hatte. Seit dieser Zeit spricht die Welt vom besetzten Westjordanland, das die jüdische Siedlungsbewegung Gusch Emunim und die Nationalisten als »Judäa und Samaria« bezeichnen. Das haschemitische Königreich verlor damit seine fruchtbarste Region, das Westufer des Jordan, dazu den Ostteil Jerusalems, des heiligen und edlen »al Quds al scharif«, wie die Araber sagen. Viele Palästinenser flüchteten in das Rumpf-Jordanien und sorgten dort für Unruhe: Die bewaffneten Fedajjin machten Amman mehr und mehr zum Tummelplatz ihrer Aktivitäten. Im »Schwarzen September« 1970 forderten sie den König so sehr heraus, daß er seine beduinischen und tscherkessischen Spezialeinheiten gegen die bewaffneten Palästinenser losschlagen ließ. Die Fedajjin wurden besiegt, der größte Teil von ihnen floh in den Libanon. König Hussein hatte zwar seinen Thron gerettet und den palästinensischen »Staat im Staate« beseitigt, aber er galt für Jahre als »Schlächter« der Palästinenser und mußte vor Verschwörungen und Attentaten auf der Hut sein.

Das Verhältnis zum Irak der Baath-Partei war durch politische

Gegensätze, vor allem jedoch durch den Tod Feisals II. während der irakischen Revolution belastet. Erst mit Beginn des irakisch-iranischen Krieges besserte sich das Verhältnis zwischen Amman und Bagdad, schließlich wurde es freundschaftlich – jedenfalls nach außen hin. In Amman sah man in öffentlichen Gebäuden König Hussein und Saddam einträchtig auf Plakaten vereint, meistens vor dem Hintergrund des »Felsendoms« in Jerusalem, den der Kalif Abdalmalik in der Omajjaden-Zeit errichten ließ und der auch »Omar-Moschee« genannt wird.

Das haschemitische Königreich verdiente gut am Golfkrieg. Für den Irak wiederum war dieser westliche Nachbar unentbehrlich, da seine Hauptstadt durch einen tausend Kilometer langen Desert-Highway mit Bagdad verbunden ist. (Er sollte auch in der Schlacht um Kuweit eine gewisse Rolle spielen.) Zwischen 1980 und 1988 wurde ein großer Teil des militärischen Nachschubs, den der Irak brauchte, über Jordanien an die Front transportiert. Wieder einmal bewies die am Roten Meer gelegene jordanische Hafenstadt Aqaba ihre strategische Bedeutung. Schon Lawrence von Arabien hatte diesen Hafen mit Hilfe seiner Kamelreiter den Türken entrissen, um deren Nachschublinien zu stören. In Aqaba luden die Waffenlieferanten aus aller Welt ihre tödliche Fracht ab, die dem Irak helfen sollte, die »Zivilisation« gegen die »Springflut des islamischen Fundamentalismus« aus Teheran zu verteidigen. Am Roten Meer wurden die Lastwagen-Konvois mit Militärgütern von jordanischen Transportfirmen zusammengestellt und in Richtung Bagdad abgeschickt – was sie sich gut bezahlen ließen. Ganz Jordanien und vor allem die Hauptstadt Amman prosperierte: Ursprünglich ein arabisch-tscherkessischer Marktflecken, der in den letzten Jahrzehnten zu einer provinziellen Großstadt angeschwollen war, sollte sie zu einem wichtigen Finanz- und Wirtschaftszentrum des Nahen Ostens werden. So wollte es der König. Der Wunsch war nicht unrealistisch, denn das ehemalige Wirtschaftszentrum der Levante, die libanesische Hauptstadt Beirut, versank mehr und mehr in Chaos und Gewalt. Nahöstliche Banken verlegten ihre Dependancen nach Amman, der Boom schien dauerhaft zu sein.

Doch schon kurz nach dem Ende des ersten Golfkrieges kam die Ernüchterung. Jordaniens Bedeutung als Finanzplatz und Drehscheibe des Handels fiel auf das gewöhnliche Maß zurück, die Banken schlossen ihre Filialen wieder. Ende 1989 und Anfang 1990 war die ökonomische Situation des Landes so angespannt, daß der Ausbruch von Unruhen befürchtet werden mußte. Der Thron des Königs schwankte zwar nicht, aber er war bedroht. Bei den Parlamentswahlen 1989, den ersten freien Wahlen seit 22 Jahren, erhielten die islamischen Fundamentalisten auf Anhieb ein Drittel der Mandate. Dies verursachte nicht nur im Westen einen Schock, auch viele liberale Jordanier waren aufs höchste alarmiert. Daß Kronprinz Hassan immer gute Beziehungen zu den Muslimbrüdern unterhalten hatte, entschärfte die Situation nur geringfügig. Der König hatte zuvor – nicht zuletzt, um die Islamisten in die Defensive zu bringen – mit einem geschickten politischen Schachzug den Palästinensern neue Hoffnung gegeben: Er entließ das besetzte Westjordanland, in dem seit dem 8. Dezember 1987 die Intifada tobte (der Aufstand gegen die israelische Besatzungsmacht), aus der Verwaltungshoheit Jordaniens. Hussein betrachtete die Palästinenser in Nablus und Ramallah künftig als autonom. Dieser Schritt brachte Israel in beträchtliche Verlegenheit: Er verlieh den Palästinensern eine fiktive »Unabhängigkeit« und hielt zugleich Jordanien von den Auswirkungen der Intifada fern. Tatsächlich veranstalteten die Palästinenser, genauer: ihr Nationalrat, am 15. November 1988 in Algier einen Kongreß, auf dem sie einen »unabhängigen palästinensischen Staat auf dem Territorium der besetzten Gebiete mit Jerusalem als Hauptstadt« proklamierten. Arafat wurde zum »Regierungschef« ernannt. Es fehlte ihm nur die Macht, die Herrschaftsgewalt über dieses Territorium zu übernehmen. Ungeachtet dessen wurde dieser »Staat« von etlichen Ländern der Dritten Welt und von einigen neutralen diplomatisch anerkannt.

Das palästinensische Trauma ist für den haschemitischen Monarchen weit größer als das irakische, weil es tagtäglich neue Nahrung erhält. Jordanien hat etwa zweieinhalb Millionen Einwohner. Davon sind mehr als die Hälfte Palästinenser (Schätzungen sprechen von sechzig Prozent). Viele Palästinenser, die es im Staat der Haschemiten zu etwas gebracht haben, sind keine fanatischen Militaristen; sie lehnen den islamischen Fundamentalismus ebenso ab wie andere radikale Ideologien. Doch neben dieser palästinensischen Bourgeoisie gibt es noch die Palästinenser, die in den Lagern leben – und die sind und bleiben unruhig. Sie machen etwa ein Drittel der in Jordanien ansässigen Palästinenser aus und existieren mehr schlecht als recht im Großraum von Amman und Irbid. Von ihnen ist Mäßigung nicht zu erwarten, auch wenn ein Teil der jordanischen Palästinenserlager längst nicht jenen ärmlichen und heruntergekommenen Eindruck macht wie diejenigen im hoffnungslos überfüllten Gaza-Streifen. Schon im Frühjahr 1990, das heißt drei bis vier Monate vor Ausbruch der Kuweit-Krise, war es für Ausländer in Amman nicht ratsam, das Palästinenserlager Bakaa zu besuchen; sie wurden ausdrücklich davor gewarnt. Außer der PLO hat vor allem die palästinensische Fundamentalisten-Bewegung »Hamas« großen Einfluß in den Lagern.

Diese Situation beunruhigt König Hussein verständlicherweise sehr. Sie erklärt seine Haltung im Konflikt der alliierten Nationen mit Saddam Hussein. Er konnte sich nicht gegen die Palästinenser stellen, deren Sympathien für den irakischen Diktator mehr als deutlich waren, ohne seinen künstlichen, nur von Gewohnheit, der Beduinenarmee und ausländischem Geld gestützten Thron zu gefährden. Jede Scud-Rakete, die nach dem Beginn der Luft-Offensive von Irak aus über Jordanien hinweg auf Israel abgeschossen wurde, fand den Beifall der Palästinenser, nicht nur in den besetzten Gebieten, wo die Leute auf die Dächer ihrer flachen Häuser stiegen und klatschten, sondern auch in Jordanien. Dies erklärt auch, weshalb der »kleine König« auf hektischen Dauerreisen durch arabische und westliche Länder in der Kuweit-Krise um nahezu jeden Preis zu vermitteln versuchte.

Jordanien befindet sich gleichsam zwischen Scylla und Charybdis. Im Westen liegt Israel, mit dem der König zwar friedlich zusammenleben will, das aber offiziell als »der zionistische

Feind« betrachtet werden muß; dazu die ständig rebellischen besetzten Gebiete. Im Osten liegt der waffenstarrende Irak, der schon einmal einen Monarchen aus Husseins Familie gestürzt und ermordet hatte – das waren keine guten Voraussetzungen für eine klare und überzeugende Haltung in dem Konflikt. Jordanien erklärte sich für neutral und ließ über Aqaba, das zu einer Geisterstadt wurde, keine Waren ins Land – half dem Irak allerdings gelegentlich dennoch. Die Bevölkerung stand mit dem Herzen fast ganz hinter Saddam Hussein. Der König konnte seine angeschlagene Stellung durch seine effektvollen Reden gegen die Alliierten festigen und sitzt heute fester im Sattel als unmittelbar vor der Krise. Doch der Preis dafür war eine Isolation, die erst allmählich wieder aufbricht. Nicht nur die Amerikaner froren die diplomatischen Beziehungen zu Jordanien nach dem Krieg eine Zeitlang ein, auch die arabischen Gegner Saddams, allen voran Saudi-Arabien, wurden feindselig. Saudi-Arabien stellte alle Zahlungen und Investitionen ein; und es schloß die Grenze. Der Kuweit-Konflikt ließ einen alten Streit zwischen Amman und Riad wieder aufflammen: Im Sommer 1990 hatte König Hussein demonstrativ verkündet, er stamme aus einer Scherifenfamilie, das heißt, er sei ein Nachkomme des Propheten Mohammed aus dem Stamme der Quraisch. Dies richtete sich gegen die Al Saud, die heute herrschen, wo König Husseins Sippe einst regierte: in Mekka und Medina. Für die Prinzen in Riad war dies eine Kampfansage.

Disziplin und Zurückhaltung

Israel greift nicht in den Krieg ein

Die wohl bewunderungswürdigste Leistung während der Kuweit-Krise vollbrachte Israel. Obwohl das Land nichts mit dem Krieg zu tun hatte, wurde es von Saddam Hussein sofort angegriffen, als die

Alliierten am 17. Januar 1991 mit dem Luftbombardement des Irak begannen. Israel verzichtete auf alle Gegenschläge und übte damit eine fast schon an Selbstverleugnung grenzende Zurückhaltung. Selbstverständlich war dieses Verhalten nicht; im Gegenteil: Generalstabschef Dan Schomron kündigte nach den ersten Einschlägen der irakischen Scud-Mittelstreckenraketen bei Tel Aviv und Haifa an, die Gegenaktion seines Landes sei nur eine Frage der Zeit. Viele Beobachter rechneten mit schweren Luftangriffen der Israelis auf mobile Abschußrampen der Iraker oder mit ähnlich spektakulären Angriffen auf andere, wichtige Ziele. Israel, so hieß es, werde sich nicht scheuen, Nuklearwaffen einzusetzen, falls das notwendig sein sollte. Schon Wochen zuvor hatte fast die gesamte Bevölkerung des jüdischen Staates den Umgang mit Gasmasken geübt, da Saddam mit dem Einsatz von Giftgas vor allem gegen dieses Land gedroht hatte. Nach dem Krieg tauchten allerdings Gerüchte auf, Israel habe möglicherweise von Anfang an keine militärische Gegenaktion angestrebt, sondern sich für eine Zurückhaltung loben lassen, die nie in Frage gestanden habe; diese Behauptungen, vor allem von arabischer Seite vorgebracht, sind naturgemäß kaum zu überprüfen.

Das Verhältnis zwischen dem Irak und Israel hatte schon vor Ausbruch der Krise einen Zustand erreicht, den man ohne Übertreibung als Todfeindschaft bezeichnen kann. Der Irak gehörte seit langem zu jenen arabischen Staaten, in denen man bei offiziellen Anlässen den Begriff »Israel« konsequent vermied und statt dessen vom »zionistischen Gebilde« sprach. Während des Nahost-Kriegs 1973 hatte der Irak, obwohl kein direkter Nachbar Israels, Truppen zur Verfügung gestellt. Die Baath-Partei war schon alleine aufgrund ihrer arabisch-nationalistischen Ideologie zur kompromißlosen Gegnerschaft gegenüber Israel und »dem Zionismus« verpflichtet. Vom Irak fühlten sich die meisten Israelis bis zum Ende der Kuweit-Krise weit mehr bedroht als von Jordanien oder selbst dem volkreichen, vom islamischen Fundamentalismus beunruhigten Ägypten, mit dem man seit 1979 in Frieden lebt. Nichts illustriert dies besser als die Tatsache, daß der jüdische Staat während des ersten Golfkrieges

Waffen an die Mullahs in Iran lieferte. Dies wollten damals im Westen nur wenige Nahost-Experten glauben. Warum sollte Jerusalem ausgerechnet jenes Land aufrüsten, das geschworen hatte, den Krieg bis zur Eroberung Palästinas und der heiligen Stadt »al Quds«, sprich Jerusalem, fortzusetzen? Und dennoch war es so. Der Wunsch Israels, den Irak zu schwächen, war so dringend, daß es vor der Kooperation mit den islamischen Radikalen in Teheran nicht zurückschreckte. Der jüdische Staat folgte damit dem alten arabischen Grundsatz: »Der Feind meines Feindes ist mein Freund.« Die israelischen Waffenlieferungen an Iran hatten jedoch noch einen anderen Grund: Die jüdische Minderheit in Iran war unter starken Druck durch die islamischen Radikalen geraten; ein Massenexodus setzte ein, der allerdings bald von den iranischen Behörden eingeschränkt wurde. Seit dem Tage, an dem israelische Waffen in Iran eintrafen, besserte sich die Situation der Juden in diesem Land spürbar. Die Hilfe der Israelis war freilich begrenzt und wurde eingestellt, als diesem merkwürdigen Geschäft zuviel öffentliche Aufmerksamkeit zuteil wurde.

Zur offenen Feindschaft wurde das Verhältnis zwischen Saddam Hussein und Israel im September 1981. Mit einem jener überraschenden Schläge, zu denen Israel immer wieder ausholt, zerstörten israelische Kampfflugzeuge den irakischen Atomreaktor Osirak bei Bagdad. Er war das Glanzstück der irakischen Nuklearforschung. Bis heute konnte nicht mit letzter Sicherheit festgestellt werden, ob die Iraker durch Osirak bereits in der Lage gewesen wären, eine Atombombe herzustellen. Die Franzosen hatten den Irakern beim Bau des Reaktors geholfen und waren deshalb von Israel heftig kritisiert worden. Der Irak versuchte seine Bemühungen um den Aufbau einer eigenen Atomindustrie immer mit dem gleichen Argument zu rechtfertigen: Da Israel mit Sicherheit Atombomben besitze, müsse auch die islamische Welt um des Gleichgewichtes willen über Nuklearwaffen verfügen. Nach dem Luftangriff auf Osirak gingen die Fachleute weltweit davon aus, daß der Irak um mindestens zehn Jahre in der Nukleartechnik zurückgeworfen worden sei. Israel war zufrieden; der Irak aber, so wollten Gerüchte wissen, setzte seine Arbeit in unterirdischen Anlagen im Norden des Landes fort.

Während des ersten Golfkrieges näherte sich Bagdad den westlichen Ländern mehr und mehr an. Vor allem Frankreich, aber auch die Vereinigten Staaten, Großbritannien und die Bundesrepublik Deutschland profitierten davon. Man betrachtete den Irak als das Bollwerk der Zivilisation gegen die militanten schiitischen Schriftgelehrten und rüstete das Land systematisch auf; der Handel – auf nahezu allen Gebieten – florierte. Doch die Normalisierung der Beziehungen hatte keinen wesentlichen Einfluß auf das schlechte irakisch-israelische Verhältnis; es blieb zerrüttet und feindselig. Vorübergehend wurde der Ton der verbalen Attacken Bagdads ein wenig maßvoller. Doch lag dies wohl kaum daran, daß der Irak neue Sympathien zu Israel entdeckte, sondern vielmehr daran, daß Saddam Hussein bis zum Sommer 1988 andere Sorgen hatte: Er mußte die Iraner militärisch in Schach halten.

Nach dem Waffenstillstand fand Saddam Hussein schnell in seine alte Rolle des nationalistischen Vorkämpfers für die palästinensische Sache zurück und suchte – zumindest in Reden und Verlautbarungen – den Konflikt mit Israel. Er warf dem jüdischen Staat vor allem die Siedlungspolitik in den besetzten Gebieten des Westjordanlandes vor. Die politische Unbeweglichkeit vieler israelischer Politiker, die hinter den diplomatischen Aktivitäten der Amerikaner, ihrer Schutzmacht, beträchtlich zurückblieb, spielte ihm dabei kräftig in die Hände. Saddam Hussein machte sich mehr und mehr zum Sprecher der PLO, was ihm von deren Vorsitzenden Yassir Arafat und von den meisten Palästinensern hoch angerechnet wurde. Im Frühjahr vor Ausbruch der Kuweit-Krise war Arafat bereit, Saddam gegenüber einer Gruppe von internationalen Journalisten geradezu enthusiastisch zu loben. Arafat verneinte damals die Frage, ob die Vereinnahmung durch den Irak nicht zum Nachteil der PLO ausschlagen könne: Im Krieg mit Iran habe Saddam Hussein für alle Araber gekämpft; er sei ein »Held«. Vor allem für die

Palästinenser, die immer noch in den Lagern in Jordanien, im Westjordanland und im Gazastreifen leben müssen, wurde Saddam Hussein immer mehr zum Hoffnungsträger. Er sei, so wollten sie nur zu gerne glauben, anders als die anderen arabischen Führer: Er rede nicht nur, sondern sei bereit zu handeln und einen Waffengang zu riskieren.

Verständlich werden diese Reaktionen erst, wenn man die Rolle Israels in der nahöstlichen Konfliktstruktur genau betrachtet. Der jüdische Staat wird gerne als »Pfahl im Fleische« des arabischen und muslimischen Orients bezeichnet. Doch diese Floskel beschreibt die Situation höchst einseitig: Nur die Radikalen unter Israels Gegnern betrachten das Land immer noch mit kompromißloser Feindschaft. Die meisten Regierungen in der Region sind des ewigen Konfliktes mit den Israelis müde und würden, bei entsprechenden Konzessionen der anderen Seite, ein politisches Arrangement nach dem Vorbild der Ägypter begrüßen. Voraussetzung für eine solche Regelung wäre allerdings, daß die Interessen der Palästinenser in angemessenem Maße berücksichtigt würden. Insbesondere die arabischen Monarchien am Golf würden das Palästinenser-Problem lieber heute als morgen gelöst sehen. Sultan Qabus von Oman zum Beispiel hat niemals ein Hehl aus seiner Zustimmung zu den Verträgen von Camp David gemacht. Der inzwischen abgesetzte Präsident Tunesiens, Habib Bourguiba, plädierte schon vor Jahren für eine pragmatische Politik der Araber in der Palästina-Frage: Wenn man die Israelis mit militärischen Mitteln nicht bezwingen könne, dann müsse man sich mit ihnen eben politisch ins Benehmen setzen. König Fahd von Saudi-Arabien entwickelte 1982 seinen Nahost-Plan, der indirekt auch die Anerkennung Israels vorsah; auch König Hassan von Marokko hätte gegen eine völkerrechtliche Anerkennung Israels durch die arabischen Staaten nichts einzuwenden, wenn die arabischen Interessen befriedigt würden. Sogar der syrische Präsident Assad wäre dazu bereit, wenn er die von Israel besetzten Golan-Höhen zurückerhielte. Lediglich die radikalen Nationalisten und die islamischen Fundamentalisten der »Hamas«-Bewegung sprechen noch immer davon, daß man

»die Juden ins Meer treiben« müsse. Leider hat die arabische Welt (und vor allem die PLO) zu lange gezögert, ihre Kompromiß-Bereitschaft den Israelis ohne Wenn und Aber deutlich zu machen; statt dessen ließ man es zu, daß Fundamentalisten das große Wort führten, da man sich oft genug selbst nicht als »Freund Israels« exponieren wollte. Moderate Kräfte in der PLO haben, das zeigen blutige Mordtaten immer wieder, keine allzu hohe Lebenserwartung.

Für die radikalen Islamisten und für viele arabische Nationalisten aber ist Israel tatsächlich nichts anderes als ein Kreuzfahrerstaat, ein Pfahl im Fleische des »dar al Islam«. Wie vor tausend Jahren müssen die Muslime nach ihrer Auffassung »so lange kämpfen«, bis dieses »Gebilde« wieder »von der Landkarte verschwunden« ist. Diese Empfindungen und Gedanken sprach Saddam Hussein bei den Radikalen an, als er 1989 und 1990 drohende Worte für Israel fand. Als dann die ersten Raketen in Israel einschlugen, glaubten die Naiveren unter den Anhängern Saddams, der Tag der Befreiung bräche an. Die Vereinigten Staaten jedoch brachten Patriot-Abwehrraketen samt Bedienungsmannschaften nach Israel, die das Schlimmste verhüten konnten. Insgesamt fielen während des Krieges vierzig irakische Raketen auf israelisches Territorium und auf die Westbank. Der Schaden, den sie anrichteten, war alles in allem gering. Doch der psychologische Effekt war bedeutend und schreckte nicht nur die an Gefahren gewohnten Israelis auf. Vor allem in Deutschland wurden Politiker und Öffentlichkeit höchst unangenehm überrascht, als die ersten Berichte über die Scud-Angriffe auf Israel ausgestrahlt wurden; das um so mehr, da es deutsche Fachleute waren, die geholfen hatten, die Reichweite der ursprünglich sowjetischen Raketen zu erhöhen. Zudem konnte man lange die Möglichkeit nicht ausschließen, daß Saddam die Köpfe der Raketen mit chemischen Waffen bestücken werde. Auch bei der Herstellung des Giftgases hatten deutsche Firmen mitgewirkt. Erschwerend kam hinzu, daß die Patriot-Raketen, die zum ersten Mal eingesetzt wurden, sich nicht so gut bewährten, wie man gehofft hatte. Selbst wenn eine angreifende Scud getroffen und in der Luft zerstört wurde, konnten ihre Trümmer noch immer genug Unheil anrichten – ganz zu schweigen von ihrem Sprengkopf, der zuweilen unversehrt blieb.

Den Israelis wurde in jenen Tagen der Unsicherheit und der Angst mit einem Male bewußt, wie verwundbar ihr Land im Zeitalter der Mittelstreckenraketen war. Denn im Gegensatz zu landläufigen Ansichten sind die Israelis zwar auf feindliche Angriffe innerlich vorbereitet und auch militärisch gut trainiert, aber nicht immer mit dem modernsten Kriegsgerät ausgerüstet. Vieles war und ist Improvisation – was nicht immer ein Nachteil sein muß. Daß man in Israel den Aufmarsch alliierter Truppen gegen Saddam Hussein nicht ungern sah, liegt auf der Hand; im Verlauf des Krieges machten die Israelis dann keinen Hehl aus ihrer Auffassung, daß sie den irakischen Diktator von der Macht entfernt sehen wollten. Als noch die Möglichkeit einer friedlichen Regelung zu bestehen schien, hielt sich Israel hingegen zurück und gab äußerst selten Stellungnahmen ab. Jerusalem war klug genug, kein Öl ins Feuer gießen zu wollen und beschränkte deshalb in der eigenen Presse Berichte über den Irak auf das Notwendigste.

Nach Beginn der Scud-Angriffe boten die Amerikaner größte diplomatische Überzeugungskünste auf, um Israel aus dem Krieg herauszuhalten. Saddam Hussein vor allem wünschte den Kriegseintritt der »Zionisten«, da er damit rechnen konnte, daß dieser Schritt die Unterstützung der arabischen Welt für ihn vervielfacht hätte. Für einen Mann wie den israelischen Ministerpräsidenten Schamir kann es nicht leicht gewesen sein, auf Vergeltungsschläge zu verzichten, zumal die »Falken« in seiner Regierung ihn zur Intervention gegen Irak ermunterten. Aber Yitzhak Schamir, der aus Osteuropa stammt, seine gesamte Familie unter dem Terror der Nationalsozialisten verloren hat und in Palästina Mitglied der terroristischen »Lehi« (»Stern-Bande«) gewesen ist, gilt als Realist, der nicht utopischen Träumen nachhängt. Die Argumente Bushs und Bakers überzeugten ihn. Die Amerikaner ihrerseits versicherten dem Premierminister und den Israelis, daß sie alles tun würden, um die Abschußrampen der Scud-Raketen zu entdecken und unschädlich zu machen. Israel seinerseits stellte den Amerikanern großzügig Informationen über militärische Einrichtungen des Irak zur Verfügung. So ließ Jerusalem die Absichten des Irak ins Leere laufen, eine Taktik, die man befolgte selbst auf die Gefahr hin, daß der Irak und seine Freunde sie als Schwäche auslegen mochten. Sie war jedoch nur möglich aufgrund einer inneren Stärke und Festigkeit, die Bewunderung verdient.

In Saddam Husseins Hand

Die arabischen Sympathisanten des Diktators

Die meisten arabischen Regierungen verurteilten den Überfall Saddams auf Kuweit und schlossen sich den Rückzugs-Appellen der Arabischen Liga oder der Vereinten Nationen an. Einige andere arabische Staatsführer ließen dagegen erkennen, daß sie zur Unterstützung des irakischen Diktators bereit waren. Dies galt vor allem für Ali Abdullah Salih, den Staatspräsidenten des Jemen, der im Sicherheitsrat der UNO – meist an der Seite Kubas – sein Veto einlegte oder seine Diplomaten zugunsten des Irak argumentieren ließ. Im Dezember 1990 übernahm der Jemen sogar den Vorsitz im Rat, was den Amerikanern ungelegen kam. Washington warb um die Jemeniten und um die Kubaner – allerdings vergeblich.

Der Jemen war, wie Ägypten, Mitglied im Arabischen Kooperationsrat, als die Krise ihren Anfang nahm. Im Unterschied zu den Ägyptern konnten und wollten sich die Jemeniten jedoch nicht auf die Seite der Anti-Irak-Front schlagen. Dies hat mit der besonderen politischen und wirtschaftlichen Situation des Jemen zu tun, aber auch mit seiner Vergangenheit: Der Jemen ist in seiner heute bestehenden Form der jüngste arabische Staat – mit einer weit zurückreichenden Geschichte allerdings. Erst am 22. Mai 1990 konnten die Jemeniten ihre Wiedervereinigung feiern, nachdem ihr Land vorher in zwei Staaten, dem marxistisch regierten Südjemen und dem konservativeren Nordjemen, eine gänzlich unterschiedliche politische, ökonomische und gesellschaftliche Entwicklung genommen hatte. Das Versagen des Marxismus im Süden hatte, zusammen mit dem Ende des Kalten Krieges, den Prozeß einer von fast allen Jemeniten gewünschten Wiederannäherung und Vereinigung vorangebracht. Doch das Land leidet, ganz ähnlich wie Deutschland, nach dem Wegfall der inneren Grenze an den Symptomen der jahrzehntelangen Teilung – sie sind so stark, daß manche das Experiment der Wiedervereinigung nicht günstig beurteilen: Es besteht die Gefahr, daß der Jemen eines Tages wieder auseinanderbricht, und zwar entlang der Bruchlinien, die das Stammeswesen in der jemenitischen Gesellschaft hinterlassen hat. Der neue Jemen ist das am wenigsten homogene Land der arabischen Welt überhaupt.

Die alte »Arabia felix«, Ursprung und Quell zahlreicher vorislamischer Reiche, ist heute viel ärmer als zu Zeiten der Königin von Saba. Damals, vor dreitausend bis zweieinhalbtausend Jahren, gab es im Jemen altarabische Hochkulturen, die vom Handel mit Weihrauch und Gewürzen lebten. Der Damm von Marib, dessen Überreste man noch heute in der Wüste bestaunen kann, sorgte für eine künstliche Bewässerung, die das Land – neben den Monsun-Regen, die das jemenitische Hochland ohnehin auszeichnen – fruchtbar machte. In islamischer Zeit herrschten die Imame der Zaiditen-Dynastie, bis die osmanischen Türken von Norden her in den Jemen vordrangen. Sie herrschten dort mit lockerer Hand (viele türkische Paschas, die sich an anderen Stellen des Reiches unliebsam gemacht hatten, wurden in den Jemen verbannt). Nach dem Zerfall des türkischen Reiches gegen Ende des Ersten Weltkriegs gelang es dem Imam Yahya, eine eigenständige Herrschaft im Norden des Landes zu errichten. Zwar wurde der despotische Regent 1948 ermordet, doch folgte ihm sein Sohn Ahmad nach, der 1962 von dem Imam al Badr abgelöst wurde. Im gleichen Jahr brach der Bürgerkrieg aus, der sieben Jahre währte und von Ägypten sowie von Saudi-Arabien stark beeinflußt wurde. Kairo unterstützte die republikanischen Kräfte, während Riad den konservativen, königstreuen Stämmen half. Die Republikaner siegten, doch konnten auch die Stämme am Ende der Kämpfe ihren traditionellen Einfluß wahren. Seit 1978 war Ali Abdullah Salih Präsident des Nordjemen, der sich mehr und mehr an marktwirtschaftlichen Modellen orientierte, gute Beziehungen zum Westen pflegte und mit allen arabischen Ländern gut auszukommen versuchte. Der Gedanke einer Wiedervereinigung mit dem südlichen Teil blieb immer populär auch in Zeiten, in denen sich die Entwicklung dort gänzlich anders gestaltete.

Der südliche Teil des Landes, die Küstenebene und vor allem die am »Bab al Mandeb« gelegene vulkanische Felsregion um Aden, genannt »Crater«, weckten schon früh die Begehrlichkeit der europäischen Seemächte. Vom Bab al Mandeb, dem »Tor der Tränen« aus konnte man den Ausgang des Roten Meeres und damit den Seeweg nach Indien kontrollieren. Doch auch zum Indischen Ozean hatte man vom Jemen aus guten Zugang. Dies war besonders für die Briten von Bedeutung, die sich 1839 Aden und einen Teil des Hinterlandes offiziell aneigneten. Während im Norden Paschas und Imame ihr isoliertes Dasein fristeten, wurde Aden unter dem Einfluß der Briten, der sich im wesentlichen auf den Hafen beschränkte, verwestlicht; schließlich entstanden dort anti-kolonialistische Widerstandsgruppen, die sich 1963 zur Nationalen Befreiungsfront zusammenschlossen. 1967 entließ Großbritannien das einst so wichtige Aden in die Unabhängigkeit. Die von Marxisten unterwanderte Nationale Front drängte daraufhin zur Herrschaft und schaltete die gemäßigten Kräfte weitgehend aus. Seit 1978 regierte Abdal Fattah Ismail, der 1980 von Ali Nasir Muhammad verdrängt wurde. Nach innerparteilichen Auseinandersetzungen im Jahre 1986 wurde Abdal Fattah Ismail erschossen, und Ali Nasir Muhammad mußte das Land verlassen. Die neue Führung unter Staatspräsident Abu Bakr Haydar al Attas und Ministerpräsident Ali Salim al Baid leitete eine Liberalisierungspolitik ein, die im Zusammenschluß beider Jemen endete.

Das nun vereinte Land hat sich auseinandergelebt und ist zum Zerreißen gespannt. Der ehemalige Nordjemen, obwohl arm, ist wesentlich reicher als der Süden – das Pro-Kopf-Einkommen liegt fünfmal höher. Der Marxismus-Leninismus, auf spezifisch arabische Weise praktiziert, hat im Süden alte Stammesverhältnisse zerrüttet, ohne sie gänzlich beseitigen zu können; im Norden ist der Einfluß der Stämme schwächer geworden, aber immer noch beträchtlich. Im Südjemen ist die Bevölkerung fast ausschließlich sunnitisch, während im Norden die schiitischen Zaiditen, Nachkommen des fünften Imams der Schiiten, mehr als die Hälfte der Bevölkerung ausmachen. Dem Süden kommt zugute, daß er größere Erdölvorräte hat als der Norden. Doch nun wird darüber gestritten, wie die relativ geringen Öleinnahmen zwischen den Landeshälften verteilt werden sollen.

Es kam dem Jemen sehr gelegen, daß er in den Arabischen Kooperationsrat aufgenommen wurde und daß Saddam Hussein dem von Problemen geschüttelten Land großzügige Hilfe und politische Unterstützung anbot. Dies um so mehr, da der reiche Nachbar Saudi-Arabien den Prozeß der Vereinigung beider Jemen mit großem Argwohn beobachtete. Die Spannungen zwischen beiden Ländern sind, seit der Jemen in den dreißiger Jahren die Provinz Nadschran an Riad verlor, stets virulent geblieben; die Al Saud sind in Sanaa, der Hauptstadt des Jemen, alles andere als beliebt. Hunderttausende Jemeniten haben in Saudi-Arabien als wenig geachtete »Gastarbeiter« gearbeitet; Komplexe des armen Verwandten gegenüber dem Reichen mischen sich mit politischen und religiösen Animositäten gegen den saudischen Herrscher Fahd. Saddam Hussein hingegen, geographisch vom Jemen weit entfernt, einflußreich und mächtig, schien den Jemeniten eine Garantie dafür zu sein, daß ihr wiedervereinigtes Land gegen Riad geschützt werde. Er zahlte seinen Verbündeten auch Hilfsgelder; die Jemeniten honorierten dies mit Solidarität im Golfkrieg.

Unruhe im Lande des Mahdi

Ein weiterer, wenn auch schwacher Verbündeter Saddam Husseins war Sudan. Der Name dieses größten afrikanischen Flächenstaates wurde vor mehr als hundert Jahren, zwischen 1881 und 1899, durch den berühmten Mahdi-Aufstand der damals an den Verhältnissen in Afrika nicht sehr interessierten Öffentlichkeit bekannt. Bagdad unterhielt schon seit einigen Jahren gute und enge Beziehungen zu diesem Land. Auch der Sudan ist innerlich zerrissen und politisch instabil, seitdem der ehemalige

Präsident Numeiri am 6. April 1985 ins ägyptische Exil fliehen mußte. Im Norden leben Muslime, die der arabischen Kultur verpflichtet sind, im Süden hingegen Animisten und auch Christen. Keinem der Regierenden in der Hauptstadt Khartum ist es bis heute gelungen, den seit Jahrzehnten währenden Bürgerkrieg zwischen den Rebellen unter John Garang und der Zentralmacht zu beenden – alle Vereinbarungen scheiterten am Ende unter dem Druck des Nordens. Die Sudanesen im Süden fühlen sich von der Regierung bevormundet und einem wachsenden Islamisierungs- und Arabisierungsdruck ausgesetzt. Sie sprechen von einem arabischen und muslimischen »Imperialismus«. Der demokratisch gewählte Regierungschef Sadiq al Mahdi, ein Nachfahre des berühmten Mahdi und seiner Ansar-Sekte, scheiterte nicht zuletzt an der hartnäckigen Haltung der Muslim-Brüder. Wichtigster Streitpunkt ist, ob die Scharia, das islamische Recht, im ganzen Sudan gelten soll oder nur dort, wo Muslime leben.

Sadiq al Mahdi wurde am 30. Juni 1989 durch einen unblutigen Militärputsch gestürzt und von General Omar al Baschir, einem typischen »Obristen«, abgelöst. Omar al Baschir begreift sich als arabischer Nationalist und Revolutionär. Er führte das schwer zu regierende, immer wieder von katastrophalen Hungersnöten heimgesuchte Land in die Arme des irakischen Diktators, der Hilfe versprach. Die irakischen Geheimdienste hatten schon zuvor die sudanische Hauptstadt zum Tummelplatz ihrer Intrigen auserkoren – mit dem Ergebnis, daß Oppositionelle im Sudan gefährlich leben.

Im Kuweit-Krieg trat Khartum einige Tage lang in das Blickfeld der Weltöffentlichkeit, als es hieß, Saddam Hussein habe möglicherweise Kampfflugzeuge in den afrikanischen Staat in Sicherheit bringen lassen. Manche Beobachter sprachen gar schon von einer zweiten Front: Der Irak wolle vielleicht den Westen Saudi-Arabiens mit Kampffliegern attackieren. Ihrem dramatischen Höhepunkt steuerten die Gerüchte zu, als im Februar 1991 kolportiert wurde, im Norden Sudans seien irakische Mittelstreckenraketen vom Typ Scud in Stellung gebracht worden. Der ägyptische Präsident Mubarak nahm diese Nachrichten immerhin so ernst, daß er die Südregion seines Landes besuchte, Truppenverstärkungen dorthin beorderte und die Führung seiner Armee zu Gesprächen empfing. Die ägyptischen Befürchtungen lagen auf der Hand: Ein Angriff auf den Hochdamm von Assuan hätte für Ägypten, aber auch für die übrigen Anrainer des Niltales verheerende Folgen gehabt. Doch keines der zahlreichen und spektakulären Gerüchte bewahrheitete sich.

Mauretanien und Algerien

Ähnlich wie Sudan verhielt sich der am wenigsten entwickelte Mitgliedsstaat der Arabischen Liga, Mauretanien. Auch die Mauretanier, genauer, die arabisierte Oberschicht, die das Land seit den Tagen Mukhtar Ould Dadas beherrscht, wurden von Saddam Hussein umworben. Das arme Land am äußersten Westrand der Wüste Sahara konnte die Unterstützung aus Bagdad gut gebrauchen, auch wenn sie sich in recht bescheidenem Rahmen hielt. Mauretanien liegt seit Jahren im Streit mit dem südlichen Nachbarn Senegal, in dessen Hauptstadt Dakar es mehrfach zu blutigen Übergriffen gegen Händler aus Mauretanien gekommen ist. Die mauretanische Führung unter Präsident Ould Taya hat es Saddam nach Kräften vergolten, daß er sich für die eineinhalb Millionen mauretanischen Untertanen eingesetzt hat, auch innerhalb der Arabischen Liga. Während der Krise vermutete man, die Frau Saddam Husseins halte sich mit der Familie in Nouakchott, der Hauptstadt des Wüstenstaates, auf; doch auch dies bestätigte sich nicht. Der Fortgang der Krise zeigte, daß Saddam Hussein in den Reihen der Arabischen Liga zwar nicht über ausgesprochene Freunde, aber immerhin über Sympathisanten verfügte, die zu seinen Gunsten die Stimmung zu beeinflussen suchten. Zu ihnen gehörten auch die eher neutralen Algerier, die bereit gewesen wären, dem irakischen Diktator Asyl zu gewähren, und nicht zuletzt Oberst Gaddafi von Libyen, der zwar Saddams Einmarsch in Kuweit verurteilte, aber auch harte Worte gegen die amerikanisch-westliche »Einmischung« fand.

Der »Wüstensturm« beginnt

Militärzensur und »sauberer Krieg«

Die militärischen Aktionen zur Befreiung Kuweits dauerten insgesamt sechs Wochen, vom 17. Januar bis zum 28. Februar 1991. Sie waren schneller beendet, als die meisten Beobachter vor Beginn des Krieges prophezeiten; ohne Zweifel hatte man die Kampfkraft der schon im ersten Golfkrieg arg strapazierten Iraker überschätzt – was freilich besser war, als sie zu unterschätzen. Heute weiß man, daß zwischen propagandistischer Rhetorik beider Seiten und der Wirklichkeit auf dem Schlachtfeld Welten lagen. Über die Zahl der Verluste an Menschen und Material hingegen, besonders über die Verluste irakischer Zivilisten, herrscht noch immer Ungewißheit; kein Journalist oder Historiker hat es bislang vermocht, mehr als nur Schätzungen über die Zahl der Getöteten auf irakischer Seite anzugeben. Die Zahl der getöteten westlichen Kombattanten hingegen steht fest: Im zweiten Golfkrieg fanden 74 Amerikaner, 17 Briten und ein Franzose bei Kämpfen den Tod. Hinzu kommen Unfallopfer, deren Tod nicht unmittelbar auf Kampfhandlungen zurückzuführen ist. Ihre Zahl ist höher als die der im Krieg Gefallenen. Die Luftangriffe der Alliierten waren so intensiv, daß die Angabe, etwa 100 000 Soldaten seien den Bomben auf seiten der Iraker zum Opfer gefallen, glaubwürdig erscheint. Doch es können auch mehr sein. Über die Verluste der irakischen Zivilbevölkerung ist nichts bekannt. Der Grund hierfür ist nach wie vor die von beiden kriegführenden Parteien verhängte Militärzensur, die während der Kämpfe nur unterbrochen wurde, wenn es einen propagandistischen Erfolg zu verkünden galt. So verwandelte sich die Schlacht um Kuweit für die Weltöffentlichkeit in einen Computer- und Gespenster-Krieg; Bilder der kriegerischen Wirklichkeit durften nur selten gezeigt werden. Die Amerikaner hatten, wie es hieß, »aus Vietnam gelernt« und verbannten alle grausamen und schockierenden Bilder von den Fernsehschirmen; andererseits hatte auch der Irak wenig Interesse daran, sein militärisches Desaster publizistisch zu dokumentieren. Er brachte und erlaubte nur Bilder, die den Feind in das schlechteste Licht rücken sollten.

Eine erste Kostprobe der Wirksamkeit einer solchen konsequenten Zensur bot der Beginn der Kämpfe. Die Deutschen erfuhren vom »Wüstensturm« in den Frühnachrichten des 17. Januar. Es waren brillante Erfolgsmeldungen, die das Hauptquartier der Alliierten in Saudi-Arabien verbreitete. Hunderte amerikanische, britische, saudische und kuweitische Kampfflugzeuge flogen Dauerangriffe auf Ziele im Irak und im besetzten Kuweit, dazu wurden von den im Persischen Golf stationierten Kriegsschiffen Marschflugkörper auf die irakische Hauptstadt abgefeuert. Erst einige Tage später wurde bekannt, daß die Amerikaner auch die Nato-Basis im türkischen Incirlik bei Adana für Lufteinsätze im Norden des Irak nutzten. Aus den Nachrichten schien hervorzugehen, daß es den Angreifern gelungen war, schon am ersten Tag etwa achtzig Prozent des militärischen Potentials der Iraker unschädlich zu machen. Doch die folgenden Ereignisse straften diese vorschnellen Siegesfanfaren Lügen.

Die »Mutter der Schlachten«

Noch am Tag des ersten Angriffes der Alliierten hält Saddam Hussein über den irakischen Rundfunk eine aggressive Durchhalterede, in der er davon spricht, die »umm al ma'arik«, die »Mutter aller Schlachten«, habe begonnen. Was Saddam damit meint, wird am folgenden Tag deutlich: Fünf irakische Scud-Raketen schlagen im Gebiet von Tel Aviv, von Haifa und im besetzten Westjordanland ein. Eine Rakete wird auf das saudi-arabische Dhahran abgefeuert. Dieses Bombardement setzt sich, unter dem Beifall zahlloser Araber, die in einigen Hauptstädten zu Demonstrationen auf die Straße gehen, am nächsten Tag fort.

Der israelische Generalstabschef Dan Schomron droht offen mit Vergeltung, ebenso Außenminister David Levy. Doch amerikanische Berater und besonnene israelische Stimmen mahnen die Regierung des Landes erfolgreich zur Zurückhaltung. Die Amerikaner versichern, daß sie alles unternehmen werden, um vor allem die mobilen Abschußrampen der Iraker zu zerstören, die im Westen des Landes stationiert sind. Zur besseren Verteidigung ihres Landes stellt Washington den Israelis das hochmoderne Raketen-Abwehrsystem »Patriot« samt Bedienungsmannschaften zur Verfügung.

Unterdessen rücken die amerikanischen Bodentruppen an die Grenze Kuweits und des Irak heran. Die Alliierten erobern neun zu Kuweit gehörende Bohrinseln, auf denen sich irakische Artilleristen verschanzt hatten. Die Amerikaner machen dabei die ersten Kriegsgefangenen und werfen Flugblätter über dem besetzten Kuweit ab, auf denen sie die irakischen Soldaten zur Übergabe oder Desertion auffordern. Die Luftangriffe auf den Irak gehen parallel dazu, bei geringem Widerstand der Luftabwehr, pausenlos weiter. In weiteren Brandreden setzt Saddam Hussein das Gerücht in die Welt, die Israelis beteiligten sich – in den Uniformen anderer Nationen – an den militärischen Operationen. Ein Gerücht, das in den kommenden vier Wochen in der arabischen Welt immer wieder kolportiert wird, vor allem von PLO-Chef Yassir Arafat.

Am 20. Januar strahlt das irakische Fernsehen Bilder von sieben gefangenen Piloten der Koalition aus. Sie stammen aus den Vereinigten Staaten, Großbritannien, Italien und Kuweit. Ihre aufgedunsenen Gesichter mit den blutunterlaufenen Augen zeigen deutliche Spuren schwerer Folterungen: Vor den Kameras des Feindes verurteilen die Piloten das Vorgehen ihrer Regierungen als Aggression gegen den Irak. In der Nacht zum 21. Januar schießen die Iraker insgesamt 18 Scud-Raketen auf Riad und Dhahran ab, doch alle werden von den Patriot-Abwehrraketen frühzeitig abgefangen und unschädlich gemacht. Dennoch wächst in diesen Tagen in Saudi-Arabien und in Israel die Furcht, die Iraker könnten in Zukunft zielgenauer treffen und die Scud-

Geschosse mit chemischen Waffen bestücken. Fieberhaft machen die Piloten der alliierten Jagdbomber deshalb Jagd auf die beweglichen Abschußrampen, von denen einige vermutlich unterirdisch installiert sind.

Am 22. Januar schlägt eine Rakete in einem Wohnviertel Tel Avivs ein. Drei Menschen fallen ihr zum Opfer, mehr als hundert werden verletzt. Im Westen glaubt jetzt kaum noch jemand daran, daß die Israelis nicht zurückschlagen werden; aber sie verhalten sich ruhig, da man in dem Land begriffen hat, wie inständig Saddam Hussein auf einen Kriegseintritt des jüdischen Staates hofft und wartet. Der militärische Wert der Scud-Angriffe auf Israel ist für den Irak gering, die Treffer von »Saddams Pfeilen« können allenfalls als propagandistische und psychologische Erfolge betrachtet werden; das einzige Ziel der Terrorattakken gegen eine nicht-kriegführende Partei ist es, das von Saddam angesprochene politische »Linkage« zwischen der Kuweit-Krise und der Palästina-Frage durch einen Kriegseintritt Jerusalems zu dokumentieren. Träte Israel in das Kampfgeschehen ein, so fürchtet man im Westen, wäre dies das Ende der so mühsam geschmiedeten Allianz. Doch selbst Syrien, das unsicherste Mitglied der Koalition, beruhigt die Amerikaner: Damaskus, so lassen der Außenminister Faruq al Scharaa und der Verteidigungsminister Mustafa Tlass wissen, habe nichts dagegen, wenn Israel sich verteidige.

Wie skrupellos Saddam ist, belegen an diesem Tag die Meldungen aus dem besetzten Kuweit. Dort beginnen irakische Truppen, kuweitische Ölförderanlagen zu zerstören: Sie sprengen Bohrtürme auf dem Ölfeld von al Wafra im Süden Kuweits. Aus Iran treffen daraufhin Meldungen ein, daß an der Grenze zu Kuweit schwarzer Regen niedergehe – was die zunächst angezweifelten Meldungen über Saddams Politik der verbrannten Erde glaubwürdiger macht. Zudem geht der Irak im Krieg der Propaganda, der sich auf alliierter Seite im wesentlichen auf die Bekanntgabe von militärischen Erfolgsmeldungen beschränkt, in die Offensive: Der immer noch in Bagdad ausharrende CNN-Reporter Peter Arnett wird zu den Ruinen eines Gebäudes geführt, das nach irakischer Darstellung eine Fabrik zur Herstellung von Milchpulver und Babynahrung gewesen sein soll. Die Alliierten dementieren das. Tatsächlich gibt es in dieser Sache so viele Unstimmigkeiten (unter anderem wurde das offizielle Firmenschild flüchtig mit der Hand gemalt), daß ein Täuschungsmanöver nicht auszuschließen ist. Das Repertoire der Kriegslisten der Iraker darf nicht unterschätzt werden: Mit offenbar großem Erfolg haben sie Panzerattrappen aufgestellt, um die Piloten der Alliierten irrezuführen und um den Eindruck zu erwecken, der größte Teil ihrer Panzerwaffen sei schon vernichtet. Dann aber greifen die Iraker wieder zu fast infantilen Übertreibungen: Sie geben Zahlen über die Abschußquote ihrer Flugabwehr an, die jeder halbwegs Vernünftige sofort in das Reich der Phantasie verbannt. Als Grundregel kann man aufstellen: Teile die angegebene Zahl durch zehn. 17 Maschinen der Koalition sind bis zu diesem Zeitpunkt verlorengegangen, nicht 170, wie Bagdad meldet.

Am 23. Januar kommt es zu ersten Scharmützeln an der Grenze zwischen dem besetzten Kuweit und Saudi-Arabien, bei denen einige amerikanische Infanteristen verwundet werden. Drei irakische Kampfflugzeuge, die überdies mit französischen Exocet-Raketen bewaffnet sind, attackieren amerikanische Kriegsschiffe, werden jedoch, wie der britische Verteidigungsminister King mitteilt, frühzeitig abgeschossen. Der türkische Staatschef Turgut Özal sagt in einem Interview mit der Zeitung »Milliyet«, die Türkei »werde nach dem Krieg besser dastehen als vorher«, sie werde in der Region »Führungsmacht« sein – und sorgt damit für beträchtliche diplomatische Verwirrung. Seine unvorsichtigen Worte scheinen darauf hinzudeuten, daß Ankara beabsichtigt, in den Krieg einzutreten, um den Norden des Irak zu annektieren. Als diese Spekulationen auch unter den alliierten Nationen Unruhe auslösen, muß Özal durch seine Botschafter abwiegelnde Erklärungen abgeben lassen: Die Türkei verfolge keine territorialen Interessen.

Gleichwohl ist das Verhältnis zwischen der Türkei und dem Irak nachhaltig gestört: Bagdad hatte bereits vor Kriegsausbruch

Abschußrampen für die Scud-Raketen an der Grenze zur Türkei installieren lassen. Als nun publik wird, daß die amerikanischen Bomber zu ihren Luftangriffen auf den Irak unter anderem auch von Flugplätzen in der Türkei aus starten, schreibt der irakische Außenminister Tariq Aziz an seinen türkischen Amtskollegen Alptemocin, daß der Irak die Unterstützung Amerikas in diesem Konflikt als feindlichen Akt betrachte. Der türkische Minister antwortet, daß sich das Engagement seines Landes auf die entsprechenden Resolutionen des UN-Sicherheitsrates gründe und sich streng an diesen rechtlichen Rahmen halte.

Beginn des ökologischen Krieges

Während die Bombardements des irakischen Territoriums unvermindert andauern, beunruhigt eine andere Nachricht nicht nur die vom Kriege direkt Betroffenen, sondern die gesamte Weltöffentlichkeit. Der amerikanische Regierungssprecher Fitzwater gibt am 25. Januar bekannt, der Irak lasse vor der kuweitischen Küste Öl in den Persischen Golf pumpen. Der Ölteppich sei schon mehrere Kilometer breit und 15 Kilometer lang. In den kommenden Tagen steht die Furcht vor dieser ökologischen Katastrophe im Vordergrund – Saddam hatte bereits vor Ausbruch der Gegenoffensive der Alliierten damit gedroht, das Erdöl als Waffe einzusetzen. Zwei Tage später hat der Ölteppich schon eine Länge von 50 und eine Breite von 17 Kilometern. Er treibt auf die Küsten und Hafenstädte Saudi-Arabiens zu und gefährdet deren Meerwasser-Entsalzungsanlagen, die für die Trinkwasserversorgung der Bevölkerung und der Soldaten lebenswichtig sind. Washington gibt bekannt, der Irak habe aus fünf vor Kuweit liegenden Großtankern schon sechs Millionen Barrel Öl auslaufen lassen – Bagdad behauptet dagegen, die Tanker seien durch amerikanische Luftangriffe zerstört worden.

Zum erstenmal seit geraumer Zeit meldet sich zu diesem Zeitpunkt Iran wieder zu Wort. Staatspräsident Rafsandschani dämpft Erwartungen des radikalen Lagers unter den Mullahs,

Iran werde zugunsten der Muslime in den Krieg eingreifen. Beim Freitagsgebet sagt Rafsandschani, ein solcher Schritt sei selbstmörderisch für die Islamische Republik: »Wir werden unser Blut weder für den Irak vergießen, damit er Zugang zum Persischen Golf erhält, noch für die Amerikaner, damit sie ihren Krieg gewinnen können.« Das religiöse Oberhaupt Irans allerdings, Ajatollah Ali Chamenei, verflucht die Vereinigten Staaten ganz im Stile des Ajatollah Chomeini: Er nennt den amerikanischen Präsidenten Bush einen »Mörder«, der den Krieg gegen den Irak »ohne Gnade« führe. So werden im Iran die besonnenen wie die militanten Kräfte des Landes gleichermaßen von ihren Führern zufriedengestellt.

In der Folgezeit beherrschen drei Themen die Diskussion um die Schlacht am Golf: der »saubere« Krieg der alliierten Luftwaffen, die »verschwundenen Flugzeuge« des Irak und die unabschätzbaren Risiken des von Saddam entfesselten Umweltkrieges. Hinzu kommen die regelmäßigen Scud-Angriffe auf Israel und Saudi-Arabien. Von der Militärzensur freigegebene Bilder und Videoaufnahmen zeigen das Verhalten »intelligenter« Bomben, die sich ihre Ziele selber suchen, durch Türen, Fenster oder gar Luft- und Heizungsschächte. Damit soll belegt werden, daß die Koalition in der Lage ist, nur kriegswichtige strategische Zentren anzugreifen und die Zivilbevölkerung zu schonen. Beobachter des Komitees Cap Anamur berichteten nach dem Kriege, zumindest in Bagdad und Umgebung seien tatsächlich nur wenige wichtige Gebäude zerstört worden. Wer sich Bagdad als Trümmerhaufen vorstelle, sei im Irrtum. Dennoch ist schwer zu glauben, daß – vor allem im Süden, im Raum von Basra – die Bombardierungen ohne größere Verluste unter der Zivilbevölkerung abgegangen sein sollen. Der High-Tech-Krieg hat freilich die Infrastruktur des Landes auf eine Weise zerstört, die früher undenkbar war. Kommunikationswege, Trinkwasser- und Elektrizitätsversorgung wurden gänzlich ausgelöscht, so daß Augenzeugen davon sprachen, der Irak sei in »vorzivilisatorische Zustände« zurückgebombt worden. Die Alliierten nahmen bei ihren Angriffen aber offenbar auf Kulturdenkmäler der Region besondere Rücksicht: Als unwahr erwiesen sich nach dem Krieg irakische Behauptungen, die heiligen Schreine der Muslime in Kerbela und al Nadschaf seien durch Bombardierungen beschädigt worden.

Irakische Flugzeuge verschwinden

Bis heute ist das Rätsel um das Verschwinden der irakischen Militärflugzeuge nicht gelöst worden. Ende Januar wurde zum erstenmal bekannt, daß sich irakische Piloten mitsamt ihren Maschinen nach Iran absetzten. Von Tag zu Tag stieg die Zahl der Transport- und Kampfflugzeuge, die offenbar in Iran untergestellt werden sollten, bis es schließlich hieß, mehr als hundert Maschinen seien aus dem Irak herausgebracht worden. Der Westen witterte eine Kriegslist der Iraker, bis Iran verbindlich versicherte, von seinem Boden aus würden die Flugzeuge nicht eingesetzt werden. Iran sei und bleibe neutral und werde die Maschinen auf seinem Territorium festhalten, bis der Krieg beendet sei. Dieses Versprechen hielten die Iraner ein – doch nach dem Krieg hörte man nichts mehr von den Flugzeugen. Die Zahl der geretteten Maschinen, heißt es heute, sei erheblich geringer gewesen, als zunächst vermutet worden war. Am wahrscheinlichsten ist die Version, die in der englischsprachigen Presse verbreitet wurde: Zunächst seien etliche irakische Piloten desertiert, dann habe Bagdad bewußt versucht, militärisches Material für die Zeit nach dem Krieg vor der Vernichtung zu bewahren. Man darf vermuten, daß der irakische Minister Hammadi nicht nur über den Teheraner Friedensplan verhandelte, als er Ende Januar in die iranische Hauptstadt flog, sondern auch über eine spätere Herausgabe der in Sicherheit gebrachten Flugzeuge.

Der Teheraner Friedensplan enthielt fünf Punkte, stammte von Staatspräsident Rafsandschani und seinem Außenminister Ali Akbar Welajati und wurde vom Parlamentspräsidenten, dem radikal-fundamentalistischen Mullah Mehdi-Karrubi, bekanntgegeben. Der iranische Vorschlag sah einen sofortigen Waffenstillstand vor und den bedingungslosen Rückzug der Iraker aus Kuweit. Als Gegenleistung sollten sich die Alliierten verpflichten, die Region umgehend zu räumen. Der Plan entsprach mithin der üblichen Haltung Teherans: Ablehnung eines Engagements Washingtons am Golf, aber auch Widerstand gegen die expansionistischen Absichten von Saddam Hussein. Mit einer solchen Friedensinitiative konnten sowohl die Gemäßigten als auch die Militanten in Teheran leben. Ob Rafsandschani mit seinem Fünf-Punkte-Papier lediglich das Ziel verfolgte, die innenpolitischen Spannungen in seinem Land zu entschärfen, oder ob er tatsächlich hoffte, der Vorschlag werde von den Kriegsgegnern angenommen und umgesetzt, ist bis heute unklar.

Am 30. Januar beginnt die Generalprobe für die weltweit so gefürchtete Landschlacht. Eineinhalbtausend irakische Infanteristen dringen von den vordersten Linien in Kuweit etwa zwanzig Kilometer nach Süden auf saudisches Territorium vor. Saddam Hussein hat den Vorstoß persönlich angeordnet, da er jetzt die Taktik verfolgt, die Truppen der Koalition so früh wie möglich in die Bodenoffensive hineinzuziehen. Radio Bagdad nennt den Angriff den »Beginn für die Befreiung des heiligen Bodens«, womit offenbar angedeutet werden soll, der Irak wolle ganz Saudi-Arabien erobern. Die irakischen Soldaten dringen in die Ortschaft Ras al Chafdschi ein, die nahe der Küste liegt und schon zu Beginn des Krieges wegen des andauernden irakischen Artilleriebeschusses evakuiert wurde. Soldaten Saudi-Arabiens, Qatars und auch Amerikaner stellen sich den Irakern entgegen und schlagen sie wieder zurück. Doch sie treffen auf heftigen Widerstand; es dauert annähernd zwei Tage, bis Ras al Chafdschi wieder in der Hand der Alliierten ist. Offiziere der Koalition heben die große Kampfmoral der Iraker hervor, was die Furcht vor der herannahenden Bodenoffensive verständlicherweise nicht mindert.

Der Ölteppich vor der saudischen Küste südlich von Kuweit ist inzwischen 70 Kilometer lang. Die möglichen langfristigen Folgen der von Saddam angerichteten Umwelt-Katastrophe sind nun fast bedrohlicher als der Krieg selbst. Noch heute brennen mehrere hundert Ölquellen in Kuweit; welche Schäden die Brandgase, die Asche und der Rauch, der den Himmel über der Region verdüstert, anrichten, ist unabsehbar.

Am 31. Januar kommt es zum achten Scud-Angriff auf Israel. Die Rakete schlägt im besetzten Westjordanland ein, tötet jedoch glücklicherweise keine Menschen. Inzwischen hat die Bundesrepublik ihre anfängliche Sprachlosigkeit überwunden und beschlossen, Israel Abwehrraketen und Giftgasspürpanzer im Werte von einer Milliarde Mark zu überlassen. Israelische Soldaten werden daraufhin nach Sonthofen eingeladen und in der Bedienung dieser Panzer unterrichtet. Bonn muß gegenüber der Regierung in Jerusalem öffentlich eingestehen, daß deutsche Firmen tatsächlich daran beteiligt waren, die irakischen Fernraketen zu verbessern.

Aus Washington ist am gleichen Tag, dem 31. Januar, zum ersten Mal zu hören, daß es für eine Bodenoffensive noch zu früh sei. Die Amerikaner und ihre Verbündeten fürchten vor allem die auf 150000 Mann geschätzte Republikanische Garde Saddam Husseins, die Elitetruppe des Baath-Regimes, die nicht nur in Kuweit-City, sondern auch im Süden des Irak und im Grenzgebiet zu Kuweit stationiert ist. Die Gardisten Saddams haben sich eingegraben, verbergen sich in kleinen unterirdischen Bunkern, die durch Bombenangriffe schwer zu treffen sind. Truppenbewegungen in Kuweit deuten nach Auffassung der Amerikaner jedoch darauf hin, daß die Iraker an ihrer Taktik festhalten, die Truppen der Koalition vorzeitig in eine Landschlacht zu verwikkeln. Die Amerikaner vereiteln darüber hinaus den Versuch der Iraker, den größten Teil ihrer Kriegsschiffe in Iran in Sicherheit zu bringen. Dreißig Schiffe – zum Teil mit der französischen Exocet-Rakete ausgerüstet – werden von Kampfflugzeugen der Koalition zerstört.

Doch der Irak ist noch immer in der Lage, sich zu wehren: Am 2. Februar schlagen wieder Raketen in Israel und in der saudiarabischen Hauptstadt Riad ein, wo 29 Menschen verletzt werden. Die Alliierten verschärfen ihre Bombardierungen im Raum von Bagdad und im Nordirak, beginnen jedoch auch mit Angriffen im Südirak, wo jetzt vor allem die gefürchteten, riesigen B 52-Bomber eingesetzt werden. Allein am 3. und 4. Februar werden insgesamt 5000 Lufteinsätze geflogen. Sie hindern den Irak freilich bis zum Ende des Krieges nicht daran, seine Scud-Raketen einzusetzen, wie dann die Angriffe am 8. Februar auf Riad, am 9. und 25. Februar auf Israel und der letzte, für die Amerikaner verlustreiche Angriff auf die Basis in Dhahran zeigen. Anfang Februar treffen der Generalstabschef Colin Powell und Verteidigungsminister Cheney in Saudi-Arabien ein, nicht nur, um die Truppen zu besuchen und ihre Moral zu stärken, sondern vor allem, um über den Beginn der Bodenoffensive zu beraten. Sie kommen zu dem Ergebnis, daß noch weitere Bombardierungen den Infanteristen ihren schweren Weg ebnen sollen. Über der Republikanischen Garde im Südirak und im Norden Kuweits werden von jetzt an Maverrick-Bomben abgeworfen, die in der Luft explodieren und Flächenzerstörungen und -brände hervorrufen. Mit ihrer Hilfe will man die Republikanische Garde so stark dezimieren, daß an einen ernsthaften Widerstand nicht mehr zu denken ist. Auf die Bodenoffensive zu verzichten, wie dies einige Militärexperten vorschlagen, halten die kommandierenden Strategen für unmöglich. Die Probleme, die sich den alliierten Infanteristen auf diesem Kriegsschauplatz stellen, sind beträchtlich. Zum einen sind die klimatischen Bedingungen, die Temperaturen und Sandstürme, für einen Europäer kaum zu ertragen, zum anderen drängt die Zeit: Mitte März beginnt der Monat Dhul Hiddscha, in dem die Muslime aufgerufen sind, nach Mekka, in die heilige Stadt des Islam, zu pilgern und dort die vorgeschriebenen Riten der Haddsch, der Wallfahrt, zu vollziehen. Bis zu diesem Zeitpunkt muß, dessen sind sich Powell, Cheney und Schwarzkopf bewußt, der Sieg errungen sein – wenn man nicht die religiösen Aversionen der Araber gegen »den Westen« zum Überkochen und Saudi-Arabien in arge Bedrängnis bringen will.

Am 13. Februar erleiden die Alliierten einen bedeutenden propagandistischen Rückschlag. Mitten in Bagdad wird ein Großbunker bombardiert: Zwei Raketen explodieren in dem dreistöckigen Gebäude. Von den etwa 1000 Menschen, die sich in diesen Bunker geflüchtet haben, kommen nach irakischen Angaben 314 ums Leben. Die Alliierten rechtfertigen ihren Angriff mit Beobachtungen ihrer Spionagesatelliten: Man habe den Bunker für eine Kommandozentrale halten müssen, da in den Tagen vor dem Abschuß der Raketen viele Militärfahrzeuge in seiner Nähe identifiziert worden seien. Journalisten, die den Bunker, genauer: seine Ruine besuchen dürfen, können keine Anzeichen für eine militärische Nutzung erkennen. Ein Sprecher der irakischen Opposition, der in München lebende Abdullah al Bakri, gibt bekannt, nur die Angehörigen von hohen Baath-Funktionären seien in diesem Bunker untergebracht gewesen. Die Hintergründe dieses Raketenangriffs sind bis heute ungeklärt. Der Irak schießt, offenbar als Vergeltung, zum erstenmal eine Scud-Rakete auf die grenznahe saudische Ortschaft Hafr al Batin. Doch die zivile Bevölkerung ist längst evakuiert; es leben dort nurmehr Soldaten jener arabischen Armeen, die der Allianz angehören.

Am 15. Februar sieht es vorübergehend so aus, als könne eine Landschlacht doch noch vermieden werden. Radio Bagdad gibt überraschend bekannt, der Irak sei zur Erfüllung der UN-Resolutionen bereit und werde sich aus Kuweit zurückziehen. Die Freude über die scheinbar günstige Entwicklung währt allerdings nicht lange. Als Saddam Hussein bekanntgibt, daß er wiederum – wie schon oft zuvor – den Abzug Israels aus den besetzten palästinensischen Gebieten zur Voraussetzung für seinen Rückzug aus Kuweit macht, bezeichnet Präsident Bush den irakischen Schritt als einen »grausamen Scherz«. Trotzdem beginnen die Diplomaten mit fieberhaften Aktivitäten. Vor allem Moskau, das schon am 12. Februar vor einer Ausweitung des durch die Vereinten Nationen vorgegebenen militärischen und politischen Rahmens gewarnt hatte, besinnt sich auf seinen alten irakischen Verbündeten. Gorbatschow und sein Außenminister Bessmertnych werden, beraten von dem alten Nahost-Fachmann des Kreml Jewgenij Primakow, aktiv. Moskau will – mit Washingtons Zustimmung – einen Friedensplan ausarbeiten, der für den Irak akzeptabel ist, aber auch dem Völkerrecht gerecht wird. In der Woche bis zum 22. entfalten wichtige Politiker der Vereinten Nationen, der westlichen Länder, aber auch einiger arabischer Staaten eine umfangreiche Reisediplomatie; besonders der iranische Außenminister Ali Akbar Welajati bietet sich als Vermittler an. Moskau und die beiden irakischen Unterhändler Tariq Aziz und Saadun Hammadi konferieren über Teheran miteinander. Der von schweren Bombardements Bagdads und Süd-Iraks begleitete Vermittlungsprozeß endet am 22. Februar kurz nach Mitternacht in Moskau. Tariq Aziz hat mehr als zwei Stunden mit Gorbatschow über den russischen Friedensplan diskutiert und mit der Erlaubnis des Revolutionären Kommandorates in Bagdad einem Vorschlag zugestimmt, der folgenden Wortlaut hat:

1. *Der Irak verkündet den sofortigen und bedingungslosen Rückzug seiner Truppen aus Kuweit.*
2. *Der Abzug beginnt am Tag nach Einstellung der Feindseligkeiten.*
3. *Der Abzug findet in einem festgelegten zeitlichen Rahmen statt.*
4. *Nach dem Abzug von zwei Dritteln der irakischen Truppen aus Kuweit werden die Wirtschaftssanktionen gegen den Irak aufgehoben.*
5. *Alle UN-Resolutionen verlieren nach dem vollständigen Abzug ihre Wirksamkeit.*
6. *Unmittelbar nach der Feuereinstellung werden alle Kriegsgefangenen freigelassen.*
7. *Sicherheitskräfte der UN aus neutralen Ländern überwachen den Abzug.*
8. *Weitere Einzelheiten werden rasch vereinbart.*

Als der Friedensplan bekanntgegeben wird, schießen die Iraker erstmals eine Scud-Rakete auf Bahrein ab, die allerdings von Patriots abgefangen wird. Auch Saudi-Arabien wird beschossen. Diese Angriffe sind nicht geeignet, den Friedenswillen des Irak zu demonstrieren. Washington dankt daraufhin dem sowjetischen Präsidenten Gorbatschow für seine Friedensbemühungen, lehnt den Plan jedoch als unzureichend ab – offenbar weil sich die Amerikaner nicht mit den Punkten 3 und 4 einverstanden erklären wollen. Auch Bessmertnychs Versuch, den Vorschlag in sechs Punkten neu zusammenzufassen und damit für beide Seiten akzeptabel zu machen, findet nicht die Zustimmung der Amerikaner.

Als in New York der Sicherheitsrat noch über die Initiative der Russen berät, wird der offizielle Beginn der Bodenoffensive bekanntgegeben. Seit dem 21. Februar hatten sich die Bodenkämpfe verschärft. Kurz bevor Bush den Befehl zum Angriff geben läßt, werden Berichte von Exil-Kuweitern bekannt, die von neuen schweren Greueltaten der irakischen Soldaten in Kuweit-City berichten. Die »Mutter aller Schlachten« tritt in ihre letzte, entscheidende Phase.

»Nie wieder Krieg!«

Die Friedens-Diskussion in Deutschland

Als die Operation »Wüstensturm« begann, herrschte nirgendwo Kriegsbegeisterung. Präsident Bush ließ sich am Vorabend seiner Entscheidung von zwei Priestern beraten. Einer von ihnen war für, der andere gegen den Krieg. Es sollte sich herausstellen, daß die Vertreter der christlichen Kirchen in ihrer Einschätzung der Lage, vor allem in der Frage, ob dieser Krieg gerechtfertigt sei, keine eindeutige Antwort geben konnten. Relativ gelassen – trotz einiger Demonstrationen – reagierten die drei großen Demokratien des Westens, deren Truppen den Angriff anführten und auch die Hauptlast des Krieges zu tragen hatten. Diese drei Länder hatten vor fünfzig Jahren das Regime der Nationalsozialisten niedergerungen (im Verein mit einem Verbündeten freilich, der die Menschenrechte seinerseits mit Füßen trat: Josef Stalin). Auch in Amerika, England und Frankreich glaubte im Falle der Kuweit-Krise wohl niemand an einen im utopischen Sinne »gerechten« Krieg; aber man hielt eine Strafaktion gegen Saddam auf jeden Fall für gerechtfertigt: Ein skrupelloser Diktator mußte militärisch in seine Schranken gewiesen werden, um die Bedrohung, zu der man selbst beigetragen hatte, zu beenden, bevor es zu spät war.

Anders war die Situation in Deutschland. Dort befürworteten zwar, wie Umfragen der Fernsehanstalten zeigten, zwischen sechzig und siebzig Prozent der Bevölkerung den Einsatz von Militär gegen den Irak, aber die politische Klasse, Teile der wirksamsten Medien und die sogenannte Friedensbewegung reagierten entweder wie gelähmt oder gar hysterisch. »Kein Blut für Öl!« war die zentrale Devise der Kriegsgegner, die alle Andersdenkenden direkt oder indirekt als »Kriegstreiber« bezeichneten. Deutschland war vom Ort des Geschehens 5000 Kilometer entfernt und beteiligte sich nicht an den Kampfhandlungen; doch Teile seiner Bevölkerung gebärdeten sich, als würden deutsche Männer für amerikanische Großmachtträume und Interessen in der grünen Hölle Indochinas verheizt. Durch Kinderprozessionen machten Lehrer und Erzieher ihre »Betroffenheit« darüber deutlich, daß militärische Mittel angewandt wurden, wo andere ganz offenkundig versagt hatten.

Zwei Gründe vor allem haben wohl zu diesen Reaktionen geführt. Sie lassen sich nur vor dem Hintergrund der jüngeren deutschen Geschichte begreifen. Im Unterschied zu Amerikanern, Briten und Franzosen haben die Deutschen in diesem Jahrhundert zwei Weltkriege verloren, von denen sie einen zudem in verbrecherischer Weise vom Zaun gebrochen hatten. Diese Niederlagen haben, zusammen mit den materiellen Verheerungen des Landes, eine gründlich andere Einstellung zum Krieg entstehen lassen, als sie in den Ländern der Siegermächte verbreitet ist – zumal sich die Amerikaner, Briten und Franzosen heute noch etwas darauf zugute halten, im Zweiten Weltkrieg mit dem Nationalsozialismus ein verbrecherisches Terrorsystem in einem opferreichen Kampf niedergerungen zu haben. Die Parallelen zum Krieg gegen Saddam liegen auf der Hand.

Der zweite Punkt betrifft jene Politik der Umerziehung, die den Deutschen nach dem Zweiten Weltkrieg von den Alliierten selbst nahegelegt wurde und die die Deutschen bald zu ihrer zweiten Natur machten. Als der »Wüstensturm« begann, wollten viele Deutsche durch ihren Pazifismus deutlich machen, daß sie ihre Lektion endlich gelernt hätten: »Nie wieder Krieg!« skandierten sie auf Straßen und Plätzen und waren erstaunt, daß ihnen die ehemaligen Lehrmeister in Friedensliebe und Demokratie vorwarfen, sie hätten offenbar das Falsche aus der Geschichte gelernt. Noch verwirrender wurde dies für viele, als die gleichen Vorwürfe auch von Leuten erhoben wurden, die bislang als »links« gegolten und von der »Friedensbewegung« durchaus als »die Ihren« angesehen worden waren: Schriftsteller und Intellektuelle wie Enzensberger, Wolf Biermann, Ralph Giordano, Henryk M. Broder, der berühmte israelische Autor Amos Oz

Die neuen Bücher

Herbst 1991

»Wenn jemand in seinem Leben so schreckliche
Dinge tut, daß er stirbt, wenn man
ihn danach fragt, ist er selbst schuld...«
Monika Maron

S. Fischer

»Helprins Welt verletzlicher Schönheit kann süchtig machen.«
Frankfurter Allgemeine Zeitung

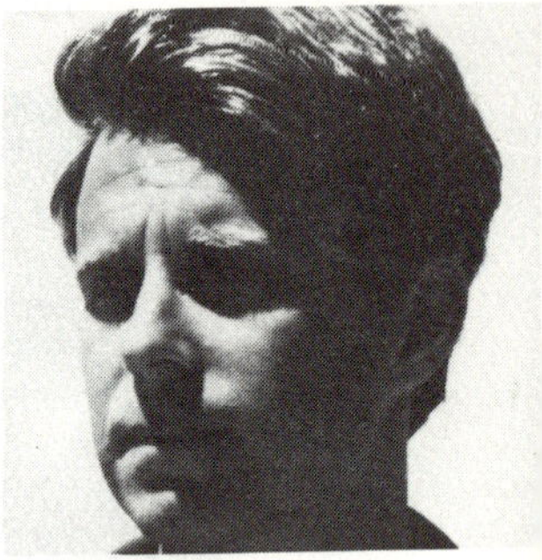

Mark Helprin
Ein Soldat aus dem Großen Krieg

Roman
Aus dem Amerikanischen von Peter Torberg
Etwa 894 Seiten.
Leinen. Ca. DM 48,–
ISBN 3-10-030204-4

Die Unverschämtheit eines Busfahrers läßt den 74jährigen Alessandro, einen hochgebildeten, emeritierten Professor, und Nicolo, einen jungen Farbikarbeiter, der nie zur Schule gegangen ist und weder lesen noch schreiben kann, zu einer Schicksalsgemeinschaft für zwei Tage und zwei Nächte werden. In einem 70-Kilometer-Marsch gehen sie die einsame Landstraße in Richtung Monte Prato. Die beiden sind ein sehr ungleiches Paar. Kein Wunder, daß ihr Gespräc von ulkigen Mißverständnisse durchsetzt ist. Durch die Ju gendlichkeit Nicolos animier beginnt Alessandro sich an seir eigenen frühen Jahre zu erinner und sein Leben zu rekapituli ren. In einem Bilderbogen vc außerordentlicher poetisch Pracht und fast irritierender Fü begründet der Roman die sp rituelle Begeisterung eines alt Mannes für das Leben und f die Schönheit und Wahrheit c Schöpfung, eine Begeisterur die dem Erleben entsetzlichs Wirklichkeit im Ersten We krieg abgetrotzt ist.

und viele andere. Die SPD zeigte sich gespalten, und auch im Lager der Regierungskoalition herrschte Unsicherheit – zumal man noch im Freudentaumel der gelungenen Wiedervereinigung und der gewonnenen Bundestagswahl vom 13. Dezember lebte.

Hinzu kam, daß in den über vierzig Jahren bundesrepublikanischer Erfolgsgeschichte eine Mentalität entstanden ist, die durch eine fast absolutistische Forderung nach Moral und Dialog geprägt wird. Eine Mentalität, die unter normalen demokratischen und friedlichen Umständen vorbildlich ist, die aber versagen muß, wenn es gilt, einem zum Letzten entschlossenen Diktator entgegenzutreten – wie nicht zuletzt die vergebliche Appeasement-Politik der Westmächte gegenüber Hitler belegt. Daß man den in Europa inzwischen verpönten »Willen zur Macht« ungeniert und brutal praktizieren könne (und daß er gerade in der Dritten Welt oft ungeniert praktiziert wird), ohne irgendwann diplomatischem Druck zu weichen, war manchem Wohlstandsbürger nicht mehr begreiflich zu machen. Was sich außerhalb ihrer behüteten Welt vollzog – nämlich Geschichte, so banal und brutal sie oft gewesen ist –, wurde nur zu gern verdrängt. Wer die heutzutage unter Deutschen weitverbreitete Unfähigkeit beobachtet, negative Fakten zur Kenntnis zu nehmen oder gar unpopuläre Entscheidungen zu fällen, dem legt sich die Frage nahe, welche Art von »Aufklärung« denn in den vergangenen Jahrzehnten in der Bundesrepublik betrieben wurde. Aufklärung über die Natur des Menschen scheint in der Wohlstandswelt nur erwünscht zu sein, wenn sie günstig ausfällt und überdies Positives einbringt: noch mehr Freiheit, noch mehr Selbstverwirklichung. Von Pflichten ist selten die Rede.

»Jeder Krieg ist ein Verbrechen!« – solche und ähnliche Vereinfachungen prägten auf der Seite der Pazifisten die Diskussion. Sie gaben wohl zu, daß Saddam Hussein ein Diktator, ja ein Verbrecher sei, daß Hunderttausende unter ihm gefoltert und ermordet wurden, daß er Tausende Unschuldige mit Giftgas getötet habe und daß die Besetzung Kuweits ein brutaler völkerrechtswidriger Überfall war; aber dennoch beharrten sie darauf, man müsse die Kuweit-Krise friedlich lösen. Wie das geschehen sollte, wurde nicht recht deutlich – schließlich war schon ein halbes Jahr mit Saddam verhandelt worden. Auch eine Verlängerung der Gespräche mit Bagdad und weitere Resolutionen, soviel scheint sicher, hätten den irakischen Diktator nicht zur Herausgabe seiner Beute veranlaßt.

Daß der weltweite Wirtschaftsboykott den Irak früher oder später in die Knie und zum Nachgeben gezwungen hätte, war wohl das wichtigste und am meisten benutzte Argument gegen den Militäreinsatz der Vereinten Nationen. Angesichts der irakischen Entschlossenheit, alle Entbehrungen durchzustehen, und angesichts der wenig ermutigenden Erfahrungen, die man mit vergleichbaren Maßnahmen in der Vergangenheit gemacht hat, sprach nicht viel für die längerfristige Durchschlagskraft eines Embargos. Es wurde schon kurz nach seiner Verhängung von einigen »schwarzen Schafen« umgangen; je länger man versucht hätte, den Boykott aufrechtzuerhalten, desto durchlässiger wäre er vermutlich geworden. Zudem rechnet, wer seine Hoffnung auf ein Wirtschaftsembargo setzt, mit der Reaktion von Wohlstandsbürgern in Rechtsstaaten, nicht jedoch mit einer seit Jahrhunderten unterdrückten Bevölkerung in einer Despotie. Nach dem Krieg um Kuweit ging es den Irakern schlecht, vom Wassermangel angefangen bis zum drohenden Ausbruch von Seuchen; aber den Thron Saddams hat dies nicht gefährdet. Doch selbst wenn ein verschärftes Embargo tatsächlich Wirkung gezeitigt hätte, und Frauen und Kinder wären zu Tausenden an Unterernährung gestorben – wie hätte dann die irakische Propaganda ausgesehen und was hätte die »Friedensbewegung« angesichts der Fernsehbilder verhungernder Iraker gesagt?

Auch daß ausnahmslos jeder Krieg verbrecherisch sei, werden beispielsweise die Bürger in den von Hitler kujonierten Ländern, die durch Krieg befreit wurden, nicht als Argument gelten lassen. War es verbrecherisch, daß sich die Russen zu Beginn des 19. Jahrhunderts unter General Kutusow gegen Napoleons Überfall wehrten? Begingen die afghanischen Mudschahedin ein Verbrechen, als sie gegen die Invasion der Sowjetarmee zu den Waffen griffen? Sollten denn die Deutschen nicht von ihrem

Despoten befreit werden, der ganz Europa erobert hatte und eine Politik der Ausrottung betrieb? Nicht zuletzt Israel wird keinerlei Verständnis aufbringen für Leute, die es für moralisch halten, die Auslöschung eines Landes und seiner Bevölkerung hinzunehmen, nur um nicht unter Opfern als Helfer tätig werden zu müssen. Am Ende der »Braut von Messina« schreibt Schiller: »Das Leben ist der Güter höchstes nicht, der Übel größtes aber ist die Schuld.« Natürlich kann man auch einen solchen Vers, wie alles, mißverstehen und mißbrauchen.

Die Befürworter der Militäraktion der Vereinten Nationen standen dagegen auf dem Standpunkt, daß es legitim sei, ein noch größeres Übel durch ein kleineres zu bekämpfen – wenn es sich nicht vermeiden ließe: durch Krieg. Danach handelten sie. Gleichzeitig versicherten sowohl Bush als auch Mitterrand, daß es sich keineswegs um einen Glaubenskrieg zwischen Islam und Christentum oder um einen Kampf gegen »die Araber« handle. Das Zaudern der Deutschen wurde besonders in Israel übel vermerkt, wo die Beteiligung deutscher Firmen an der Giftgasherstellung, an der Verbesserung der Raketentechnik oder beim Bau von Großbunkern für Saddam Hussein und seine Leute Albträume weckte. Die Besuche offizieller Amtsträger – wie des Außenministers Genscher und der Bundestagspräsidentin Süssmuth am 24. Januar und am 4. Februar – konnten den außenpolitischen Schaden gering halten, aber ein bitterer Nachgeschmack blieb.

Ähnliches gilt für die Türkei, die in der Krise große finanzielle und wirtschaftliche Opfer gebracht hatte und vom Nato-Partner Deutschland Hilfe erwartete, falls das Land vom Irak angegriffen würde. Die in Deutschland sofort aufflammende Diskussion darüber, ob bei einem Überfall auf den Nato-Partner Türkei der »Bündnisfall« eintrete oder nicht, wurde in Ankara mit ungläubigem Staunen zur Kenntnis genommen. Faktisch unternahm die Türkei nichts, um Bagdad zu provozieren, sie unterstützte nur die Alliierten in einer Weise, die durch die entsprechenden Resolutionen der Vereinten Nationen jederzeit gedeckt war. Um so erregter wies Staatspräsident Özal gegenüber den Deutschen darauf hin, daß sein Land vierzig Jahre lang bereit gewesen sei, den Deutschen als Nato-Partner im Ernstfall beizustehen – zu Recht forderte die Türkei nun von den Deutschen das gleiche.

Immerhin: Da die frisch vereinigte Bundesrepublik ihr nicht unerhebliches Scherflein von schließlich sechs Milliarden Mark zum Krieg beitrug und unter den europäischen Ländern territorial die Hauptlast des Aufmarsches zu tragen hatte, zeigten sich die Amerikaner nach dem Krieg dennoch einigermaßen zufrieden mit dem Beitrag der Deutschen. Schiffe der Bundesmarine hatten bei Kreta Wachdienste übernommen, 18 Alpha-Jets waren vorübergehend in der Türkei stationiert. Die anschließende Diskussion um eine mögliche Beteiligung deutscher »Blauhelme« an Befriedungsaktionen der Weltorganisation machte deutlich, daß die Deutschen ihren Platz als souveräne Macht im Konzert der Völker bis heute nicht gefunden haben.

Saddams Cannae oder: to schwarzkopf

Von der Bodenoffensive zur Waffenruhe

Sonntag, der 24. Februar 1991: In den frühen Morgenstunden, als die Europäer noch schlafen, greifen die Alliierten auf einer Breite von mehr als dreihundert Kilometern von Süden her den Irak an. Beteiligt sind an diesem ersten Ansturm um 4 Uhr morgens neben den Amerikanern Truppen aus Großbritannien, Frankreich, Saudi-Arabien, Ägypten, Syrien, Kuweit und den übrigen arabischen Golf-Staaten. Der Landangriff wird durch massives Feuer der amerikanischen Schlachtschiffe vom Meer aus unterstützt, eine Armada der Alliierten bewegt sich zunächst auf die Insel Failaka zu, die vor der weiten Bucht von Kuweit liegt und strategisch als einer der Schlüssel für die Rückeroberung der Stadt gilt. Die meisten Militärexperten rechneten seit Wochen mit einer amphibischen Aktion von der See her; schon lange vor Beginn der Entscheidungsschlacht hatten die Amerikaner Landemanöver im Golf geübt. Auch der irakische Generalstab bereitete sich auf eine solche Aktion vor. Amerikanische Marines, heißt es in den ersten spektakulären Meldungen, die Deutschland erreichen, landen am 24. an den sanften sandigen Gestaden dieses Eilandes. In »schweren Kämpfen«, so wird berichtet, seien sie Herr über die Insel geworden. Später sollte sich freilich herausstellen, daß diese Berichte Täuschungsmanöver waren. Die Iraker auf Failaka, mehr als 1000 Mann, ergeben sich erst am letzten Tag der Offensive, am 28. Februar. Bewahrheiten werden sich allerdings die Beobachtungen alliierter Piloten, die von Einsätzen im Ostirak auf ihre Stützpunkte zurückkehren: Sie berichten von brennenden Ölquellen und einer Rauchwolke, die dreihundert Kilometer lang sei. Dies ist der erste Hinweis darauf, daß die Iraker ihre Drohung wahrgemacht haben, die Ölanlagen Kuweits in Brand zu setzen.

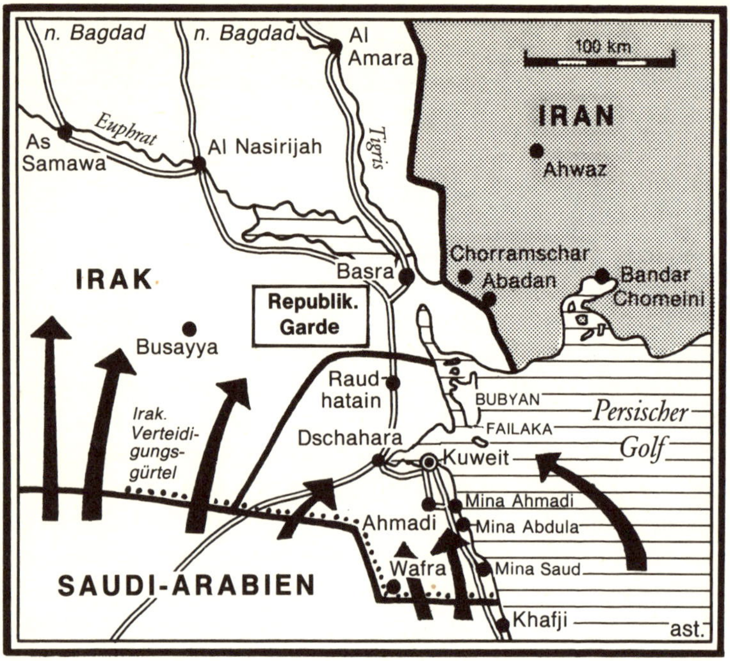

Zu Lande stoßen die Infanterieverbände in fünf großen Keilen nach Norden vor. Zwei Divisionen der amerikanischen Marineinfanterie dringen von Kuweits Südgrenze in das besetzte Land ein. Weiter westlich und östlich sind es saudische, ägyptische und kuweitische Truppen, die zu einem Vorstoß um die Stadt Wafra herum und an der Küste nach Norden ansetzen. Neben ihnen, schon auf irakischem Gebiet, führen eine britische Panzerdivision und das VII. amerikanische Korps den Hauptstoß gegen den Kern der irakischen Armee, die Republikanische Garde, die zwischen Basra und Umm Qasr stationiert ist und von der die größte Gefahr ausgeht – trotz der wochenlangen intensiven Bombardierungen durch B 52-Bomber. Noch weiter westlich springen Soldaten der 101. amerikanischen Luftlandedivision über der südlichen Wüste des Irak ab; sie werden auf ihrer linken Seite flankiert von der leicht gepanzerten französischen Daguet-Division, deren Ziel ein Vorstoß bis zum Euphrat ist, bis zur Stadt As

Samawa. 4000 Amerikaner begleiten die Franzosen, unter denen auch viele Fremdenlegionäre sind. Die 101. Luftlandedivision erweist sich in den nächsten drei Tagen als eine der Hauptkräfte des amerikanischen Schlages auf dem Territorium des Irak.

Die Alliierten verhängen kurz nach dem Beginn der Bodenoffensive zusätzlich zur Zensur eine totale Nachrichtensperre. Sie betrifft auch die üblichen Pressebriefings, durch die die Berichterstatter bisher – wenn auch spärlich – Angaben über den Verlauf der Kämpfe erhielten. General Schwarzkopf will so verhindern, daß auch nur die geringste Information nach außen dringt, die für die irakischen Militärs wichtig sein könnte.

Bagdad reagiert zunächst nicht auf den Beginn der Bodenoffensive. Der Angriff der Alliierten wird der Bevölkerung stundenlang verschwiegen. Schließlich verbreitet der Rundfunk eine nur wenige Minuten lange Durchhalterede Saddam Husseins, in der er prophezeit, die Soldaten der Angreifer würden sterben »wie die Fliegen«; der Irak werde »sich niemals ergeben«. Saddam Hussein, sonst kein begnadeter Redner, zieht alle Register der klassischen arabischen Rhetorik, auch, wie man im nachhinein feststellen kann, um seinem Volk die drohende Niederlage schonend anzukündigen – und zwar als Sieg. Vor allem attackiert er die Amerikaner: Washington habe den Vereinten Nationen keine Zeit gelassen, den vom Irak in Moskau akzeptierten Friedensplan der Sowjetunion zu diskutieren.

Auch der amerikanische Präsident hält kurz nach dem Einmarsch seiner Truppen in das besetzte Gebiet eine Ansprache, in der er hervorhebt, Saddam habe in den letzten Tagen seine Bemühungen, Kuweit und das kuweitische Volk auszulöschen, »verdoppelt«. Nicht zuletzt diese Gewaltmaßnahmen seien der Grund für den Beginn des Landkrieges. Verteidigungsminister Cheney und Regierungssprecher Fitzwater bestätigen, daß der Termin des 24. schon seit zwei Wochen feststand.

Noch am Nachmittag des ersten Tages der Offensive tritt General Schwarzkopf – wie schon zu Beginn des »Wüstensturms« – an die Öffentlichkeit. Er teilt mit, die Bodenoffensive entwickle sich zu einem »dramatischen Erfolg« (dramatic success).

In den ersten zehn Stunden sei es kaum zu einer nennenswerten Gegenwehr der Iraker gekommen, man habe schon 5500 Gefangene gemacht. Die Zahl der eigenen Todesopfer liege bei zwölf, meldet zum selben Zeitpunkt CNN. Da Schwarzkopf sich auch zu Beginn des »Wüstensturms« übertrieben optimistisch gegeben hatte, reagiert die Weltöffentlichkeit zunächst vorsichtig auf diese Erfolgsmeldungen. Doch je mehr Zeit verstreicht, desto klarer wird, daß sich Saddams Soldaten – zumindest diejenigen in den vordersten Reihen – nicht verheizen lassen wollen. Viele ergeben sich kampflos den anrückenden Amerikanern oder Saudis; viele sind in einem erbärmlichen Zustand. Die gepanzerten Fahrzeuge der Alliierten kommen auch deshalb zügig voran, weil die irakischen Soldaten die Ölgräben vor ihren Schützengräben nicht in Brand setzen.

Am nächsten, dem zweiten Tag des Landkrieges, der nur hundert Stunden dauern sollte, können die alliierten Truppen rascher vorrücken als erwartet. Den Soldaten, die von Süden in Richtung Kuweit-City vorrücken, bietet sich ein Bild des Schrekkens: Die in Brand gesetzten Ölanlagen sind zu einem gigantischen Inferno angewachsen. Der Widerstand der eingegrabenen Iraker wird heftiger, ist aber längst nicht so stark, wie man befürchtet hatte. Die vordersten Spitzen der kuweitischen Einheiten erreichen die Stadt Dschahra, die unweit westlich von Kuweit-City liegt. Auch ägyptische, saudische und amerikanische Einheiten erreichen wenig später die Außenbezirke der Hauptstadt, vor allem an der Küste, wo die amerikanische und die französische Botschaft liegen. Die Erfolgsmeldungen bewegen die Familie des Emirs dazu, sich aus ihrem Exil in das näher an Kuweit gelegene Dhahran zu begeben. Am nächsten Montag schon, teilt Scheich Dschabir siegesgewiß der Presse mit, wolle er in seine Heimat zurückkehren – eine Voraussage, die sich nicht erfüllt: Scheich Dschabir wird vielmehr den Kronprinzen als Vorhut vorausschicken, damit dieser die Lage in dem ruinierten Land sondieren kann, bevor der Herrscher selbst eintrifft. Auch auf irakischem Territorium schreitet der Vormarsch der alliierten Truppen voran. In Riad und Dhahran wird angesichts der raschen Erfolge die Nachrichtensperre gelockert. Der saudische Oberbefehlshaber Prinz Khalid Bin Sultan gibt am Mittag des dritten Tages der Bodenoffensive bekannt, die Zahl der irakischen Gefangenen betrage inzwischen 20000. Am Abend desselben Tages werden es schon fast 30000 sein.

Die Gegenwehr der irakischen Truppen in Kuweit ist gering. Statt dessen konzentrieren sich die ehemaligen Besatzer darauf, vor ihrem Rückzug das Land gründlich zu verwüsten: Öffentliche Gebäude, aber auch Privathäuser in großer Zahl werden gesprengt. Die abrückenden Soldaten morden ungezielt unter der Bevölkerung. Es wird Jahre dauern, stellten Fachleute nach dem Ende der Kampfhandlungen fest, bis die Kuweiter die Spuren dieser späten grundlosen Zerstörungswut wieder beseitigt haben werden.

Am Abend des 25. Februar wird die Freude über den erstaunlich leichten militärischen Erfolg der Alliierten durch den verlustreichsten Scud-Angriff des ganzen Krieges getrübt. Eine irakische Rakete kann über Dhahran nicht abgefangen werden: Sie trifft ein Lagerhaus, das als Quartier für amerikanische Soldaten dient. 28 von ihnen, darunter auch einige Soldatinnen, werden getötet, 98 verletzt. Es ist, als bäume sich der geschlagene Irak ein letztes Mal auf; auch in Qatar und Bahrein gehen Scuds nieder – glücklicherweise in unbewohnten Gebieten oder im Meer. Die Aussicht auf ein rasches und erfolgreiches Ende des gesamten Krieges läßt die Aktienkurse an den meisten Börsen der Welt ansteigen. Präsident Bush erhält zu diesem Zeitpunkt in seiner Heimat die Unterstützung von gut 86 Prozent seiner Landsleute; das ist die höchste »Zustimmungsrate« für die Politik eines Präsidenten seit dem Ende des Zweiten Weltkriegs.

Der 26. Februar beginnt mit einer Überraschung: Saddam Hussein läßt über Radio Bagdad bekanntgeben, er habe den Rückzug seiner Armee aus Kuweit angeordnet. Im nachhinein sieht es so aus, als habe der Iraker mit diesem Schritt zu einem aussichtslosen Zeitpunkt versucht, noch einmal den sowjetischen Friedensplan ins Gespräch zu bringen. Es liegt jedoch auf der Hand, daß die Koalition nun nicht mehr auf Saddams Initiative

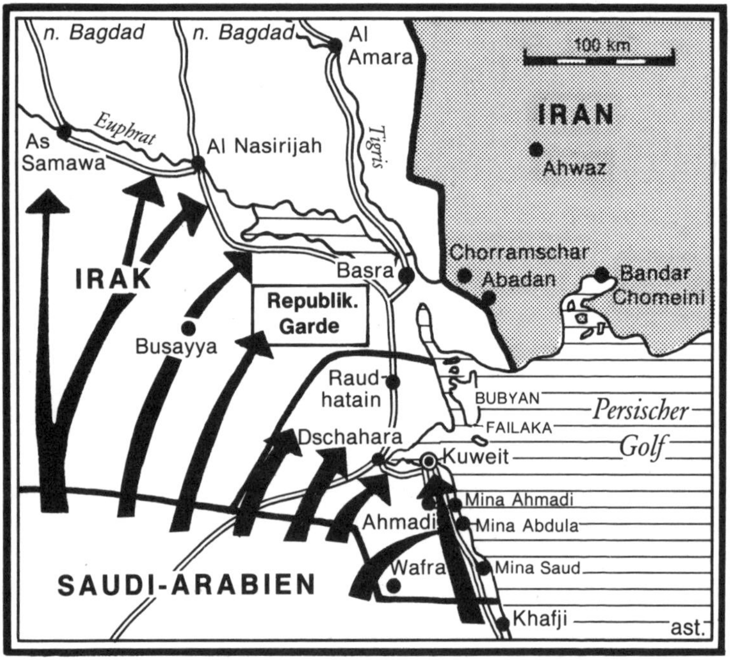

eingeht. Der amerikanische Präsident reagiert sofort: Als Saddams Rede gegen Mittag verbreitet wird, nennt Bush sie »eine Unverschämtheit«; es komme dem irakischen Präsidenten, fügt er hinzu, offensichtlich nur darauf an, Zeit zu gewinnen und die Republikanische Garde so umzugruppieren, daß sie den Amerikanern besser Widerstand leisten könne. Zur gleichen Zeit rücken in Kuweit-City Truppen der Alliierten, vornehmlich Kuweiter, denen man den Vortritt läßt, nach und nach in die verlassenen Stellungen der geflohenen Iraker ein. Amerikaner stoßen hinzu. Am internationalen Flughafen im Süden der Stadt hat sich eine irakische Eliteeinheit mit 200 Panzern und gepanzerten Fahrzeugen verschanzt. Dort entbrennt ein fast zwei Tage dauerndes schweres Panzergefecht, bevor sich die Iraker geschlagen geben.

Unterdessen sind die Kämpfe an den Flanken fortgesetzt worden. Von der Seeseite her lassen die Artillerie-Attacken der

Koalition nicht nach, so daß während der gesamten Dauer der Offensive fünf irakische Divisionen in der Nähe der Küste gebunden bleiben. Auf der linken Flanke, tief im irakischen Gebiet, hat Saddam Hussein den schnellen Vorstößen, die auf den Euphrat zielen, nichts entgegenzusetzen. Im Verlauf des 26. Februar erreichen Amerikaner, Franzosen und Briten den Euphrat, wo bei Al Nasirijah zusätzlich Fallschirmjäger abgesprungen sind. Durch den Vorstoß zum Fluß werden etwa 100 000 Mann irakischer Elitetruppen eingekreist – General Schwarzkopf plant, wie er es später formulieren wird, »ein zweites Cannae« für Saddam Hussein. Die Panzerverbände der Republikanischen Garde befinden sich zu diesem Zeitpunkt noch südlich von Zubair. Zwischen ihnen und den Amerikanern entbrennt eine Panzerschlacht, die Norman Schwarzkopf als die größte ihrer Art nach dem Zweiten Weltkrieg bezeichnet. Die Militärhistoriker werden sie wohl künftig mit Tobruk und El Alamein vergleichen, schon um des wüsten- und steppenhaften Geländes des Schauplatzes willen. Auf beiden Seiten sind mehr als 500 Panzer an der Schlacht beteiligt. Die irakischen Panzer werden in den kommenden Stunden fast alle vernichtet. Amerikaner und Briten schlagen eine Streitmacht von 10 000 Irakern. Die Verluste der Alliierten in dieser Schlacht hingegen bleiben erstaunlich gering, ohne daß jemand bis heute exakte Zahlen zu nennen wüßte. General Schwarzkopfs Taktik ist aufgegangen. Bis zuletzt hatten die Iraker geglaubt, die Hauptmacht der Koalition werde über oder auf der Höhe von Kuweit vorstoßen, unterstützt durch eine Landeoperation an der Küste – doch sie griff den Irak auf der linken Flanke direkt an.

Am 27. Februar kommt es noch zu einzelnen Gefechten auf kuweitischem und irakischem Gebiet, doch der Krieg ist für die Armeen der Koalition längst gewonnen. Die letzten Marschflugkörper gehen in Bagdad nieder, während die eingeschlossenen irakischen Truppen im Südirak einen vergeblichen Versuch unternehmen, den Kessel zu sprengen. Die aus Kuweit in Richtung Basra abziehenden Besatzungstruppen werden bombardiert und erleiden hohe Verluste. Noch nach Monaten liegen die zerschossenen Trümmer der irakischen Panzerfahrzeuge, Lastwagen und Jeeps auf der Straße, die über Dschahra nach Norden führt: eiserne Gespenster des Krieges. Die Alliierten setzen noch einmal Fallschirmtruppen bei Al Nasirijah ab, und bei Basra wird die Republikanische Garde noch einmal aus der Luft angegriffen. General Schwarzkopf gibt bekannt, daß 29 von 42 irakischen Divisionen ausgeschaltet sind.

In den letzten beiden Tagen des Krieges laufen die Iraker in Massen zu ihrem Gegner über. Viele von ihnen machen aus ihrer Ablehnung Saddam Husseins kein Hehl und bitten darum, nicht an die Heimat ausgeliefert zu werden, da sie fürchten, wegen Feigheit erschossen zu werden. Die Zahl der Kriegsgefangenen beträgt zu diesem Zeitpunkt etwa 100 000. Sie werden in Lagern im Norden Saudi-Arabiens untergebracht, wo sie bald von Führern der irakischen Opposition Besuch erhalten. Diese wollen die ehemaligen Kämpfer Saddams für eine Gegenregierung und einen Aufstand gewinnen. Faktisch endet der Krieg am Abend des 27. Februar: Bagdad gibt bekannt, Außenminister Tariq Aziz habe einen Brief an den Generalsekretär der Vereinten Nationen geschrieben, in dem seine Regierung die Bereitschaft zu einem Waffenstillstand und zur Freilassung der Kriegsgefangenen bekunde. Außerdem sei der Irak zur Zahlung von Reparationen bereit und wolle, wie der irakische Botschafter bei den Vereinten Nationen, al Anbari, mitteilt, auch alle Resolutionen des Sicherheitsrates akzeptieren. Der französische Staatspräsident Mitterrand, beflügelt durch die Erfolge seiner Panzertruppen im Irak, läßt mitteilen, daß seine Regierung einen Marsch der alliierten Truppen auf Bagdad nicht mittragen, sondern sich auf militärische Aktionen im Südirak und in Kuweit beschränken werde. Diesen Worten schließt sich der britische Premierminister John Major an. Noch bevor Präsident Bush am späten Abend für die Alliierten die Feuereinstellung proklamiert, beginnt sein Außenminister Baker mit den ersten Verhandlungen über eine »Nachkriegs-Ordnung«. Als George Bush in Washington vor die Kameras der Weltpresse tritt, sagt er: »Kuweit ist befreit. Die irakische Armee ist besiegt. Unsere militärischen Ziele sind erreicht...

Dies ist ein Sieg aller Partner der Koalition. Dies ist ein Sieg der Vereinten Nationen für die ganze Menschheit, für das Gesetz und für das, was Recht ist.« Die Koalition, so fügt Bush hinzu, werde die Kämpfe in den frühen Morgenstunden des nächsten Tages einstellen. Es ist der 28. Februar.

Im Irak beginnt der Bürgerkrieg

Saddam zwischen Schiiten und Kurden

Die Aufstände der Kurden und Schiiten im Irak brachen fast gleichzeitig los. Am 3. März 1991, drei Tage nach dem Ende der Bodenoffensive, trafen sich General Schwarzkopf, der saudische Oberkommandierende Prinz Khalid und die höchsten irakischen Offiziere zu den Kapitulationsgesprächen in dem Ort Safwan im Südirak. Die Verhandlungen dauerten eineinhalb Stunden, die Iraker willigten mit eisigen Gesichtern in alle Forderungen der Allianz ein. Dazu gehörte auch die Bestimmung, daß der Irak einstweilig keine Kampfflugzeuge starten dürfe. Hubschrauber sollten nur für Transportflüge zu nutzen sein, nicht jedoch für militärische Zwecke. Zu diesem Zeitpunkt war es im Irak schon unruhig, begannen Oppositionelle in fast allen Teilen des Landes Saddam Hussein herauszufordern. Sie wollten die eklatante politische und militärische Schwächung des Regimes möglichst rasch zu seinem Sturz nutzen, bevor der Diktator imstande war, eine wirkungsvolle Gegenwehr zu organisieren. Das später viel zitierte Wort Bushs, die irakische Bevölkerung habe das Recht, sich ihr Regime selber zu wählen, wurde von den Aufständischen als ein Ansporn durch die Amerikaner gewertet. Sowohl die Kurden im Norden als auch die Schiiten im Süden des Irak hofften, daß die fremden Soldaten ihnen im Ernstfall beistehen würden – eine Illusion, wie sich nur zu bald herausstellen sollte. Glaubten die Amerikaner, die Aufständischen würden es auch ohne ihre Hilfe schaffen, den schwer angeschlagenen Saddam Hussein und sein Baath-Regime zu stürzen, oder waren sie von vornherein entschlossen, nicht in die Bürgerkriegskämpfe einzugreifen? Vieles spricht für die zweite Vermutung, da die Amerikaner nichts so sehr fürchteten wie ein Macht-Vakuum in dem Vielvölkerstaat Irak.

Amerikanische Zeitungen haben im April 1991 ausführliche Berichte über den Verlauf des schiitischen Aufruhrs im Süden des Irak veröffentlicht, die sich auf Angaben von Augenzeugen beriefen. Etwa 3000 schiitische Kämpfer sollen zu den Waffen gegriffen und zuerst die beiden heiligen Schreine von Kerbela und al Nadschaf besetzt haben. Dies ist die seit einiger Zeit unter Muslimen übliche Art, religiös inspirierte Aufstände zu initiieren (man denke nur an die Besetzung der Großen Moschee in Mekka im Jahre 1979). Die Grabmoscheen des Ali Ibn Abi Talib, des Hussein und des Abbas mit ihren weithin sichtbaren, im Sonnenlicht glänzenden goldenen Kuppeln, dienten den Gegnern Saddam Husseins als Hauptquartiere; vor allem jedoch gaben sie ihnen den religiösen Rückhalt, ihren Widerstand gegen Saddams Garde aufrechtzuerhalten. Allein in al Nadschaf hatten sich 2000 schiitische Guerrilleros im Heiligtum des Ali verschanzt. Aber auch in den umliegenden Wohnblocks und in der Umgebung der Stadt kämpften die Gegner des Regimes gegen die Gardisten. Allerdings zeigte sich schon bald, daß die oppositionellen Kräfte zu uneinig und zersplittert waren. Es fehlte eine charismatische Persönlichkeit, die Seele und Herz des Aufstandes hätte werden können. Hinzu kam, daß die Rebellen große Kommunikationsprobleme hatten. Deutsche Augenzeugen des Komitees Cap Anamur berichteten nach einem Besuch im Südirak Mitte April, die gezielten Zerstörungen durch die Bombenangriffe der Alliierten hätten die Verständigung der aufständischen Truppenteile untereinander stark behindert.

Hinzu kam die Uneinigkeit unter den schiitischen Rebellen: Die in Teheran unter der Bezeichnung »Hoher Rat der islamischen Revolution im Irak« (SAIRI) residierende und von dem Ajatollah Baqer al Hakim geführte Oppositionsbewegung mußte mit mindestens 17 anderen oppositionellen Gruppen zusammenarbeiten, deren Organisatoren sich im Ausland aufhielten oder aufhalten: in Beirut, in Damaskus, in Paris, in London. Die irakische Opposition war und ist ideologisch und organisatorisch zersplittert – auch die persönlichen Rivalitäten ihrer Führer waren kaum geeignet, die Geschlossenheit des schiitischen Widerstandes zu stärken. Selbst mit Teheran, das größtes Interesse daran hatte, Saddams Sturz herbeizuführen, gab es gelegentlich Querelen. Vor dem Ausbruch der Kuweit-Krise hatte Präsident Rafsandschani den Bewegungsspielraum des »Hohen Rates« in Teheran merklich eingeschränkt. Dies alles spielte Saddam in die Hände, dessen Anhänger überdies zusammenhielten wie Pech und Schwefel – da ihnen bewußt war, daß nicht nur ihre politische Existenz, sondern ihr Überleben von einem Sieg ihres Anführers abhing. Schließlich griff Saddam zu einem Mittel, das seiner würdig war: Er ließ das Oberhaupt der Schiiten, den über neunzig Jahre alten Ajatollah al uzma Hadsch Sajed Abul Qasem Musawi-Khoi nach Bagdad bringen, um Druck auf die schiitische Gemeinde auszuüben; die Schiiten sprachen von einer Entführung ihres Oberhauptes, das für alle Bekenner des Schiismus die wichtigste geistig-moralische Autorität darstellt. Der Ajatollah wurde auch nach dem Zusammenbruch des Aufstandes nicht freigelassen.

An den Kämpfen zwischen Schiiten und der Garde beteiligten sich nach offiziellen irakischen Angaben auch viele schiitische Kriegsgefangene, die von Iran im Rahmen der Normalisierung der Beziehungen zwischen Bagdad und Teheran freigelassen worden waren. Dies war vor allem in Basra der Fall, wo die Rebellion fast zur gleichen Zeit wie in Kerbela und al Nadschaf ausbrach. Auch schiitische Soldaten der irakischen Armee, die nach der Niederlage in Kuweit in Massen in die Heimat zurückfluteten, reihten sich unter die Aufständischen ein. Die direkte militärische Unterstützung aus Teheran war nicht besonders groß. Es kann als sicher gelten, daß von iranischem Territorium aus schiitische Prediger in die südirakischen Städte gesandt wurden, um dort den Eifer der Insurgenten weiter anzufachen. Unklar ist hingegen, ob und in welchem Umfang im Südirak Einheiten iranischer Revolutionsgardisten (Pasdaran) eingesetzt wurden, wie die Sprecher der iranischen Exil-Opposition behaupteten. Im mittleren Abschnitt der ehemaligen Front des ersten Golfkriegs – bei Khanaqin und Mandali – unternahmen iranische Revolutionsgardisten allerdings mehrere Versuche, auf

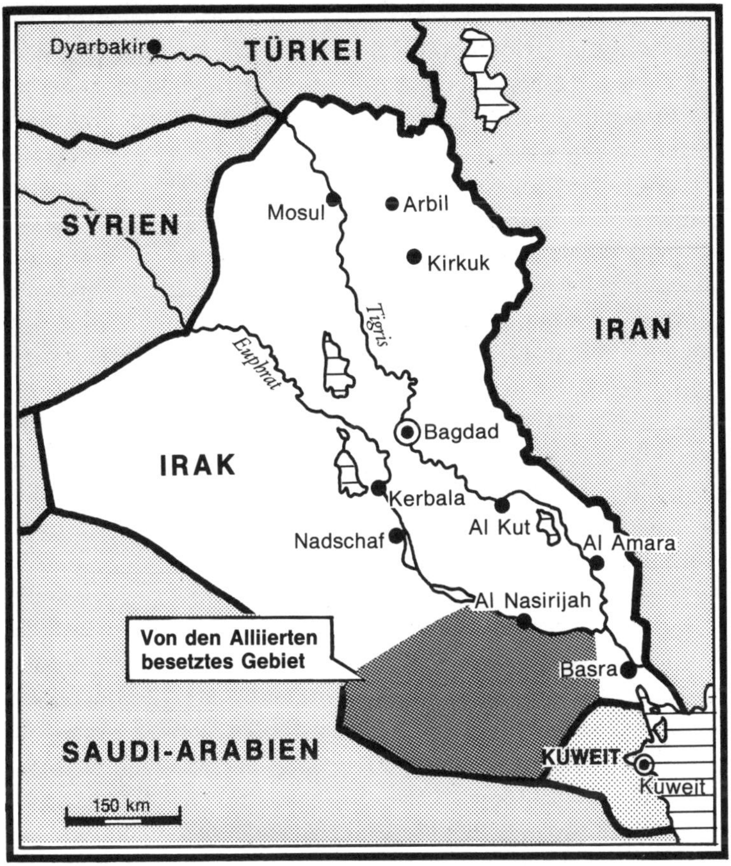

irakisches Territorium vorzustoßen und militärische Stützpunkte der Nationalen Iranischen Befreiungsarmee (NLA) zu zerschlagen. Die NLA ist der bewaffnete Arm der iranischen »Modschahedin-e chalq« (Volksmudschahedin), die seit einem Jahrzehnt von irakischem Boden aus gegen das Regime der Mullahs in Teheran kämpfen. Die Angriffe der Iraner konnten zurückgeschlagen werden. Sie ereigneten sich zu einem Zeitpunkt, da der schiitische Widerstandsgeist selbst in der Hauptstadt Bagdad zu spüren war. In einigen Vierteln der Hauptstadt mußte die Garde Saddams auf ihre Weise für »Ruhe und Ordnung« sorgen.

Die heiße Phase des Aufstands der Schiiten dauerte zwei Wochen, dann mußten die Rebellen die Waffen strecken. Dutzende Vertreter des Regimes, der stellvertretende Gouverneur der Provinz Basra sowie etliche führende Mitglieder der Baath-Partei wurden während der verschiedenen Gefechte getötet. Die Kämpfe waren offenbar deshalb so heftig, weil Saddam die Erhebung der kampferprobten Kurden im Norden des Landes für gefährlicher hielt als die Unruhen im Süden. Die Schiiten ihrerseits sollen ebenfalls mit äußerster Brutalität gegen Saddams Gardisten gekämpft haben – es entlud sich der Haß, der sich in 23 Jahren Baath-Herrschaft angesammelt hatte. Nachdem der Aufstand zusammengebrochen war, flüchteten viele in die Sümpfe und Marschen am Schatt al Arab; von dort aus wollten die geschlagenen Rebellen nach Kuweit oder nach Iran fliehen. Als Saadun Hammadi, der selbst aus Kerbela stammt und Schiit ist, Ende März den Südirak besuchte, konnte er vom Ende des Aufstandes sprechen. Im Juni erwies sich allerdings, daß er voreilig triumphiert hatte: Immer wieder kam es zu schweren Gefechten zwischen schiitischen Flüchtlingen und der Armee. Teheran versuchte aus verständlichen Gründen, die Lage der bedrängten Glaubensbrüder an die Öffentlichkeit zu bringen und sprach Mitte Juni von einer geplanten irakischen Großoffensive gegen die 700 000 schiitischen Flüchtlinge in den Sümpfen. Sogar die schiitische Kultur solle ausgelöscht werden, hieß es aus dieser Quelle. Schiitische Bibliotheken in Kerbela und in Samarra am Tigris seien von Saddams Soldaten zerstört und geplündert worden. Offenbar hatte Bagdad umfangreiche Säuberungen unter den Schiiten angeordnet, die unter dem Codenamen »Operation Tanzih« (Säuberung) liefen und sich hauptsächlich nachts abspielten. Iran wandte sich an die Vereinigten Staaten und an die Vereinten Nationen um Hilfe, zumal es neben den kurdischen auch etwa 70 000 schiitische Flüchtlinge in den südlichen Teilen des Landes zu betreuen hatte. Die Regierung in Bagdad kündigte zum selben Zeitpunkt an, daß sie die Zentren der heiligen Städte Kerbela und al Nadschaf neu gestalten wolle. Dies wurde von den Sprechern der Schiiten als ein Zeichen dafür gewertet, daß die Regierung künftig in der Umgebung der heiligen Schreine freies Schußfeld für ihre Sicherheitskräfte schaffen wolle.

Die kurdische Tragödie

Der Aufstand der Kurden dauerte etwas länger als die Unruhen im Süden, endete jedoch Anfang April ebenfalls mit einem Fiasko für die kurdischen Krieger, die sich zu Recht von den Amerikanern verraten und betrogen fühlten. Zum erstenmal seit Jahren hatten sich die politischen Parteien und Gruppierungen der irakischen Kurden auf eine gemeinsame Aktion geeinigt und ihre ideologischen Meinungsverschiedenheiten beigelegt. Der Aufstand brach mit großer Wucht los. Überraschend schnell gelang es den in vielen Kämpfen erprobten Peschmerga-Kriegern – was soviel heißt wie, »die den Tod nicht fürchten« –, die Städte Sulaimanija und Erbil unter ihre Kontrolle zu bringen. Sulaimanija ist mit seinen etwa vier Millionen kurdischen Bewohnern die »heimliche Hauptstadt« des irakischen Kurdistan. Von Sulaimanija aus rückten die Kurden weiter nach Westen und Süden vor, in Richtung Kirkuk und Mossul. Am 27. März meldeten die Kurden die Einnahme der wichtigen Erdölstadt Kirkuk, ihre Krieger hätten die Kontrolle sogar über die Außenbezirke der Millionenstadt Mossul erlangt. Kurdenführer Dschalal Talabani, der Chef der »Patriotischen Union Kurdistans« (PUK), der eineinhalb Jahre im syrischen Exil verbracht hatte, kehrte in den Norden des Irak zurück und schlug in der Stadt Dohuk sein Hauptquartier auf. Doch innerhalb weniger Tage wendete sich das Kriegsglück zugunsten Saddam Husseins. Die Iraker setzten in ihrer bedrohten Lage Flugzeuge und Kampfhubschrauber ein, womit sie zwar gegen die Bedingungen des Waffenstillstands verstießen, aber die schlecht ausgerüsteten Kurden sofort wieder zurückschlagen konnten. Die Amerikaner unternahmen nichts gegen diesen Bruch der Vereinbarungen und sahen tatenlos zu, wie der kurdische Aufstand niedergerungen wurde. Ein irakisches Militärflugzeug wurde abgeschossen, doch dies war ein eher symbolischer Akt, denn die Kampfhubschrauber konnten ungestört ihr blutiges Werk fortsetzen.

Am 4. April begann ein Massenexodus irakischer Kurden, der die Weltöffentlichkeit wochenlang in Atem hielt. Die Truppen Saddams eroberten Kirkuk und andere Städte zurück und leiteten umfassende Säuberungen ein. 700 000 kurdische Flüchtlinge überschritten bei Hadsch Omran die Grenze zu Iran und mußten in Lagern untergebracht und versorgt werden. Teheran forderte Hilfe aus dem Ausland an, die schließlich gewährt wurde. Das Rote Kreuz und die Bundeswehr gehörten zu jenen, die einige Wochen lang die wirksamste Hilfe leisteten, gelegentlich unter schwierigsten Bedingungen. Die iranischen Behörden, denen die Anwesenheit westlicher Besucher im Land nicht angenehm war, schränkten den Aktionsradius der deutschen Hilfskräfte freilich dermaßen ein, daß diese ihre Arbeitsmöglichkeiten bald gefährdet sahen. Mitte Juni verlangte Teheran dann von der Bundesrepublik sogar einen Millionen-Betrag dafür, daß die Deutschen zu ihren Hilfsaktionen in den Iran reisen durften.

Dramatischer gestaltete sich die Situation der kurdischen Flüchtlinge im Norden des Irak, nahe der türkischen Grenze. Dorthin hatten sich ebenfalls Hunderttausende Kurden zurückgezogen, um sich vor den Phosphor- und Napalmbomben von Saddams Armee in Sicherheit zu bringen. Sie mußten – da sie die Türkei nicht ins Land lassen wollte – zunächst an der Grenze ausharren, im Freien, in einer Höhe von bis zu 2000 Metern unter spätwinterlichen Bedingungen. Tausende, vor allem Kinder, starben an Hunger, Kälte oder Krankheiten, bevor die Flüchtlinge die Grenze endgültig überschreiten und in die geschützten, wärmeren Täler absteigen durften, bevor man ihnen Lager errichtete und sie wirksam mit Lebensmitteln, Zelten und Medikamenten versorgte. Dabei war die Gegend, in welcher sich dieses Drama abspielte, die ärmste der Türkei: die Provinz Hakkâri.

»Hakkâri, meine Stadt, deine leidgeprüften Augen, leprös, tief; und der Schnee trägt deinen Namen weiter. Höhe tausendsechshundert Meter. Einwohner zehntausend, davon die Hälfte Soldaten.« Mit diesen Worten beginnt der türkische Erzähler

Ferit Edgü seinen Roman »Ein Winter in Hakkâri«. Sie sind bezeichnend für dieses ärmliche »Ende der Welt«, in dem – schlecht besoldete – türkische Soldaten und Flüchtlinge miteinander auskommen mußten. Die Türkei liebt die Kurden nicht; das bekamen sie zunächst zu spüren, bevor die Hilfe unter dem internationalen Druck effektiver wurde. Die Kurdenführer Talabani und Masud Barzani besuchten in Ankara Staatspräsident Özal, der ihnen versprach, mehr für die Flüchtlinge zu tun. Deren Zahl war mittlerweile auf eine runde Million angewachsen. Unter dem Druck der amerikanischen Zeitungen – die ihren Lesern das Leiden der Kurden in täglichen Sensationsmeldungen präsentierten – entschloß Washington sich schließlich doch noch zum Handeln: Es erklärte den 36. Breitengrad zur »Schutzlinie« für die Kurden, irakische Militäraktionen nördlich dieser Linie würden nicht geduldet; amerikanische Soldaten (später auch britische und französische) rückten ein und begannen mit dem Aufbau von Lagern. Ziel war es, die Flüchtlinge wieder aus Iran und der Türkei zurückzuholen. Vor allem in der Türkei war es wegen der Kurden zu einer politischen Krise gekommen, als man – wegen seiner Berichterstattung – den britischen Korrespondenten Robert Fisk und auch englische Soldaten auswies, die gegenüber dem türkischen Gouverneur handgreiflich geworden sein sollen.

Die Führer der Kurden mußten schließlich vor Saddam Hussein zu Kreuze kriechen. Am 26. April wurde die Weltöffentlichkeit Zeuge einer Szene, die man im Westen nur schwer nachvollziehen konnte: Dschalal Talabani umarmte und küßte in Bagdad vor den Kameras der internationalen Journalisten den irakischen Diktator, den er wenige Tage zuvor noch zur Hölle gewünscht hatte. Es war der seit Jahrtausenden im Orient überlieferte Unterwerfungsritus des Besiegten, wie er schon auf alten mesopotamischen Reliefs zu sehen ist. Die Kurden und Saddams Regierung, vertreten durch Izzat Ibrahim, versuchten sich auf eine Regelung zu einigen, die den Kurden eine größere Autonomie garantierte. Doch die Verhandlungen zogen sich quälend lange hin. Erste Erfolgsmeldungen, daß man sich in allen Fragen einig sei, wurden bald dementiert; noch Anfang Juni war keine endgültige Regelung gefunden. Grundlage für ein Abkommen sollte die mit der Baath-Partei im Jahre 1970 ausgehandelte Autonomie-Regelung sein, die damals von Bagdad unterlaufen und niemals in die Praxis umgesetzt worden war. Streit brach jedoch vor allem darüber aus, wer die Stadt Kirkuk verwalten sollte: die Kurden oder die Zentralregierung. Da Kirkuk das Zentrum der Ölindustrie im Norden des Irak ist, war diese Frage von großer Bedeutung. Nach kurdischer Auffassung ist Kirkuk eine rein kurdische Stadt, in der von dem nationalistisch eingestellten Regime zahlreiche Araber angesiedelt wurden; andererseits ist für Bagdad der ungehinderte Zugang zu dieser reichen Stadt mehr als nur eine Angelegenheit des Prestiges. Erschwerend kam bei den Gesprächen hinzu, daß die Kurden dem irakischen Staatschef offen mißtrauen. Zu oft sind sie von ihm schon betrogen und enttäuscht worden – wie auch jetzt von den Amerikanern, deren Sieg im Golfkrieg bei den Kurden die Hoffnung geweckt hatte, sie könnten ihr Recht auf Selbstbestimmung endlich durchsetzen, wenn schon ein unabhängiger Kurdenstaat utopisch bleiben muß.

Illusion oder Hoffnung

Die »neue Ordnung« im Nahen Osten

Auf den Tag genau sechs Wochen nach dem Ende der Bodenkämpfe und damit des Krieges schwiegen am Golf die Waffen auch mit amtlicher Bestätigung: Der Irak akzeptierte am 12. April 1991 in einem Schreiben an die Vereinten Nationen, das nur einen Satz enthielt, alle Bedingungen für einen Waffenstillstand. Einige Tage zuvor hatten die Iraker in einem 23 Seiten umfassenden Brief noch Einwände erhoben. Sie waren aus der Sicht des Irak verständlich, denn die Friedensbedingungen waren hart: Unter anderem mußte der Irak sich verpflichten, sein gesamtes ABC-Waffen-Potential zu vernichten und dies auch von Fachleuten internationaler Organisationen kontrollieren zu lassen. Bagdad stellte daraufhin die Frage, ob gleiches auch für die Staaten in der Nachbarschaft des Irak gelte, die über solche oder ähnliche Waffenarsenale verfügten; dies zu klären wird eine der großen Aufgaben der künftigen Politik im Nahen Osten sein.

Im Grenzgebiet zwischen Kuweit und dem Südirak wurde von den Vereinten Nationen eine Sicherheitszone eingerichtet, nach dem Vorbild der besetzten Golan-Höhen und des Süd-Libanon; ein Teil der Soldaten für die neue internationale Überwachungstruppe der UN wurde sogar aus diesen nahöstlichen Gebieten abgezogen, die schon seit Jahrzehnten unter der Beobachtung und dem Schutz der Weltorganisation stehen. Zu einer Lösung der dortigen Probleme hat ihre Anwesenheit allerdings bislang nicht beigetragen. Am 15. April 1991 begannen die Amerikaner mit dem Abzug ihrer Truppen aus dem südlichen Irak; sie hatten dort sechs Wochen lang eine Region besetzt gehalten, die von der Südgrenze des Landes bis an die Ufer des Euphrat reichte. Der Abzug wurde von den amerikanischen Medien scharf kritisiert, denn er begann gerade zu dem Zeitpunkt, als das Elend der kurdischen Flüchtlinge auf einen kaum mehr zu beschreibenden Höhepunkt zusteuerte. Nicht nur viele Amerikaner, sondern auch die Europäer fragten sich, ob nicht angesichts des brutalen Vorgehens Saddam Husseins gegen Kurden und Schiiten der Krieg vergeblich geführt worden sei. Die Frage war berechtigt – aber falsch gestellt.

Man muß bei einer Beurteilung der gesamten Krise zwischen den offen deklarierten und den nicht klar ausgesprochenen Kriegszielen unterscheiden. Betrachtet man nur die ersten, so haben die Alliierten in diesem Krieg durchaus erreicht, was sie erreichen wollten. Durch die Schlacht um Kuweit wurde eine eklatante Völkerrechtsverletzung rückgängig gemacht, die, wenn es bei der Besetzung und Annexion geblieben wäre, ein schlechtes Beispiel für andere Diktatoren hätte abgeben können. Auch wäre damit zu rechnen gewesen, daß Saddam Hussein sich bald schon zu weiteren Abenteuern hätte hinreißen lassen. Ermuntert durch den Erfolg, wäre Saddam, daran kann es keinen Zweifel geben, nach einer gewissen Zeit des Abwartens zu neuen »revolutionären« und auch militärischen Abenteuern in der Golfregion aufgebrochen. Saudi-Arabien und die kleineren Golfstaaten waren in hohem Maße bedroht – auch wenn Saddam bei Ausbruch der Krise nicht unmittelbar an eine Fortsetzung des Feldzuges über Kuweit hinaus gedacht haben mag.

Ein zweites Ergebnis des Krieges ist es, daß die konservativen Länder am Golf nun keinen Zweifel mehr daran haben dürften, daß die Vereinigten Staaten (und auch die Vereinten Nationen) bereit sind, ihre Integrität zu schützen – wodurch sie sich politisch noch weiter zum Westen hin orientieren werden. Die Kuweiter haben nur durch den militärischen Einsatz der Amerikaner ihr Land zurückerhalten. Es wäre andernfalls die Beute eines zu allem entschlossenen Aggressors geworden. Vor allem sie werden künftig ihre Dankbarkeit und Freundschaft den Siegernationen gegenüber beweisen. Darüber hinaus hat die Weltgemeinschaft mit dem Krieg dokumentiert, daß sie nicht mehr bereit ist, die Annexion eines Staates durch einen anderen hinzunehmen. Es herrscht eine neue weltweite Geschlossenheit gegen potentielle militärische Abenteuer machthungriger Despoten, die erst durch das Ende des Kalten Krieges möglich wurde – anders etwa, als 1951 Tibet von China annektiert wurde und die Vereinten Nationen nicht militärisch einschreiten konnten, ohne einen Weltkrieg zu riskieren.

Ein weiterer wesentlicher Erfolg des Krieges, der von vielen nicht wahrgenommen wurde, ist das Überleben des kuweitischen Volkes. Gewiß war der Patriotismus im Land von Scheich Dschabir nie sonderlich ausgeprägt; aber während der Besatzung äußerte nicht ein einziger Kuweiter den Wunsch, unter irakischer Herrschaft bleiben zu wollen. Die Iraker, auch daran kann wenig Zweifel bestehen, hätten das Volk von Kuweit innerhalb weniger Jahre ausgelöscht. Durch den Krieg ist also ein Völkermord verhindert worden. Dies sollten all jene bedenken, die der Völkergemeinschaft sonst gerne vorwerfen, sie habe in anderen Fällen von Genozid nichts oder zu wenig getan. Diesmal hat sie sich engagiert – energisch und erfolgreich. Mehr als ein Drittel der Kuweiter hielten sich zu Beginn der Krise im Ausland auf, hätten also im Exil überleben können. Im Land aber betrieben die Besatzer eine Politik brutalster Unterdrückung, an deren Ende die physische Auslöschung der überfallenen Kuweiter gestanden hätte. Nach Berichten der kuweitischen Exilregierung hatte Bagdad mit Bussen schon etwa 200 000 Iraker aus dem Raum der Provinz Basra nach Kuweit gebracht, um sie dort für immer anzusiedeln und damit die demographische Zusammensetzung des Gebietes zu verändern. Ohne die Schlacht um Kuweit wäre dies relativ rasch gelungen. Die Gegner einer militärischen Lösung der Kuweit-Krise müssen sich vor Augen halten, welche Folgen ein Zögern der Alliierten für die Opfer der irakischen Invasion gehabt hätte.

Und schließlich wurde durch den Krieg erreicht, daß die legitime Regierung Kuweits wieder in Amt und Würden eingesetzt werden konnte. Das war ein wichtiger Sieg des Rechtes über die Machtwillkür. Auch dies hatten die einschlägigen Resolutionen des Sicherheitsrates gefordert. Dennoch ist nach dem glücklichen Ende der Krise die künftige innenpolitische Entwicklung in dem Emirat ohne Zugeständnisse des Herrscherhauses gegenüber der Opposition nicht vorstellbar, wobei die bisherige Entwicklung nicht zu Optimismus Anlaß gibt. Ziel des Krieges war es allerdings nicht, in Kuweit demokratische Verhältnisse herzustellen, dem Land also ein politisches System aufzupfropfen, das es sonst nirgendwo in der Region gibt und das dort erst allmählich Wurzeln schlagen muß.

Saddams Sieg nach der Niederlage

Schwieriger wird die Sache bei den erhofften, aber nicht ausdrücklich verkündeten Kriegszielen. Zu ihnen gehören vor allem der Sturz Saddam Husseins und die Ablösung des auf unabsehbare Zeit diskreditierten Baath-Regimes. Dies wollten nicht nur die Amerikaner erreichen, sondern praktisch alle Mitglieder der internationalen Koalition, von Saudi-Arabien angefangen bis zu Iran und der Türkei; Israel selbstverständlich auch. Besonders im jüdischen Staat hatte man sich gewünscht, daß der Diktator vom Tigris für immer von der Bildfläche verschwinde. Doch Saddam konnte seine Macht behaupten. General Schwarzkopf hatte, während die »Operation Wüstensturm« lief, die Auffassung vertreten, die alliierten Truppen müßten direkt auf Bagdad marschieren und so Saddam und seinem Regime ein Ende bereiten. Doch Präsident Bush lehnte dies ab. Bush hoffte wohl, Saddam werde auch ohne ein weiteres Eingreifen amerikanischer Soldaten gestürzt werden, entweder durch einen Bürgerkrieg mit den Kurden und Schiiten, oder durch einen Konkurrenten aus den eigenen Reihen.

Von solchen Hoffnungen abgesehen, gab es auch rechtliche Bedenken gegen ein weiter ausgreifendes militärisches Engagement der alliierten Truppen im Irak. In Washington (und nicht nur dort) herrschten große Zweifel, ob eine Ausdehnung des Krieges, wie Schwarzkopf sie befürwortete, durch den Auftrag der Vereinten Nationen noch gedeckt gewesen wäre. Hinzu kam eine eher kulturphilosophische Erwägung, die historische Sensibilitäten der Araber ins Kalkül zog: Eine Eroberung Bagdads durch amerikanische Truppen wäre von großen Teilen der arabisch-islamischen Welt wie der Einfall der Mongolen empfunden worden, die im Jahre 1258 unter Hülägü-Khan Bagdad stürmten, Tausende Bewohner massakrierten, den Irak zerstörten und der Abbasiden-Dynastie, die seit 750 geherrscht hatte, ein ebenso schmähliches Ende bereiteten wie dem Kalifat. Die militärische Eroberung Bagdads hätte mithin ein sprunghaftes Anwachsen der ohnehin großen antiwestlichen Affekte in der Region bewirkt. Die dann zu erwartenden Wellen des Hasses gegen die Amerikaner hätten sich wiederum die islamischen Fundamentalisten zunutze machen können. Eine vernünftige Politik am Golf wäre kaum noch möglich gewesen.

Dies dürften auch die Gründe gewesen sein, weshalb der saudische König Fahd Präsident Bush zur militärischen Zurückhaltung riet. Obwohl Riad und Teheran nach dem Ende der Kämpfe wieder offizielle diplomatische Beziehungen aufnahmen und außenpolitisch enge Kooperation, wenn nicht gar Freundschaft demonstrierten, ist der alte saudisch-iranische Gegensatz noch nicht verschwunden. Das Mißtrauen auf beiden Seiten ist groß. Die Saudis beschworen deshalb Washington, die Gründung einer islamischen Republik der Schiiten im Südirak nicht zuzulassen. Lieber wollte König Fahd mit einem geschwächten Saddam Hussein zusammenleben als mit islamischen Revolutionären, die durch die Errichtung einer islamischen Republik Süd-Irak wieder Auftrieb erhalten und die gesamte Golfregion in neuen Aufruhr versetzen würden. Ohne es öffentlich zu dokumentieren, war dies auch die Auffassung der anderen sunnitischen Länder der Region. So entschloß sich Präsident Bush, die amerikanischen Truppen nicht in die Wirren des irakischen Bürgerkrieges eingreifen zu lassen.

Gegen diesen Standpunkt war formaljuristisch und völkerrechtlich nichts einzuwenden. Er geriet allerdings ins Zwielicht, als Saddam Hussein die aufständischen Kurden des Nordirak zurückschlug und durch den Einsatz von Napalm- und Phosphorbomben eine Fluchtbewegung der kurdischen Bevölkerung in die Türkei und nach Iran von nie gekanntem Ausmaß hervorrief. Bush habe die Kurden, hieß es, zum Aufstand ermuntert und sie schließlich verraten. Tatsächlich war es auch für die Kenner der Nahost-Politik nur schwer einzusehen, warum die Prinzipien der Nichteinmischung und Bewahrung der territorialen Unversehrtheit des Irak angesichts des sich abzeichnenden Genozids wie eine heilige Kuh behandelt wurden. Bush und sein Außenminister Baker, die während des Krieges und in den ersten Wochen danach von den Kurden in den höchsten Tönen gepriesen worden waren (»Hadschi Bush« nannten sie den amerikanischen Präsidenten), mußten sich harte Schmähworte von kurdischer Seite gefallen lassen – dies um so mehr, als es keines großen militärischen Aufwandes von seiten der Alliierten bedurft hätte, um die Truppen Saddams zu zügeln: Nur die Kampfflugzeuge und Hubschrauber des Irak hätten attackiert werden müssen, um ein ungefähres Gleichgewicht zwischen den kurdischen Peschmerga-Kriegern und der irakischen Armee herzustellen; die Chancen der Kurden wären ungleich größer gewesen. So stellten die wichtigsten Führer der Kurden, Dschalal Talabani von der »Patriotischen Union Kurdistans« und Masud Barzani von der »Demokratischen Kurdischen Partei«, schließlich erbittert fest, die Amerikaner hätten die Kurden zum zweitenmal in ihrer Geschichte »betrogen und verraten«. Das erste Mal 1946, als die amerikanische Diplomatie dazu beitrug, daß der Schah von Persien die Kurdenrepublik von Mahabad nach zwölf Monaten Bestand zerstören konnte, und nun das zweite Mal, als sie Gewehr bei Fuß zuschauten, wie die kurdischen Zivilisten in den türkischen Bergen in den Tod getrieben wurden. Insgesamt kamen im Frühjahr 1991 etwa 7000 kurdische Zivilisten ums Leben.

In dieser Situation schufen die Amerikaner, angeregt durch einen Vorschlag der Türkei, nördlich des 36. Breitengrades de facto eine Schutzzone für die Kurden, in der sie von ausländischen Hilfsorganisationen verpflegt und versorgt werden sollten. Der Irak war verständlicherweise mit der Einrichtung dieser Schutzzone nicht einverstanden, zumal auch die Schiiten eine solche verlangten. Die irakische Artillerie schoß mehrfach über den 36. Breitengrad hinaus, denn auch nach dem Zusammenbruch des kurdischen Aufstandes ging der Widerstand der Peschmerga-Krieger weiter.

Die Tragödie des gescheiterten Kurdenaufstandes macht allerdings deutlich, daß die erwartete und erhoffte »neue Ordnung« im Nahen Osten ohne eine befriedigende Regelung des Kurden-Problems nicht gelingen kann. Saddam militärisch zu schwächen und politisch zu demütigen reicht nicht aus, um den Frieden in der ruhelosen Region zu garantieren. In Zukunft wird sie der besonderen Aufmerksamkeit nicht nur der Amerikaner, sondern auch der Vereinten Nationen bedürfen. Die Führer der Kurden machen sich keine Illusionen; sie wissen sehr wohl, daß der Gedanke an einen kurdischen Staat gegenwärtig kaum internationale Unterstützung findet. Sie wären schon zufrieden, wenn sie in ihren Gastländern politische Autonomie und kulturelle Selbstbestimmung verwirklichen könnten.

Keine »pax americana«

Beflügelt von den brillanten militärischen Erfolgen haben die Amerikaner mit ihrem Wort von der »Neuen Ordnung« oder gar »Neuen Weltordnung« Erwartungen geweckt, die sie nicht erfüllen können. Niemand könnte das. Durch die Schlacht um Kuweit sind lediglich die Schwierigkeiten gelöst worden, die mit der Besetzung und Annexion dieses kleinen Landes direkt verbunden waren. An den großen Problemen der Region hat sich nach wie vor wenig geändert. Es wird, das hat sich seit Kriegsende erwiesen, keine »pax americana« geben. Der Westen macht sich falsche Vorstellungen, wenn er glaubt, man könne den Nahen Osten von außen so ordnen und gestalten, wie man es im Nachkriegs-Europa tat. Die Zeiten des Berliner Kongresses sind vorbei, auf dem Bismarck sich als »ehrlicher Makler« betätigen konnte. Die Amerikaner haben es mit einer Region zu tun, die fremden, dem Westen schwer einsehbaren Gesetzen gehorcht. Arabiens Uhren gehen anders.

Bis heute ruhen die Araber in ihrer Vergangenheit, in ihrer glanzvollen Geschichte. Den Blick nach vorn zu richten, entschlossen Zukunftspläne zu entwerfen, wie es das Abendland so liebt, ist ihre Sache nicht. Der Fortschritts-Gedanke des Westens ist eine Kategorie, die dem arabischen Verständnis von Geschichte grundlegend widerspricht. Erst die arabischen Nationalisten haben den Begriff »Fortschritt« (arabisch: al tarakki, al taqaddum) aufgebracht – aber auch sie haben sich damit keine großen Sympathien erworben. Die Araber sehen in dem historischen Geschehen keinen linearen und zielgerichteten Prozeß, sondern betrachten die Geschichte als etwas Statisches: als Wiederholung des Gleichen. Ibn Khaldun, der große islamische Historiker und Geschichtsdenker des ausgehenden Mittelalters, sprach vom »arabischen Rhythmus« der Geschichte und beschrieb in der »Muqaddima«, der Einleitung zu seiner Universalgeschichte, den steten Wechsel der Dynastien und Herrschaften, wie er seit Jahrtausenden für den Orient und seine Gesellschaft charakteristisch ist. Dieser Rhythmus hat das Bewußtsein und auch das Unbewußte der Araber und Muslime tief geprägt. Hinzu kommt, daß die Zeit im Orient immer noch der billigste Rohstoff ist: »Die Eile ist des Teufels, aber die Besonnenheit stammt vom Barmherzigen«, sagt ein oft benutztes arabisches Sprichwort. Wer helfen will bei einer Neuordnung der Verhältnisse zwischen dem Mittelmeer und dem Persischen Golf, braucht vor allem Ruhe und Überlegung. Sicher ist nur eins: Patentrezepte, um die fast ausweglos erscheinende Konfliktstruktur des Orients über Nacht aufzubrechen, gibt es nicht.

Gewiß, auch die Völker des Orients wollen künftig ihre Geschicke politisch stärker mitbestimmen als früher. Der Weg zur Demokratie muß jedoch von ihnen selbst gefunden und beschritten werden – der Westen kann hier allenfalls Hilfestellung leisten. Das geistige Rüstzeug zur Schaffung demokratischer Verhältnisse steht im Nahen Osten gegenwärtig noch nicht bereit. In fast allen Ländern gibt es starke Minderheiten, die von mächtigen antiwestlichen Affekten getragen werden und ihr Heil, auch politisch, in einer religiös inspirierten Gegenrevolution sehen.

Diese fundamentalistische Bewegung bietet nicht die Gewähr für einen weltanschaulichen und politischen Pluralismus, wie ihn die Demokratie nun einmal verlangt. Diese Welle des Fundamentalismus im Islam hat, das sollte man sich immer wieder vor Augen halten, vor allem einen defensiven Charakter: Die Menschen versuchen sich durch eine Besinnung auf ihre Traditionen gegen eine als übermächtig empfundene moderne Industriekultur zu wehren, die im Begriffe ist, sich über den ganzen Erdball auszubreiten. Die Muslime fühlen sich fremden Mächten ausgeliefert und vergewaltigt, sie reagieren abweisend und zum Teil militant. Der jüngste High-Tech-Krieg hat sie zusätzlich gedemütigt. Wie nie zuvor ist ihnen ihre wissenschaftlich-technische Unterlegenheit vor Augen geführt worden.

Die Schlacht um Kuweit wird folglich nicht ohne längerfristige Auswirkungen auf das Verhältnis zwischen muslimischer und christlich-säkularer Welt bleiben. Der Dialog zwischen dem Christentum und dem Islam, der schon seit der Machtergreifung des Ajatollah Chomeini weitgehend verstummt war, ist auf Jahre hinaus schwer belastet. Es hat den Anschein, als entwickelten sich die westliche Welt, in der Frömmigkeit heute nicht gerade eine der wichtigsten Tugenden ist, und der islamische Osten, für den mehr und mehr das Gegenteil gilt, immer weiter auseinander. Mit den militanten Vorkämpfern der islamischen Revolution ist ein ernsthaftes politisches Gespräch wohl nur noch schwer möglich. Mit den moderaten Vertretern dieser Religion jedoch, die noch immer die Mehrheit der Gläubigen bilden, sollte der Westen den Dialog auf keinen Fall abreißen lassen.

Späte Buße für nahöstliche Sünden

Bricht das Staatensystem auseinander?

Das künstliche System von Grenzen und Staaten im Orient kann nicht von Dauer sein – das steht inzwischen unter Kennern der Region außer Frage. Der Eingriff westlicher Mächte in natürlich gewachsene Ethnien und religiöse Bekenntnisgemeinschaften wird sich über kurz oder lang rächen. Die Panarabisten und die islamischen Fundamentalisten haben in ihrer Propaganda immer darauf hingewiesen, in welchem Maße das gegenwärtige Staatensystem im Nahen Osten auf willkürliche Eingriffe der ehemaligen Kolonialmächte zurückgeht – und seit dem Ende des Ersten Weltkrieges haben einige Staaten der Region durch ihre wirtschaftliche Stärke auch die Macht erlangt, diese Eingriffe nach arabischen Vorstellungen zu revidieren. Es ist also zu fragen, ob eine Katastrophe wie der jüngste Golfkrieg geeignet ist, längerfristige Veränderungen in diesem Sinne einzuleiten. Erleben wir heute den Anfang vom Ende des nahöstlichen Staatensystems?

Der Krieg gegen den Irak ist zweifellos ein wichtiger Einschnitt in der Geschichte des Nahen Ostens. Die Niederlage Saddam Husseins war psychologisch noch erschütternder als die Demütigung Nassers und der mit ihm verbündeten Araber im Sechs-Tage-Krieg von 1967. Auch diese Niederlage ist von arabischen Historikern und Philosophen schon als historischer Wendepunkt bezeichnet worden. Der Sechs-Tage-Krieg leitete das Ende von Nassers politischer Karriere ein; er läutete zugleich den Aufstieg der Baathisten ein, und auch den der islamischen Fundamentalisten, die behaupteten, der »Abfall« vom Glauben habe die Araber und Muslime geschwächt; nur ein Zurück zum authentischen Islam, zu den Werten der eigenen Kultur könne zu neuer Stärke und zum Sieg über Israel führen. In diesem Sinne äußerte sich Ende der sechziger Jahre schon der libanesische Muslim

Salah al Munadschid (»Wohin treibt die arabische Welt?«, München 1968), der freilich alles andere als ein religiöser Fundamentalist im chomeinistischen Sinne gewesen ist.

Voraussagen über den Zusammenbruch des Staatensystems hätten sich nach den Bodenkämpfen im Südirak rasch erfüllen können, wenn Präsident Bush dem Rat General Schwarzkopfs gefolgt wäre und die Truppen der Alliierten nicht am Euphrat gestoppt hätte. Nach dem gewaltsam herbeigeführten Sturz Saddam Husseins wäre vermutlich der Machtapparat der Baath-Partei endgültig zusammengebrochen. Auf diese Chance aber warteten sowohl Kurden als auch Schiiten seit Jahrzehnten. Ein Bürgerkrieg wäre unvermeidlich gewesen. Hätten sich die Kurden behauptet, so wäre eine neue politische Keimzelle für die Verwirklichung größerer Aspirationen auf seiten der Kurden entstanden. Bei einem Erfolg der Schiiten hätte Iran starken Einfluß auf den Irak gewonnen. Schon jetzt, da die Baath-Partei sich gehalten hat, beansprucht Teheran faktisch ein Recht, über das Schicksal der irakischen Schiiten im Süden mitzubestimmen. Hätten die Alliierten zugelassen, daß im Irak ein Machtvakuum entsteht, wäre die Versuchung für Teheran groß gewesen, die Verhältnisse in seinem westlichen Nachbarland zu seinen Gunsten »neu zu ordnen«, sprich: einzumarschieren. Dasselbe gilt für den baathistischen Rivalen Syrien. Auch an Syriens Grenze mit dem Irak wurden seinerzeit Stämme willkürlich getrennt und auseinandergerissen, die jahrhundertelang von einem Weidegebiet in das andere zogen, ohne an administrative Hindernisse zu stoßen. Ein Zusammenbruch der Zentralgewalt in Bagdad hätte auch Syrien dazu verführen können – möglicherweise in Absprache mit seinem »Verbündeten« Iran –, sich zumindest Teile des Irak einzuverleiben. Dies wäre ein später Triumph für die Baathisten in Damaskus gewesen, die immer mit Neid auf den potentiell reichen Staat Irak schauten – denn Syrien besitzt keine ergiebigen Erdölfelder. In Damaskus hängt man, wie der Syrien-Kenner Patrick Seale mitteilt (»Assad of Syria. The Struggle for the Middle East«), immer noch der »großsyrischen Ideologie« an, die von der Schaffung eines »großsyrischen Reiches« im

Fruchtbaren Halbmond träumt oder zumindest von der Wiederherstellung des alten Syrien, wie es zur Zeit der Osmanen bestand. Im Libanon hat Assad als Folge der Kuweit-Krise sein Ziel weitgehend erreicht: Das Land ist formal unabhängig, in Wirklichkeit jedoch dem syrischen Einfluß ausgeliefert, es ist zu einem »Satelliten« Syriens geworden. Doch damit erschöpfen sich die imperialistischen Gelüste Syriens keineswegs: Die Provinz Hatay, die seit 1939 zur Türkei gehört, wird bis heute von Syrien beansprucht; in Damaskus gedruckte Landkarten verzeichnen das Gebiet noch immer als syrisch. Und erst vor wenigen Jahren hat Assad gegenüber dem haschemitischen Königreich Jordanien auf Ansprüche verzichtet, die es im Zusammenhang mit der Palästina-Frage erheben wollte. Syrien argumentiert unter anderem auf der Grundlage der klassischen arabischen Geographie, in der Palästina (al Falastin) nichts anderes gewesen sei als der südliche Teil Syriens.

Ein Zerfall des Irak und seiner staatlichen Ordnung nach dem Krieg – gegen den sich vor allem Henry Kissinger aussprach – hätte zudem die Türken verführen können, über eine Annexion der Ölregion im Norden des Landes nachzudenken, da sie nicht nur reich ist, sondern im Raum um Kirkuk auch eine türkische Minderheit lebt. In den vergangenen Jahrzehnten gab es wegen der Benachteiligung dieser Minorität mehrfach Streit zwischen Ankara und Bagdad. Freilich würden sich die Türken, dies zeigte auch der Golfkrieg, wegen dieser Minderheit allein noch nicht auf ein militärisches Abenteuer einlassen – schon deshalb nicht, weil ihnen ein Anschluß dieser Region auch vier Millionen kurdische Bewohner mehr einbrächte. Trotzdem sind türkische Interventionen in dem Gebiet nicht gänzlich auszuschließen, wie manche Sandkasten- und Gedankenspiele vor und während der Golfkrise bewiesen.

Da die militärische und politische Zurückhaltung der Amerikaner nicht zum Zerfall des irakischen Vielvölkerstaates und seines politischen Systems führte, blieben zunächst größere Erschütterungen in der Region aus. Dies heißt freilich nicht, daß solche Veränderungen in Zukunft von bestimmten arabischen

Gruppierungen betrieben werden könnten – wobei man dann die beiden Golfkriege als Initialzündungen der kommenden Umwälzungen bezeichnen müßte. Im Augenblick spricht manches dafür, daß die islamischen Fundamentalisten eher zu den erfolgreichen Kräften der Veränderung gehören werden als der Panarabismus, der vieles von seiner früheren Anziehungskraft verloren hat. Iran wird in seinem Bestreben nicht nachlassen, seine traditionelle Rolle einer Hegemonialmacht gegenüber dem Irak abzusichern und zu behaupten. Ein weiteres Ziel der Iraner ist die dauerhafte Kontrolle der schiitischen Bewegung, wo immer sie auftreten mag. Teheran ist und bleibt auch der Schutzpatron der Schiiten im Südirak; falls Bagdad tatsächlich versuchen sollte, die schiitische Kultur dort auf lange Sicht auszulöschen, käme es wohl zu einem dritten Krieg am Golf, denn Iran könnte einer solchen Massenvernichtung von Glaubensgenossen nicht tatenlos zusehen.

Aber es gibt noch andere Unsicherheitsfaktoren für das gegenwärtige Staatensystem im Nahen Osten. Die sunnitischen Fundamentalisten streben nach der Wiedererrichtung eines islamischen Großstaates, der Ähnlichkeiten mit dem ehemaligen Kalifat haben soll. Grenzen existieren für sie ebensowenig wie Nationen. Auch dies muß als Indiz betrachtet werden, daß die Tage des gegenwärtigen Staatensystems vermutlich gezählt sind. Wie stabil ist beispielsweise das Kunstprodukt Jordanien? Und wie stabil wird es sein, wenn es eines Tages doch noch zu einer Regelung des Palästinenser-Problems kommen sollte? Werden die Nachkommen König Husseins noch eine Zukunft auf dem Haschemiten-Thron haben? Der Westen sollte sich auf jeden Fall mit dem Gedanken vertraut machen, daß der eine oder andere Staat in der Region sein Gesicht verändern wird. Ein weiterer unbekannter Faktor ist Saudi-Arabien, das über märchenhafte wirtschaftliche Kraft verfügt, aber ein schwacher Staat mit langen Grenzen ist. Kann man streng nach der Scharia leben und dennoch moderne Technik einkaufen, ohne auf die Dauer die Grundlagen der Monarchie zu verändern – zumal auch die saudischen Absolventen der Hochschulen immer mehr Mitsprache verlangen?

Wofür hat man sie ausgebildet, wenn sie keinen politischen Einfluß haben dürfen? Saudi-Arabien bleibt die Sphinx unter den Ländern des arabischen Ostens.

Arabische Vergangenheit und westliche Zukunft

Das System des Nahen Ostens wird um so länger festgefügt bleiben, je mehr es gelingt, ökonomische und soziale Verzerrungen und Diskrepanzen zu beseitigen und, auf lange Sicht, mehr politische Mitsprache der Bevölkerung zu ermöglichen. Hier liegt eine wichtige Aufgabe, denn die wirtschaftlichen Schwierigkeiten eines großen Teils der arabischen Welt nehmen unaufhaltsam zu. Hinzu kommt eine Frage, die bisher viel zuwenig beachtet worden ist: die Verteilung des Wassers. »Aus dem Wasser stammt alles Lebendige« heißt es im Koran. Die Bevölkerungen der arabischen Länder wachsen schnell, die Trinkwasservorräte in der wüstenhaften Region werden knapp, zum Teil sind sie es heute schon. Die wenigen Flüsse wie der Euphrat, der Tigris, der Jordan, der Litani, der Hasbani reichen kaum noch aus, um die Bedürfnisse zu befriedigen. Syrien etwa, ein Land mit mehr als zwölf Millionen Einwohnern, hat nur Wasser für sechs Millionen. In vielen anderen Staaten ist die Lage kaum besser. Ein neues konfliktträchtiges Problem kündigt sich an. Manches spricht dafür, daß die Türkei im Hinblick auf das Wasser zum Monopolisten der Region werden könnte.

Besser verteilt werden müssen auch die Einnahmen aus dem Erdöl, wenn der arabische Orient nicht weiter eine ewige Quelle der Unruhe bleiben soll. Dies freilich ist eine Angelegenheit verantwortungsbewußter und vielleicht kühner Politiker, nicht jedoch von Männern vom Schlage eines Saddam Hussein. Von den 200 Millionen Arabern haben nur etwa 30 Millionen am Ölreichtum teil. Die Verantwortung dafür tragen die einen so wenig wie die anderen. Im Rahmen einer verstärkten wirtschaftlichen Kooperation müßten allerdings Mittel und Wege gefunden werden, den nationalen Egoismus zu überwinden und aus dem

Gewinn des exportierten Erdöls gespeiste Entwicklungsprogramme zu entwerfen. Der jüngste Krieg freilich hat den Graben zwischen den »feudalistischen« Staaten, von denen die meisten durch das Öl reich geworden sind, und den Habenichtsen eher noch vertieft. Um so schmerzlicher ist es, daß der potentiell reiche Irak sein Kapital durch seine kriegerischen Abenteuer auf so unrühmliche Weise verschleudert hat. Bevor sich die Araber zu einer Art »Finanzausgleich« zwischen reich und arm durchgerungen haben, wird, wie so oft, Amerika einspringen müssen. Eine neu zu gründende islamische Wirtschaftsgemeinschaft müßte einen Abbau des Gefälles zwischen den Mitgliedsländern an die Spitze ihrer Aufgaben stellen.

Probleme wird auch der Versuch aufwerfen, in Zukunft so etwas wie Rüstungskontrolle im Nahen Osten zu verwirklichen. Die Amerikaner haben nach dem Krieg einen Plan vorgelegt, der Einschränkungen beim Verkauf von Waffen in die Region vorsah. Gleichzeitig boten sie den Israelis und den Saudis neue Waffensysteme an mit dem Ziel, die Armeen der beiden vom Irak bedrohten Länder zu modernisieren. Da die fünf ständigen Mitgliedsländer des Sicherheitsrates der Vereinten Nationen – Amerika, die Sowjetunion, China, Frankreich und Großbritannien – zu den größten Waffenhändlern in Nahost gehören, mutet der Vorschlag, sie sollten Rüstungsverkäufe künftig im Namen der Vereinten Nationen kontrollieren, geradezu grotesk an. Arabische Staatsmänner haben überdies schon oft kritisiert, daß man es ihren Ländern nicht erlauben wolle, atomare Waffen zu besitzen, während die Israelis nicht verpflichtet würden, ihren Bestand an Nuklearwaffen zu vernichten. Israel hat bis heute nie offiziell zugegeben, Atomsprengköpfe zu besitzen, doch darf man davon ausgehen, daß der jüdische Staat über ein Arsenal von bis zu dreihundert Sprengköpfen verfügt. Westliche Politiker rechtfertigen diese Einseitigkeit gern mit dem Argument, Israel sei die einzige Demokratie im Orient und werde Atomwaffen nicht einsetzen, solange die Araber das Land nicht existentiell bedrohen. Im Juni 1991 weigerte sich der Irak, Beobachtern der Internationalen Atomenergie-Behörde Einblick in den Stand seiner Nuklearforschung zu gewähren. Daraufhin kündigte Präsident Bush an, mit Marschflugkörpern die Reaktoren und Forschungslabors vernichten zu lassen, wenn Bagdad nicht einlenke. Diese Zwangsmaßnahmen vor Augen, stimmte Saddam Hussein den Kontrollen schließlich zu.

Eine weitere, eher kulturphilosophisch ausgerichtete Frage bewegte viele westliche Beobachter des Golfkriegs: Wird dieser massive Eingriff einer hoch technisierten westlichen Militärmaschine und der Aufenthalt so vieler ausländischer Soldaten samt ihrem freizügigen Lebensstil einen ähnlich fortschrittsfördernden »Schock« in der islamischen Welt auslösen, wie das vor nun zweihundert Jahren die Militärexpedition Bonapartes tat? Als Napoleon 1798 das Land am Nil den bis dahin unumschränkt herrschenden Mamelucken entriß, bedeutete dies für das traditionelle Herrschaftsgefüge eine Katastrophe; es öffnete jedoch auch den Weg zur Moderne. Wenn Ägypten heute das modernste Land in Arabien ist, dann hängt dies auch mit der Expedition des großen Korsen zusammen. Nach seinem Abzug errang Mehmed Ali die Herrschaft und setzte Reformen in Gang, die zwar autokratisch von oben herab umgesetzt wurden, aber von westlichen Ideen beeinflußt waren. Mehmed Ali sandte auch begabte junge Männer nach Europa, vor allem nach Paris und London, wo sie sich – neben ihren Studien – mit der Zivilisation und politischen Kultur des Westens vertraut machen sollten. Umgekehrt holte er westliche Fachleute nach Ägypten – von dem Wasserbauer (und Amateur-Archäologen) Giovanni Battista Belzoni bis zu Ferdinand de Lesseps, dem späteren Erbauer des Suez-Kanals. Ägypten baute ein für damalige Zeit modernes Kommunikationssystem auf, öffnete sich dem europäischen Tourismus und ebnete den Anfängen einer Industrie im eigenen Lande den Boden. Das Land war, zusammen mit den europäischen Teilen der Türkei, am Ausgang des vorigen Jahrhunderts die modernste Region des Orients. Aus dem Reisetagebuch des Ägypters Rifaat al Tahtawi (»Ein Muslim entdeckt Europa«, München 1988), der im vorigen Jahrhundert Paris besuchte, spricht eine Verehrung für Europa und den Westen, die auch noch in diesem Jahrhundert bei den Eliten des Orients einige Jahrzehnte andauerte – bis sie gegen Ende der fünfziger Jahre zu schwinden begann.

Daß es auch damals schon Stimmen gab, die den Westen kritisierten, zeigen die Aufzeichnungen des Abdal Rahman al Dschabarti. Er war ein ägyptischer Scheich, der in seiner Chronik »Bemerkenswerte Überlieferungen, Lebensbeschreibungen und Ereignisse« in durchaus ambivalenter Weise auf Napoleons Invasion und die daran anschließende Verwestlichung reagierte. Dschabarti bewunderte die westliche Technik, die militärische Stärke der »Franken«, die Effizienz ihrer Verwaltung und ihre Ingenieurkunst; westliche Denk- und Lebensweise hingegen lehnte er mit Argumenten ab, die an den heutigen Fundamentalismus erinnern. Die traditionellen Werte des islamischen Orients hatten für den Ägypter Dschabarti allemal Vorrang. Die Nachwirkungen des Kulturschocks, den Napoleon und seine Truppen hervorriefen, sind bis heute noch nicht ganz geschwunden.

Vom jüngsten durch den Westen bewirkten Kulturschock freilich ist eine derartige Wirkung wohl, wenn überhaupt, erst auf längere Sicht zu erwarten. Die Wagenburgmentalität der arabischen Welt wird erst einmal zunehmen. Die Muslime fühlen sich eingekreist und von der modernen wissenschaftlich ausgerichteten Industriekultur bedroht. Als Napoleon in Ägypten eindrang, entdeckte die Bevölkerung Dinge, die gänzlich neu für sie waren; heute ist die Situation umgekehrt: Man kennt den Westen besser als damals – vor allem auch seine Defizite – und fühlt sich durch Ereignisse wie die Schlacht um Kuweit in seiner Aversion gegen die »neuen Kreuzzügler« bestätigt. Daß die Araber auf fast allen Gebieten dem Westen unterlegen sind, wird andererseits manche von ihnen trotz allem nachdenklich stimmen. Sicher ist nur eins: Ein Hort des Friedens wird der Orient auch in Zukunft nicht sein.

Kleine Bibliographie zu den Kriegen am Golf

Abu-Hakima, Ahmad Mustafa: *The modern history of Kuwait. 1750–1965*. London 1983.

al-Khalil, Samir: *Republic of fear. Saddam's Iraq*. London 1990.

Bittermann, Klaus (Hrsg.): *Liebesgrüße aus Bagdad. Die »edlen Seelen« der Friedensbewegung und der Krieg am Golf*. Berlin 1991.

Bögeholz, Hartwig: *Der Krieg um Kuwait. Eine Chronologie mit allen UN-Resolutionen*. Bielefeld 1991.

Bulloch, John/Morris, Harvey: *Saddams Krieg*. Hamburg 1991.

Chubin, Shahram und Charles Tripp: *Iran and Iraq at war*. London 1988.

Encke, Ulrich: *Saddam Hussein. Ein Portrait*. München 1990.

Fürtig, Henner: *Saddam Hussein – der neue Saladdin? Irak und der Golfkrieg*. Berlin 1991.

Heikal, Mohamed: *The return of the Ayatollah. The Iranian Revolution from Mossadeq to Khomeini*. London 1981.

Iskander, Amir: *Saddam Hussein. Le militant, le penseur et l'homme*. Paris 1980.

Kelly, John B.: *Brennpunkt Golf. Die Ölstaaten und der Westen*. Berlin/Frankfurt/M./Wien 1981.

Krell, Gert und Bernd W. Kubbig (Hrsg.): *Krieg und Frieden am Golf. Ursachen und Perspektiven*. Frankfurt am Main 1991.

Lawrence, T. E.: *Aufstand in der Wüste*. Hildesheim/Zürich/New York 1988.

Lawrence, T. E.: *Seven pillars of wisdom. A triumph*. Middlesex 1986.

Lerch, Wolfgang Günter: *Der Golfkrieg. Ereignisse, Gestalten, Hintergründe*. München/Zürich 1988.

Malanowski, Anja und Marianne Stern (Hrsg.): *Iran – Irak. »Bis die Gottlosen vernichtet sind«*. Reinbek 1987.

Miller, Judith und Laurie Mylroie: *Saddam Hussein. Biographie eines Diktators und die Geschichte seines Landes.* München 1991.

Nirumand, Bahman (Hrsg.): *Die kurdische Tragödie. Die Kurden – verfolgt im eigenen Land.* Reinbek 1991.

Nirumand, Bahman (Hrsg.): *Sturm im Golf. Die Irak-Krise und das Pulverfaß Nahost.* Reinbek 1990.

Salinger, Pierre und Eric Laurent: *Krieg am Golf. Das Geheimdossier.* München/Wien 1991.

Stewart, Desmond: *Lawrence von Arabien. Magier und Abenteurer.* München 1982.

Stöger, Christian J.: *Kuwait. Öl, Macht und Ohnmacht.* Mödling/Wien1990.

Wimmer, Michaela, Braun, Stefan und Hannes Enzmann: *Brennpunkt Golf. Hintergründe, Geschichte, Analysen.* München 1991.

Zonis, Marvin: *Majestic failure. The fall of the Shah.* Chicago/London 1991.

Zülch, Tilman (Hrsg.): *Völkermord an den Kurden. Eine Dokumentation der Gesellschaft für bedrohte Völker.* Frankfurt am Main 1991.

»*Der Preis* ist brillant geschriebene Geschichte über das schwarze Gold, das unser Jahrhundert beherrscht.« *Simon Schama*

Daniel Yergin

Der Preis

Die Jagd nach Öl, Geld und Macht
Aus dem Amerikanischen von
Gerd Hörmann und Regine Landmann.
1056 Seiten mit 8 Karten und
48 Seiten Abbildungen. Gebunden.

Der Preis erzählt eine gewaltige Geschichte – die des Öls und des Kampfes um Reichtum und Macht, der sich um das schwarze Gold herum abgespielt hat. Diese Geschichte umspannt mehr als hundert Jahre, und ihr Schauplatz ist die ganze Welt – vom ersten Bohrloch in Pennsylvania durch zwei Weltkriege hindurch bis zum Kampf um Kuweit. Das Öl hat die Politik des zwanzigsten Jahrhunderts geformt und das Alltagsleben der Menschen unwiderruflich verändert.

»Daniel Yergin hat in brillanter Weise eine Landkarte entworfen, die uns zeigt, woher wir kommen und wohin wir in der unübersichtlichen Landschaft der 90er gehen. Den *Preis* sollte jeder lesen, der wissen will, warum die Nationen um die Kontrolle der Ölressourcen kämpfen.« *John Chancellor (NBC News)*

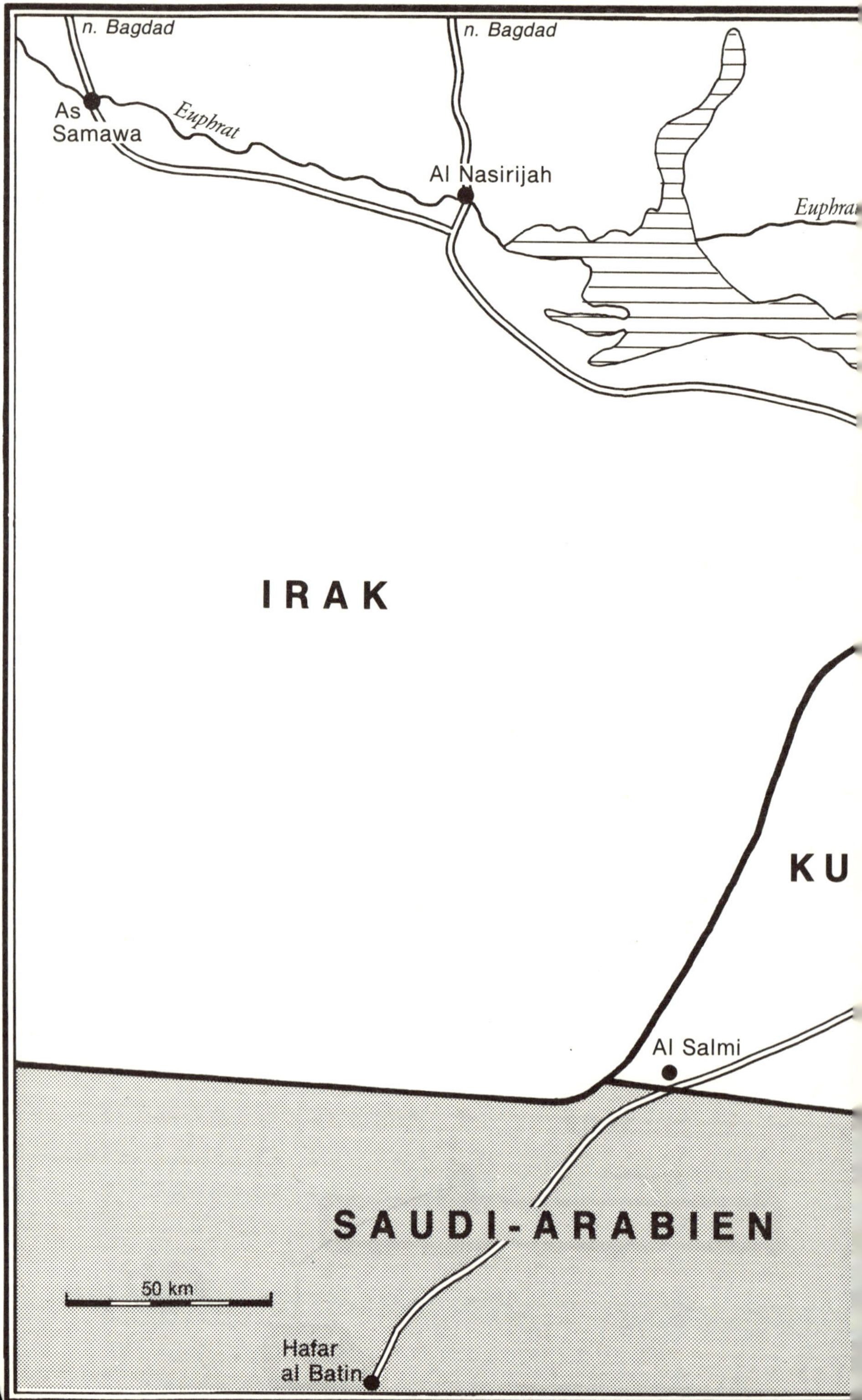
n. Bagdad
n. Bagdad
As
Samawa
Euphrat
Al Nasirijah
Euphrat
IRAK
KU
Al Salmi
SAUDI-ARABIEN
50 km
Hafar
al Batin